全国城市管理系列培训教材

城市管理行政执法基础知识和基本制度

住房和城乡建设部城市管理监督局

全国市长研修学院（住房和城乡建设部干部学院）

组织编写

中国城市出版社

图书在版编目（CIP）数据

城市管理行政执法基础知识和基本制度 / 住房和城乡建设部城市管理监督局，全国市长研修学院（住房和城乡建设部干部学院）组织编写. —北京：中国城市出版社，2023.6

全国城市管理系列培训教材

ISBN 978-7-5074-3615-0

Ⅰ.①城… Ⅱ.①住…②全… Ⅲ.①城市管理-行政执法-中国-职业培训-教材 Ⅳ.①D922.1

中国国家版本馆CIP数据核字（2023）第104975号

深入学习贯彻习近平新时代中国特色社会主义思想，贯彻落实《中共中央 国务院关于深入推进城市执法体制改革改进城市管理工作的指导意见》精神，全面落实中央城市工作会议精神和党中央、国务院关于城市管理工作重大决策部署，进一步加强和改进新时代城市管理执法队伍教育培训工作，根据《干部教育培训工作条例》《全国干部教育培训规划》《"十三五"行政机关公务员培训纲要》等文件要求，按照《全国城市管理执法队伍培训大纲》，组织编写《全国城市管理系列培训教材》。

责任编辑：李 慧
责任校对：董 楠

全国城市管理系列培训教材

城市管理行政执法基础知识和基本制度

住房和城乡建设部城市管理监督局
全国市长研修学院（住房和城乡建设部干部学院）
组织编写

*

中国城市出版社出版、发行（北京海淀三里河路9号）
各地新华书店、建筑书店经销
北京鸿文瀚海文化传媒有限公司制版
建工社（河北）印刷有限公司印刷

*

开本：787毫米×1092毫米 1/16 印张：18¼ 字数：407千字
2023年6月第一版 2023年6月第一次印刷
定价：**69.00元**
ISBN 978-7-5074-3615-0
（904594）

版权所有 翻印必究
如有内容及印装质量问题，请联系本社读者服务中心退换
电话：（010）58337283 QQ：924419132
（地址：北京海淀三里河路9号中国建筑工业出版社604室 邮政编码：100037）

前 言

改革开放以来，我国城市管理执法队伍发展很快，已经形成几十万人的行政执法队伍，这支队伍在管理城市、行政执法、促进城市经济发展等各方面都发挥了重要的作用，是城市发展进程中不可或缺的保障力量。但是，在城市管理执法实践中，我们也发现有部分城市管理执法人员缺少城市管理方面的业务基础知识和法学基础知识，这在一定程度上影响了城市管理执法的效能。因此，受住房和城乡建设部城市管理监督局委托，全国市长研修学院（住房和城乡建设部干部学院）组织部分高校学者、相关专家和城市管理执法一线业务骨干联合编写《城市管理行政执法基础知识和基本制度》一书，作为城市管理执法人员法律与业务基础培训教材使用。编写本教材的目的，是让广大城市管理执法人员通过学习本教材全面了解城市管理业务基础知识，掌握城市管理法学基础知识，熟悉城市管理行政执法基本制度，提高城市管理执法人员综合素质与执法水平，为实现严格规范公正文明执法打下坚实的理论基础。

本教材从城市管理执法人员的知识结构要求和实践需要出发，确定的主要内容有：

第一编 城市管理业务基础知识。主要包括：城市管理基本知识概要；城市市容市貌管理；城市环境卫生管理；城市园林绿化管理；城市市政公用设施管理。

第二编 城市管理法学基础知识。主要包括：法理学基础知识；行政法学基础知识；行政许可法；行政处罚法；行政强制法；行政复议法；行政诉讼法；行政赔偿。

第三编 城市管理执法基本制度。主要包括：城市管理执法基本制度的社会基础与创新；行政执法"三项制度"；城市管理执法规范化制度；城市管理执法信用监管制度体系；城市管理执法协作配合机制；行政执法责任制；城市管理执法办法；城市管理执法行为规范；住房和城乡建设行政处罚程序规定等。

本教材作为供全国城市管理执法一线人员使用的培训教材，立足于城市管理执法实际，理论与实践相结合，使本教材具有以下特点：

1. 适用的广泛性。适合于全国城市管理执法部门一线城市管理执法队员培训学习使用。

2. 鲜明的时代性。广泛吸收了最新的法学理论和业务知识，有利于学习者掌握现代法律与业务知识，更好地开展城市管理执法工作。

3. 内容的全面性。涵盖了城市管理相关业务知识与法律知识的主要内容，内容丰富、知识全面。

4. 理论的指导性。既有城市管理执法理论知识，又有城市规划建设和管理相关业务知识，还有城市管理执法基本制度建设的实践与探索，理论知识、业务知识与实践探索相结合。

本教材的编写和出版发行是全体作者辛勤付出和集体智慧的结晶。按照编、章顺序排列，各位作者分工如下：

第一编　王　毅：第一章、第四章和第五章；
　　　　胡税喜：第二章、第三章。
第二编　史玉饶：第六章、第八章；
　　　　黄　锋：第七章、第九章；
　　　　包振宇：第十章；
　　　　陈吉利：第十一章～第十三章。
第三编　王　毅：第十四章第一、二、三节、第十五章至第十八章；
　　　　王　毅、崔　迪：第十四章第四节；
　　　　林　尧：第十九章；
　　　　崔　迪：第二十章；
　　　　余池明：第二十一章；
　　　　濮加友：第二十二章。

本教材由王毅主编负责统稿，王维达、史玉饶核稿，崔迪校稿，住房和城乡建设部城市管理监督局、全国市长研修学院（住房和城乡建设部干部学院）组织相关专家进行讨论评审定稿。

因为本文涉及的法律法规较多，为使表达更简洁，仅在引用法条原文时，用法规的全称，其他均用简称，例如《中华人民共和国宪法》，仅在法条原文中全称，其他地方用简称《宪法》。

由于编者水平有限，书中难免存在一些不足之处，敬请各位读者批评指正。

目 录

第一编 城市管理业务基础知识

第一章 城市管理基本知识概要 ······ 2
 第一节 城市管理概念、管理方法及意义 ······ 2
 第二节 城市管理原则 ······ 4
 第三节 城市管理体制与机制 ······ 5

第二章 城市市容市貌管理 ······ 7
 第一节 城市市容市貌概述 ······ 7
 第二节 占道经营管理 ······ 9
 第三节 景观容貌管理 ······ 11
 第四节 户外广告与店招标牌设置管理 ······ 15
 第五节 城市社会生活噪声治理 ······ 18

第三章 城市环境卫生管理 ······ 21
 第一节 城市环境卫生概述 ······ 21
 第二节 城市建筑垃圾管理 ······ 22
 第三节 城市环境卫生设施管理 ······ 25
 第四节 城市生活垃圾与餐厨垃圾管理 ······ 27
 第五节 建筑施工工地环境卫生管理 ······ 31
 第六节 城市露天烧烤管理 ······ 33
 第七节 城市扬尘污染治理 ······ 35
 第八节 城市车辆清洗、维修管理 ······ 37
 第九节 城市河道污染治理 ······ 38
 第十节 饲养家畜家禽类管理 ······ 41

第四章 城市园林绿化管理 ·· 44

第一节 城市园林绿化管理概述 ·································· 44

第二节 城市绿化管理 ·· 46

第三节 城市园林及公园管理 ···································· 49

第五章 城市市政公用设施管理 ···································· 52

第一节 城市市政公用基础设施管理概述 ·························· 52

第二节 城市道路设施管理 ······································ 54

第三节 城市桥涵设施管理 ······································ 56

第四节 城市燃气管理 ·· 58

第五节 城市排水与污水处理的管理 ······························ 60

第六节 城市照明设施管理 ······································ 62

第二编 城市管理法学基础知识

第六章 法理学基础知识 ·· 66

第一节 法律的定义、基本特征和作用 ···························· 66

第二节 法律体系 ·· 68

第三节 法律关系 ·· 71

第四节 法律行为 ·· 75

第五节 法律责任 ·· 77

第七章 行政法学基础知识 ·· 84

第一节 行政法概述 ·· 84

第二节 行政法的基本原则 ······································ 87

第三节 行政法律关系 ·· 89

第四节 行政行为及其效力 ······································ 93

第八章 行政许可法 ·· 96

第一节 行政许可概述 ·· 96

第二节 行政许可设定 ·· 98

第三节 行政许可实施程序 ······································ 104

第四节 行政许可法律责任 ······································ 109

第九章 行政处罚法 ······ 114

第一节 行政处罚概述 ······ 114
第二节 行政处罚的种类 ······ 117
第三节 行政处罚的实施 ······ 119
第四节 行政处罚的程序 ······ 122

第十章 行政强制法 ······ 126

第一节 行政强制概述 ······ 126
第二节 行政强制措施实施程序 ······ 134
第三节 行政强制执行程序 ······ 138

第十一章 行政复议法 ······ 152

第一节 行政复议概述 ······ 152
第二节 行政复议程序 ······ 158
第三节 行政复议决定的效力和执行 ······ 162

第十二章 行政诉讼法 ······ 165

第一节 行政诉讼概述 ······ 165
第二节 行政诉讼程序 ······ 174
第三节 行政诉讼裁判与执行 ······ 180

第十三章 行政赔偿 ······ 186

第一节 行政赔偿概述 ······ 186
第二节 行政赔偿程序 ······ 192
第三节 行政追偿 ······ 195

第三编 城市管理执法基本制度

第十四章 城市管理执法基本制度的社会基础与创新 ······ 198

第一节 城市建设管理监察制度的产生与完成 ······ 198
第二节 城市管理相对集中行政处罚权制度的试点与推进 ······ 200
第三节 城市管理综合行政执法制度的创立与发展 ······ 203
第四节 城市管理执法体制的改革与创新 ······ 208

第十五章　行政执法"三项制度" ······ 213

第一节　行政执法公示制度 ······ 213

第二节　执法全过程记录制度 ······ 214

第三节　重大执法决定法制审核制度 ······ 216

第十六章　城市管理执法规范化制度 ······ 218

第一节　加强城市管理执法规范化制度建设的必要性及意义 ······ 218

第二节　城市管理执法规范化建设内容 ······ 219

第三节　城市管理执法规范化建设标准 ······ 220

第十七章　城市管理执法信用监管制度体系 ······ 230

第一节　城市管理执法信用监管制度概述 ······ 230

第二节　城市管理执法失信行为及分类 ······ 231

第三节　失信行为惩戒措施、信用修复与监督管理 ······ 232

第十八章　城市管理执法协作配合机制 ······ 236

第一节　相关业务部门与城市管理执法相关的管理权和处罚权边界 ······ 236

第二节　相关业务部门与城市管理行政处罚衔接工作流程 ······ 238

第三节　城市管理执法协作机制监管主体、组织和责任追究 ······ 239

第十九章　行政执法责任制 ······ 241

第一节　基本概念及意义 ······ 241

第二节　制度建设 ······ 242

第三节　评议考核 ······ 252

第四节　责任追究 ······ 253

第五节　推行措施 ······ 255

第二十章　城市管理执法办法 ······ 257

第一节　《城市管理执法办法》概述 ······ 257

第二节　执法范围与执法主体 ······ 257

第三节　执法保障与执法规范 ······ 258

第四节　协作配合与执法监督 ······ 259

第二十一章　城市管理执法行为规范 ······ 261

第一节　《城市管理执法行为规范》出台的背景和意义 ······ 261

第二节 《城市管理执法行为规范》的主要内容 ·············· 263
第三节 落实《城市管理执法行为规范》的注意事项 ·············· 266

第二十二章 住房和城乡建设行政处罚程序规定 ·············· 269
第一节 住房和城乡建设行政处罚程序规定概述 ·············· 269
第二节 行政处罚的实施主体、种类和管辖 ·············· 271
第三节 行政处罚的决定程序 ·············· 272
第四节 执法文书的送达和行政处罚决定的执行 ·············· 277
第五节 行政处罚案件的结案和行政处罚的期间 ·············· 278
第六节 监督管理 ·············· 278

参考文献 ·············· 279

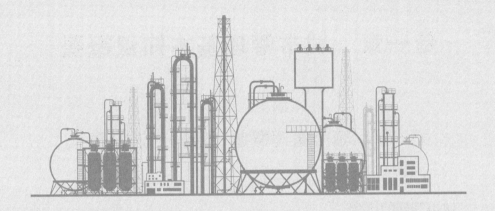

第一编　城市管理业务基础知识

　　城市是社会经济发展的产物，同时也是社会经济发展历史的体现。加快城乡规划建设、实施城市化战略已经成为各级政府的主要任务之一。作为城市管理执法人员，熟悉和掌握必要的城乡规划、建设和管理方面的业务基础知识是十分必要的，这是做好城市管理执法工作的基础。

第一章 城市管理基本知识概要

第一节 城市管理概念、管理方法及意义

一、城市管理的概念

城市管理是城市政府通过一系列有目的的自觉活动，组织、协调、控制城市运行过程的行为。城市管理是一个社会历史现象，不同的历史阶段，不同的社会性质，城市管理的职能与含义也不尽相同。一般来看，大致有三种含义：

1. 城市管理是城市政府对城市的政治、经济、文化、社会、城乡建设等方面的行政管理，这是最广泛意义上的城市管理，它不仅包括对城乡规划和建设的管理，更强调城市政府依法对已建成的城市设施和正在运转的城市经济与社会活动实施的管理。这种广义的城市管理可以概括为10个方面：

（1）法治管理。这是城市政府一项最基本的管理功能。通过对法律、法规、规章的执行实行监督管理，使城市管理工作转到法治轨道上来。

（2）基础设施管理。城市基础设施是城市赖以生存和发展的基础，基础设施管理是对城市能源动力供应设施、城市公共交通设施、城市邮电通信设施、城市给水排水设施、城市环保设施、城市防灾设施等实施有效的管理。

（3）生态环境管理。城市生态环境管理分为保护和治理两大部分，其任务是创造适合人居的生态环境。

（4）市容环境卫生和城市绿化管理。这是城市文明的窗口，也是城市管理的难点。

（5）住宅建设与房地产管理。住宅是供市民居住的消费品，是城市建设中最为重要的环节，政府有责任确保房地产业的健康发展。

（6）土地管理。科学合理有效配置土地资源，提高经营城市的水平。

（7）人口管理。提高人口素质，优化配置人口资源。

（8）社区治理。建立良好社会秩序、创造安定的社会环境。

（9）经济管理。通过政策导向，努力形成富有生机与活力的生产力布局和支柱产业。

（10）科教文化管理。提高城市居民素质，增强城市综合竞争力。

2. 狭义上的城市管理是指城市政府的住房和城乡建设、自然资源、生态环境、城市

管理、园林绿化、市容环卫、市政公用等行业管理部门对城市建设与发展的职能管理。目前，我国的城市管理及城市管理行政执法，主要是指狭义上的城市管理及城市管理执法。

3. 与城市管理相关的还有城市治理概念。城市治理是指城市范围内政府、市民、非营利组织作为三种主要的组织形态组成的多元化主体在平等的基础上按照参与、沟通、协商、合作的治理机制，在解决城市公共管理问题、提供城市公共服务、增进城市公共利益的过程中相互合作的利益整合过程。

二、城市管理的方法

城市是一个复杂的巨大系统，管理城市必须探索科学有效的管理方法和理论体系。一般而言，城市管理方法主要有以下几种：

1. 行政管理方法。行政管理方法是指城市政府依靠行政机关或法律法规授权的组织，运用行政管理手段，按照行政管理方式来组织城市运行的方法。这种方法具有权威性、规范性和垂直性的特点，是一种非常有效的城市管理方法。

2. 经济管理方法。经济管理方法是指城市政府依靠社会经济组织，运用经济管理手段，按照市场规律管理城市。这种方法具有间接性、长久性的特点，是迫切需要研究和探索的一种有效的管理方法。

3. 法治管理方法。法治管理方法是指城市政府根据国家法律法规，制定城市管理方面的法规、规章等依法管理城市的活动。这种法治管理方法具有强制性、规范性的特点，是加强城市管理的最主要方法。

4. 说服教育方法。说服教育方法是指城市政府对城市的主体——市民，进行系统的宣传教育，不断提高市民的自我教育、自我管理的能力和水平。这种方法具有长期性、潜在性的特点，是城市管理必须持之以恒的方法。

三、加强城市管理的意义

在城市建设和发展中，规划是龙头，建设是基础，管理是关键。加强城市管理对于提高城市现代化水平具有重要意义。

1. 加强城市管理是推进城市现代化的重要内容。城市现代化的基础是经济实力，但经济实力强并不表明就是城市现代化，高楼大厦和立交桥也不是城市现代化的标志。高效、协调、有序的城市管理，既是城市现代化的重要内容，又是推进城市现代化的内在要求。

2. 加强城市管理是优化城市系统整体功能，提高城市综合效益的动力之源。现代城市是一个多层次、多变量、非线性和复杂回路的大系统，随着现代化大生产的发展，城市现代化的推进使得城市这个大系统内部各种因素、各种结构、多种关系变得错综复杂。城市功能的发挥，整体功能的优化，越来越依赖于城市管理的优化。城市管理搞得好，才能出效率、出效益、出生产力。相反，忽略管理或管理落后，就会浪费财富和资源。

3. 加强城市管理是改善营商环境和社会精神文明建设的重要内容。城市管理是保护城市生态环境，提升城市形象的有力手段；城市管理是使城市历史人文景观和自然景观不受破坏的保证；城市管理是密切党群关系，树立良好政府形象的"民心工程"。通过加强城市管理，可以为城市经济和社会发展创造良好的条件，为市民提供舒适和谐的工作和生活环境，提高市民素质和城市文明程度。

4. 加强城市管理是确保城乡规划、建设顺利实施的关键。城乡规划由蓝图变为现实，是通过城乡规划管理来实现的。没有严格的"批后管理"，就很难防止"规划经常随意频繁变更"情况的发生，规划也很难起到"龙头"作用；城市建设工程要正常运行、确保质量，杜绝"建设性破坏"乃至确保项目建成后效益的发挥，也是以严格的管理为制约条件的。

第二节　城市管理原则

城市管理原则是指城市管理者要按照什么样的原则去规划、建设和管理城市。依据我国新时代的社会特征，在城市管理中，我们要坚持以下几个原则：

一、坚持以人民为中心原则

人民城市人民建，人民城市人民管。这是中华人民共和国成立以来城市建设与管理的基本原则。现在，社会进入新时代，但城市建设与管理的基本原则不能丢。2015年12月，习近平总书记在中央城市工作会议上指出，做好城市工作，要顺应城市工作新形势、改革发展新要求、人民群众新期待，坚持以人民为中心的发展思想，坚持人民城市为人民。坚持以人民为中心的原则，就是要做到把为市民群众服务，解决市民群众的问题作为城市管理工作的出发点和落脚点。坚持问题导向、需求导向，只有这样，才能把坚持以人民为中心的原则落到实处。

二、坚持以人为本，实行人性化管理与服务原则

城市管理的核心就是服务，在服务中实现城市管理。因此，城市管理者在管理与服务中，就要坚持以人为本，真正从人的实际需求上来规划建设和管理城市，使城市市政公用基础等设施，能够满足广大市民群众生活、出行等各种需要。坚持对广大市民群众实行人性化管理与服务的原则，体现城市温度，提升市民群众的获得感和幸福感。

三、坚持群众参与城市管理原则

人民城市人民管,人民是城市管理的主体。因为城市管理事务十分复杂、千头万绪,并且与广大市民群众的衣食住行密切相关,因此,仅仅依靠少数城市管理者是无法管理好城市的,无法满足广大市民群众的各种需求,无法发现和解决广大市民群众反映的突出问题。所以,要想搞好城市管理工作,就必须发动群众参与城市管理,人人都是城管员。群众利益无小事,管理城市必须要坚持群众参与原则。

四、坚持法治城市原则

依法治理城市是国内外多年来成功的城市治理经验,也是我国法治社会、法治政府建设的要求。法治城市的核心就是各级政府、各级行政执法部门依照法律法规的规定治理城市,对城市管理中的各种行政违法行为依法惩治。要在习近平法治思想的指导下,坚持依法治国、依法执政、依法行政共同推进,坚持法治国家、法治政府、法治社会一体建设。

第三节 城市管理体制与机制

一、城市管理体制

目前,城市管理体制有横向管理和纵向管理体制两种模式。

一是城市规划和自然资源部门、住房和城乡建设部门以及城市管理(综合执法)部门三个行业主管部门分设的横向管理体制。其特点是:在地方政府领导下,从城市空间规划、住房和城乡建设与城市管理三个方面对城市进行规划、建设和运行,三机关分工明确、职责清晰,形成密不可分的横向组织管理模式。

二是市、区、街"三级管理"体制,其特点是:

1. 各级政府及街道职能分工明确。市级政府实施宏观决策指导与综合协调职能;区级政府对上级政府政策的分解与协调及决策职能;街道作为区政府派出机构,其主要是执行市、区两级政府政策的职能。

2. 确定管理事权分配及管理原则,如设区的市有规章政策制定权、区一级政府有决策指导权、街道的执行处理权。

3. 同一层级上的各管理机构的关系比较复杂。如区级的规划、建设、管理的体制形式不同于市级。同样,街道办事处内部的组织机构也与区级有所不同。

二、城市管理机制

管理机制一般是指管理系统的结构及其运行机理。管理机制本质上是管理系统的内在联系、功能及运行原理,是决定管理功效的核心问题。其特点:一是管理机制是管理系统的内在结构与机理,其形成与作用是完全由自身决定的,是一种内运动过程;二是系统性管理机制是一个完整的有机系统,具有保证其功能实现的结构与作用系统;三是可调性机制是由组织的基本结构决定的,只要改变组织的基本构成方式或结构,就会相应改变管理机制的类型和作用效果。

城市管理机制是指政府内部有关城市规划、建设和管理的部门应当建立紧密的协作关系,共同提高城市运行管理的效能。目前,在城市管理工作中,存在部门职责边界不清、管理方式简单、执法行为粗放和服务意识淡薄等问题,同时,也存在相互扯皮、乱作为和不作为乱象。因此,要构建城市管理与相关部门的协调配合机制,主要处理好以下几个问题:

1. 厘清城市政府相关业务主管部门与城管执法有关的管理权、处罚权边界。厘清边界的核心内容就是做好相关业务主管部门与城管执法有关的管理权清单。

2. 构建相关业务主管部门与城市管理行政处罚衔接机制。城市管理权一般包括:城市管理方面的行政审批权、行政许可权、行政检查权、行政指导权、行政处罚权、行政强制措施权、行政强制执行权等内容。城市管理相关业务主管部门前端行使的城市管理权与后续行使的处罚权能够有效地衔接,才能提高城市管理效能。

3. 科学编制相关业务主管部门日常监管与城市管理执法工作无缝衔接流程。构建城市管理工作无缝衔接流程有以下要求:

(1) 坚持党的全面领导、坚持人民利益至上、坚持全面依法行政,共同构建权责明晰、协同高效、行为规范、服务优质的城市管理执法联动协助机制。

(2) 依照城市政府相关业务主管部门职能承担本行业的日常监管主体责任,应当依法履行政策制定、审查审批、批后监管、业务指导等职责。在日常监管中发现违法行为,行政管理部门应当依法予以劝阻。需要实施行政处罚的,行政管理部门应当保留证据,及时移交综合行政执法部门对违法行为依法予以查处。

(3) 城市管理部门对违法行为进行查处,涉及城乡规划、工程建设、住房保障和房地产等较为复杂的专业判断,确需相关专业意见的,业务主管部门在收到城市管理部门协助请求后,应当及时出具专业意见。

(4) 城市管理执法与相关业务主管部门执法联动协助衔接机制责任追究制度。这是衔接机制有效运行的关键。

第二章　城市市容市貌管理

第一节　城市市容市貌概述

一、市容市貌管理的概念

市容市貌又称"城市容貌"，《城市容貌标准》GB 50449—2008 将其定义为：城市外观的综合反映，是与城市环境和秩序密切相关的建（构）筑物、道路、园林绿化、公共设施、广告标志、照明、公共场所、城市水域、居住区等构成的城市局部或整体景观。

据此，可将市容市貌管理定义为：城市容貌行政管理主体对城市市容市貌有关规划、建设、监控与服务实施的行政管理或行政执法。

国务院城市建设行政主管部门主管全国城市市容和环境卫生工作。省、自治区、直辖市城市建设行政主管部门和城市人民政府市容环境卫生行政主管部门负责本行政区域的城市市容和环境卫生管理工作。

二、市容市貌管理的内容和任务

城市容貌管理一般包括城市建（构）筑物、城市道路、园林绿化、公共设施、广告标志、照明、公共场所、城市河道水域管理八个方面主要内容。其主要任务是：

（一）建（构）筑物管理

城市政府通过对城市建（构）筑物的管理，使其达到外立面整洁、完好和建（构）筑物安全的要求；确保其造型、装饰等与所在城市区域环境相协调，建筑风貌统一，体现城市特色。

（二）城市道路管理

城市政府通过城市道路管理，使城市道路符合平坦、完好、安全通行的要求，保障城市生命线畅通无阻，市民群众出行方便快捷。

(三)园林绿化管理

园林绿化管理,是城市容貌管理的点睛之作,通过科学管理、定时养护,确保植物生长良好、叶面洁净美观,达到园林城市的建设目标。

(四)公共设施管理

公共设施又称城市家具。加强公共设施管理,要求公共设施达到规范设置、标识明显,外形完好、整洁美观,无乱涂乱画、乱吊乱挂等现象。

(五)广告标志管理

广告乱象是城市管理中的顽疾,广告管理应当标本兼治。广告设施与标识设置符合城市专项规划,与周边环境相适应,达到安全、美观的目的。

(六)照明管理

城市照明包括景观照明和功能照明。通过照明管理,达到科学设置、环境协调,景观与功能相兼顾,满足照明需求和景观照明的效果。

(七)公共场所管理

公共场所主要指城市露天场所。通过强化管理,要求公共场所及其周边环境保持整洁、卫生,确保无违法设摊,无垃圾、污水、痰迹等污物。

(八)城市河道水域管理

城市河道水域主要指纳入城市管理主管部门管理的河道、湖泊等水域。要求通过政府管理达到水体无污水超标排入,无发绿、发黑、发臭等现象。

当前,"干净、整洁、有序、安全"已经成为市容环卫、市政公用和园林绿化等行业管理的共性指标。坚持"以民为本"的管理理念,落实"问需于民、问计于民、问绩于民"机制,成为地方政府和行政主管部门的基本要求。为提升人民群众对城市管理工作的满意度,进一步强化城市管理工作的质量,把城市管理专项检查与市场化第三方调查结合起来,也是落实城市长效管理的有益探索。

三、市容市貌管理的原则

城市市容市貌管理实行统一领导、分区负责、专业人员管理与群众管理相结合的原则。

(一) 统一领导原则

统一领导是指全国的城市市容和环境卫生工作由国务院城市建设行政主管部门负责，地方上的管理工作由省、自治区、直辖市人民政府城市建设行政主管部门或城市人民政府行政主管部门负责。这种全国一盘棋，自上而下的层级管理制度可以确保各地执行的政策相一致，同时也可确保政令畅通，上行下达，提高城市管理效能。

(二) 分区负责原则

分区负责原则是指地方行政主管部门对本地的城市市容市貌管理工作实行网格化管理。按照现行的行政领导体制，分区负责的目的是明确地方行政主管部门城市容貌管理的主体责任，调动地方各级政府或主管部门城市容貌管理的积极性和主动性，起到履职尽责的作用。

(三) 专业人员管理与群众管理相结合原则

专业人员管理，简单地讲就是"专业人员干专业事"。城市容貌管理要求由具有专业技能的"内行人"或在一定的管理岗位上具备一定管理职责的人员进行管理。目前，除了保有一支由政府组建的城市管理队伍，还应有一支以市场化为主体的专业管理队伍。

实行群众管理主要是发挥人民群众在城市管理中的主体作用，切实体现"人民城市人民建，人民城市人民管"的管理理念。专业人员管理与群众管理相结合是指既要发挥城市政府行政力量在城市管理的主导作用，也要发挥社会力量的推动作用，充分保证人民群众在城市治理中的知情权、参与权和监督权。

第二节 占道经营管理

一、占道经营管理的概念

"占道"，顾名思义是"占用道路"的意思。但这个"道路"不是一般的乡间小道，也不是人们泛指的马路、公路，而是指城市供车辆、行人通行的，具备一定技术条件的道路、桥梁及其附属设施。

占道经营则是指占用城市道路，包括占用机动车道和人行道等设施从事经营性活动的行为。占道经营管理就是城市行政主管部门依照相关法律法规和城市容貌标准的规定，对占用城市道路从事经营活动实施监管，对违法行为进行查处的活动。

二、占道经营管理的重点和举措

本质上讲,占道经营管理的重点是"占道",而不是"经营"。站在管理者的角度,维护的是市政设施的管理秩序,确保市政设施的完好。对以牺牲市政设施管理秩序的经营活动,是被法律法规所禁止的。

尽管有些经营者依法取得占道经营许可,为合法占道,但也有维护城市道路环境卫生的义务,不得随意丢弃垃圾、污损道路和乱排废水等。否则,仍会因妨碍市容环境卫生管理秩序而被查处。

解决违法占道经营行为,要防止产生"一管就死,一放就乱"的现象,因此,各地都在积极探索解决违法占道经营行为的措施和办法。其中,刚性管理和柔性执法相结合不失为减少城市管理活动中管理者与被管理者的矛盾,提升城市管理工作绩效的良策。

(一) 刚性管理

1. 严格管理。任何单位和个人未经许可都不得占用城市道路从事经营活动。对违法占道经营行为,一经发现,应当及时进行查处,防止个别行为转变成规模行为,造成道路通行困难,环境质量下降,引起市民群众的普遍不满和反对。

2. 规范管理。应依法依规对占道许可审批、占道经营过程、违法行为查处实行全流程监督管理,做到一把尺子量到底。对不符合占道经营条件的,不得许可;符合条件的,应当明确占道地点、时间、面积等内容。特别是占用城市道路作为集贸市场的,应取得县级以上人民政府的同意,不得越权审批。

3. 公平管理。按照现行法规规定,经营者确需占道的,应取得行政主管部门的审批。经过审批的,经营者可以在城市道路审批范围内开展经营活动。目前常见的是节假日、店庆促销和商品展销会等活动。

(二) 柔性管理

1. 错时管理。错时管理是指错开上下班高峰或晚上市民休息时间,临时批准在一定的时间、地点经营特定内容的管理方式。如某些城市为解决市民早餐和购物问题,允许上午6点至8点在规定的点位设摊经营早点,晚上6点至9点允许在规定的路段经营夜市,周末允许开设跳蚤市场等。

2. 异地管理。异地管理是由行政主管部门牵头,针对不同的占道经营行为对症施策,按照一定的标准统一实行管理。从现有的管理方式看,主要有以下几种:

(1) 入点管理。将无序的自行车修理摊、修鞋摊等纳入社区统一管理范围,实行标准化管理,要求经营者做到"四统一",即经营地点统一、服务标识统一、人员着装统一、服务标准统一。

（2）入户管理。将散落在街头屋角、公园门口等处的自产自销的农户统一安排到市场内的免费摊点或简易棚户内进行交易。大多数城市管理部门免费提供场所，不向经营者收取摊位费。

（3）入巷管理。在不具有固定的市场或店铺条件下，主管部门也会采取影响面最小的折中办法，即将影响市容市貌较大的经营户，从主次干道统一安排到影响面较小的街巷内进行经营。

（4）市场化管理。将城郊接合部自发形成的集农产品、小商品、小餐饮混杂一起的非正规集贸市场进行划片式集中管理。管理部门规定经营者可在一定的区域范围内经营，政府统一供电、供水，安排人员负责环境保洁，但要收取少许保洁费。

第三节 景观容貌管理

一、景观容貌管理的概念

景观容貌管理主要包括对建筑物和构筑物立面景观的管理。建筑物指可供人们在内进行生产、生活或其他活动的房屋或场所，一般包括工业建筑、民用建筑、农业建筑和园林建筑等。构筑物是指不能供人们直接在其内部进行生产、生活或其他活动的工程实体或附属建筑物，如水塔、烟囱、栈桥、钢架、蓄水池等。

景观容貌管理是指城市行政主管部门按照城市容貌标准和相关法律法规的规定，对城市临街建（构）筑物立面景观容貌情况实施监管，对违法行为进行查处的活动。

依据城市景观容貌管理的对象，我们可以将其分为建筑物容貌管理和构筑物容貌管理两大类。建筑物容貌管理又可分为工业建筑、民用建筑、园林建筑、公建配套建筑等管理内容。构筑物容貌管理则可分为道路设施、桥隧设施、围墙设施等容貌管理。

二、景观容貌管理的任务

城市景观容貌管理是对城市临街建筑物、构筑物的外在容貌的管理，体现一座城市的悠久历史和文化传承，是一种潜移默化的渗透性观感。景观容貌管理主要包括建（构）筑物的立面景观、风貌管理，设施管理，开店经营管理等。

（一）建（构）筑物的立面景观、风貌管理

新建、扩建、改建的建（构）筑物风貌应体现城市特色，其立面景观、造型、装饰等应与所在城市区域环境相协调；历史文化街区、文物保护单位、历史文化名城应按《历史文化名城保护规划标准》GB/T 50357—2018 进行规划控制；具有历史标志价值的建（构）

筑物及具有代表性风格的建（构）筑物，宜保持原有风貌特色；现有建（构）筑物应保持外形完好、整洁，保持设计建造时的形态和色彩，符合街景要求。

（二）建（构）筑物的设施管理

城市临街建（构）筑物不得随意搭建附属设施；封闭阳台、安装防盗窗（门）及空调外机等设施，宜统一规范设置；空中架设的缆线宜保持规范、有序，不得乱拉乱设；建筑物屋顶应保持整洁、美观，不得堆放杂物，屋顶色彩宜与周围景观相协调；建筑物沿街立面设置的遮阳篷帐、空调外机等设施的下沿高度应符合《民用建筑设计统一标准》GB 50352—2019 的规定。

（三）建筑物的开店经营管理

临街建筑物不得随意破墙开店；临街商店门面应美观，宜采用透视的防护设施，并与周边环境相协调；店招店牌、广告牌、指示牌等户外标志，应按照城市街景规划（设计）和管理部门批准的要求进行设置。

三、景观容貌管理的要求

《城市市容和环境卫生管理条例》《城市容貌标准》GB 50449—2008 或各省、自治区、直辖市等地方性法规均对城市景观容貌管理提出了具体要求。

（一）《城市市容和环境卫生管理条例》对城市景观容貌管理的要求

1. 城市中的建筑物和设施，应当符合国家规定的城市容貌标准。各地可以结合本地情况，制定严于国家规定的城市容貌标准。

2. 一切单位和个人都应当保持建筑物的整洁、美观。在政府规定的街道的临街建筑物的阳台和窗外，不得堆放、吊挂有碍市容的物品。搭建或封闭阳台必须符合城市人民政府市容环境卫生行政主管部门的有关规定。

3. 主要街道两侧的建筑物前，应当根据需要选用透景、半透景的围墙、栅栏或者绿篱、花坛（池）、草坪等作为分界。

4. 因建设等特殊需要，在街道两侧和公共场地搭建非永久性建筑物、构筑物或者其他设施的，须按规定办理审批手续。

5. 一切单位和个人都不得在城市建筑物、设施以及树木上涂写、刻画。在城市建筑物、设施上张挂、张贴宣传品等，须经行政主管部门或者其他有关部门批准。

（二）《城市容貌标准》对城市建筑物标准作出规定

1. 现有建（构）筑物外立面应保持完好、整洁，保持设计建造时的形态和色彩，符合街景要求；破残的建（构）筑物外立面应及时整修。

2. 建（构）筑物不得违章搭建附属设施。封闭阳台、安装防盗窗（门）及空调外机等设施，宜统一规范设置。电力、电信、有线电视、通信等空中架设的缆线宜保持规范、有序，不得乱拉乱设。

3. 建筑物屋顶应保持整洁、美观、不得堆放杂物。屋顶安装的设施设备应规范设置，屋顶色彩宜与周边景观相协调。

4. 临街商店门面应美观，宜采用透视的防护设施，并与周边环境相协调。建筑物沿街立面设置的遮阳篷帐、空调外机的下沿应当符合现行国家标准。

(三)《城市市容市貌干净整洁有序安全标准（试行）》对城市容貌管理的要求

1. 城市道路交通护栏、隔离墩无空缺、损坏、移位、歪倒。井盖、雨箅等设施保持齐全、完好，与路面保持平顺，无缺损、移位，无堵塞。人行步道铺装平整，无松动、无缺失，无泥土裸露，路缘石齐整，无缺损。人行天桥路面、台阶平整，无坑槽，栏杆无锈蚀。

2. 道路两侧及公共场地的公交候车亭、治安亭、交通亭、电话亭、报刊亭等公共服务设施及各种街景小品设置规范、排列有序，保持整洁。

3. 电力、通信等立杆和空中架设的缆线整齐规范，不乱拉乱设。路铭牌、指路牌和交通标志牌等立杆设置规范合理，保持整齐、完好，文字完整清晰。

4. 建筑物外立面上的广告设施和招牌的高度、大小符合规定标准，广告设施设置不遮盖建筑物外观轮廓，不影响建筑物本身和相邻建筑物采光、通风，不造成光污染。

5. 各类条幅、气球、空飘物、彩旗等广告设置，符合批准的地点、时限和空间设置要求，保持整洁，设置期满后及时清除。

6. 道路照明及景观照明设施整洁、完好，运行正常，道路照明亮灯率达95%以上。

7. 行道树及绿地内树木无缺株、死株、空株，无危树危枝，枝叶不影响电力、通信、交通信号灯、警示标志等设施正常运行。

8. 城市道路、建（构）筑物、公共场所、水域、绿地等无违法搭建。沿街建筑无违规破墙开店。

四、城市景观容貌管理的重点和举措

城市景观容貌的载体主要是城市的建筑物或构筑物，无论是民宅公寓、客栈酒肆，还是街头护栏、岗亭、围墙或公园内的雕塑、小品均可包含在内。因此，对城市景观容貌管理的重点内容就是这些承载体的容貌是否与城市环境要求相匹配，与城市风格相协调。

由于城市景观容貌管理大多涉及市民或单位对不动产或城市家具的使用和处置，没有法律依据是难以对其有效管理的。如影响城市景观容貌管理的就是诸如封闭阳台、设置防盗窗、破墙开店经营、门外设置空调等。所以，大多城市容貌提升改造工程都是通过政府牵头实施的。主要方式途径有以下几类：

（一）借助综合整治项目推动容貌景观管理

1. 创建文明城市项目。全国文明城市由中央文明委命名，每三年评选表彰一届。创建文明城市要求经济建设、政治建设、文化建设、社会建设、生态文明建设和党的建设全面发展，精神文明建设成绩显著，市民文明素质和社会文明程度较高。全国文明城市是反映城市整体文明、和谐程度的综合性荣誉称号，有利于提升城市的知名度、美誉度和城市竞争力，因此受到各级政府高度重视，是投入力度、实施力度、推进力度最大的一个项目。

2. 创建卫生城市项目。创建卫生城市内容包括城市基础设施建设快速发展，城市环境卫生质量显著改善，生态与居住环境不断优化，城市管理与服务能力整体提升，居民健康卫生水平明显提高，彻底改变城市脏、乱、差面貌，成为水碧、天蓝、地绿、干净、整洁、有序，人与自然和谐统一，社会与经济协调发展，具有可持续发展潜力与实力的卫生城市。由全国爱委会发起并推动，各地城市同样高度重视的综合性城市环境整治提升项目。

3. 老旧小区改造项目。按照《国务院办公厅关于全面推进城镇老旧小区改造工作的指导意见》（国办发〔2020〕23号）精神，由省、市政府牵头重点改造2000年底前建成的老旧小区：一是对小区内建筑物屋面、外墙、楼梯等公共部位维修等基础类工程改造。二是对环境及配套设施改造建设、小区内建筑节能改造、有条件的楼栋加装电梯等完善类改造。三是对公共服务设施配套建设及其提升类改造。

（二）借助单项改造项目推进容貌景观管理

除了借助上述举措提升城市景观外，更多的项目是各地结合城市实际提出的单项提升改造项目，如景观亮化提升改造、交通设施改造提升项目等。这些项目往往是严重影响城市容貌、群众意见较大的民生项目，这些项目一般纳入地方政府当年改造任务，由行业主管部门具体实施。改造解决城市人行道破损、乱装空调、乱吊乱挂、店招牌匾乱设、破墙开店等问题，推进城市容貌改造靓丽一新。

（三）借助长效治理项目支撑容貌景观管理

长效治理保持项目一般是根据创文创卫的要求和市区政府的要求，由行业主管部门结合辖区市容管理的短板和反弹问题，有针对性地进行治理而采取的整治举措。主要对在临街建筑物或政府规定的街道上封闭阳台、乱设晾衣架、乱设广告的问题，由行业主管部门提出规范标准，按照"一点一方案"的方式分步处置、全面解决。

第四节　户外广告与店招标牌设置管理

一、户外广告、设施与店招标牌设置管理的概念

(一) 户外广告的概念

户外广告是指利用建（构）筑物、场地、公共交通工具、低空漂浮物等载体在建（构）筑物外、公共空间中设置的商业或公益宣传广告。

户外广告设施是指在各类户外空间、各类建（构）筑物及城市交通工具上用于设置广告的设施，包括广告布（膜）、广告支架以及附属的电气、灯光等设备。

(二) 店招标牌的概念

招牌是指机关、人民团体、企事业单位和其他组织以及个体工商户在其办公或者经营场所设置的，标示其名称、字号、商号的招牌、匾额等户外招牌设施，包括建筑物标识、单位名称招牌、墙面招牌、落地招牌。

标牌是指除依法设置的公共信息标志外，利用公共场地设置的指示牌、指示标志或标识。

(三) 户外广告与店招标牌设置管理的概念

户外广告与招牌、指示牌管理是城市管理部门按照城市容貌标准和相关法律法规的规定，对城市户外广告与标识设置情况实施监管，对违法行为实施查处的行为。

二、户外广告与店招标牌设置管理的任务

(一) 户外广告设置管理

户外广告设置管理是一项综合性的工作，不仅要对广告的表现形式进行监管，而且对广告的实体内容和安全措施也要负责监管，具体包括：

1. 合规性审查。广告行政主管部门对广告设置申请人提出的设置申请是否符合城市专项规划，以及设置点位是否在户外广告规划点位名录等情况进行初步审查。

2. 许可设置审查。广告行政主管部门根据户外广告设置规划，广告设置人或内容发布人提供的设施设置的正立面图、安全结构图及彩色效果图以及设置位置的地形图、设置的场地、设施的所有权或者使用权证明文件、营业执照或者其他证明主体资格的文件进行全面审查，提出许可意见。

3. 安全性检查。广告行政主管部门日常监管过程中，特别是在灾害性天气发生前，重点开展户外广告设施的安全设置情况进行检查，及时排除安全隐患。

4. 违法户外广告设置查处。对未办理广告设置审批手续违法设置的户外广告，超过户外广告审批许可的有效期未续期，或者未按户外广告行政许可的内容、地点、规格等要求设置的户外广告，开展查处工作。

（二）招牌标牌设置管理

1. 登记备案。备案人应当依法向行政主管部门提交备案材料，具体包括招牌标牌设计效果图、具备检测资质条件的单位出具的安全检测报告或安全结构图、营业执照、使用权证明文件等。

2. 安全检查。行政主管部门组织日常安全检查，及时发现问题。如遇到自然灾害等非常态下危及群众生命和财产安全的情况时，组织和协调排除安全隐患或及时开展救援工作。

3. 依法查处。对未向行政主管部门进行备案，违规设置招牌标牌的行为人依法实施查处，并责令限期整改。

三、户外广告与店招标牌设置管理的要求

依据《城市容貌标准》GB 50449—2008 的规定，户外广告设施与标识设置应当符合以下要求：

1. 广告设施与标识设置应符合城市专项规划，与周边环境相适应，兼顾昼夜景观。

2. 广告设施与标识使用的文字、商标、图案应准确规范。陈旧、损坏的广告设施与标识应及时更新、修复，过期和失去使用价值的广告设施应及时拆除。

3. 广告应张贴在指定场所，不得在沿街建（构）筑物、公共设施、桥梁及树木上涂写、刻画、张贴。

4. 严禁设置广告设施的情形主要包括：利用交通安全设施、交通标志的；影响市政公共设施、交通安全设施、交通标志使用的；妨碍居民正常生活，损害城市容貌或者建筑物形象的；利用行道树或损毁绿地的；县级以上人民政府禁止设置户外广告的区域。

5. 人流密集、建筑密度高的城市道路沿线，城市主要景观道路沿线，主要景区内严禁设置大型广告设施。

6. 城市公共绿地周边应按城市规划要求设置广告设施，且宜设置小型广告设施。

7. 对外交通道路、场站周边广告设施设置不宜过多，宜设置大、中型广告设施。

8. 建筑物屋顶不得设置大型广告设施，设置中小型广告设施时，应严格控制广告设施的高度，且不得破坏建筑物结构；建筑物屋顶广告设施应采取有效措施保证广告设施结构稳定、安装牢固。

9. 同一建筑物外立面上的广告的高度、大小应协调有序，且不应超过屋顶，广告设

置不应遮盖建筑物的玻璃幕墙和窗户。

10. 人行道上不得设置大、中型广告，宜设置小型广告。宽度小于3米的人行道不得设置广告，人行道设置广告的纵向间距不小于25米。

11. 车载广告色彩应协调，画面简洁明快、整洁美观。不应使用反光材料，不得影响识别和乘坐。

12. 布幔、横幅、气球、彩虹气模、空飘物、节目标语、广告彩旗等广告，应按批准的时间、地点设置。

13. 招牌广告应规范设置；不应多层设置，宜在一层门楣以上、二层窗檐以下设置，其牌面高度不得大于3米，宽度不得超出建筑物两侧墙面。

14. 路铭牌、指路牌、门牌及交通标志牌等标识应设置在适当的地点及位置，规格、色彩应分类统一，形式、图案应与街景协调，并保持整洁、完好。

四、户外广告与店招标牌设置管理的重点和举措

从城市户外广告与店招标牌设置管理的分工上看，广告行业主管部门内部一般分审批和监管环节。审批环节的工作重点是制定广告设置管理标准，对符合条件的广告设置的审批及牌匾、指示牌设置的备案。监管环节是对不符合管理要求，擅自设置广告的违法行为实施监督管理与查处等。

户外广告作为城市景观的重要组成部分，不仅是为商品或公益作宣传，更重要的是展现城市一种文化、一种风貌，是彰显城市美学，提升城市形象、文明程度和城市美誉度的有效载体。因此，需要提出切实可行的户外广告与店招标牌设置管理工作举措。

（一）落实属地政府责任

1. 编制户外广告设置详细规划。按照"属地管理"的原则，要求有关部门依据城市经济文化和市容市貌管理需要，抓好落实广告详规编制工作。在日常巡查中，要有针对性地对城市管理区域内的户外广告进行排查摸底，分批分阶段地甄别许可设置与违法设置的户外广告大数据，为加强户外广告管理提供技术数据支撑。

2. 建立城市户外广告管理信息库。根据甄别出的广告数据，实行市区信息共享。加大违法户外广告整治力度，突出抓好主要道路、城市入城口、高架桥两侧、机场、车站、景区及政府机关办公场所周边等重要区域违法户外广告整治和店招店牌的整改。

3. 建立定期反馈机制。定期将户外广告查处或整治推进情况以专报形式及时上报广告行业管理部门或市区政府设立的广告管理领导机构，供上级领导管理决策使用。

4. 建立户外广告联席审批机制。建立由城市管理部门、文明办、自然资源部门、市场监管部门等组成的户外广告联席审批机制，对申请设置的户外广告实行集中审批。

5. 建立广告管理考核评价机制。将广告管理工作纳入年度考核，按照组织保障、行

政审批、日常监管、交办核查、专项整治等内容，赋予一定的分值权重，实行月考年评，推动长效管理有效落实。

（二）强化依法依规管理

1. 严格按照户外广告和店招店牌设置规范要求，对纳入整治的、严重影响市容市貌的大型户外广告依法依规给予拆除。

2. 户外广告设施拆除造成建筑立面破损的，要对建（构）筑物外立面进行修缮复原。

3. 针对发现的户外广告不同设置问题，可依法依规分别进行处理：

（1）临时保留。对符合广告设置规划、广告点位名录的，可予以临时保留，但要在规定期限内对不合规的内容和照明设施等进行整改。

（2）限期改正。对不符合审批要求，擅自超期限、超规格、超标准设置户外广告，通过整改可以纠正的，可以限期改正，必要时可予以行政处罚。

（3）责令拆除。对未经审批擅自设置的户外广告，或严重影响城市形象，影响公共安全的，应当责令当事人自行拆除；不愿意拆除的，可采取行政强制依法处理。

（4）登记备案。对店招店牌、指示牌可以按设置标准，依法组织当事人向行政主管部门申请备案。

（5）当场清除。对于招工广告、治病广告、刻章办证等牛皮癣广告，按照载体的权属性质由相关责任单位处置，当场发现当场清除。情况严重的，由执法部门寻号上门查处或抄送通信部门实行限呼禁号。

（三）巩固广告管理效果

1. 强化督查指导。要建立督查、指导机制，不定期地组织检查督查，确保户外广告管理第一责任主体责任得到落实，杜绝同一地点违法广告设置反复发生。

2. 强化问题跟踪。对户外广告整治和户外广告长效管理情况进行监管，对反复发生的违法设置案件和疑难问题的查处或整改情况进行持续跟踪，一查到底。

3. 强化考核评价。把新增、反弹违法户外广告案件作为绩效考核的重点内容，加大考核权重。并对广告查处或整治推进情况定期进行考核、分析点评和通报。

第五节　城市社会生活噪声治理

一、城市社会生活噪声治理的概念

噪声，是指在工业生产、建筑施工、交通运输和社会生活中产生的干扰周围生活环境的声音。噪声污染，是指超过噪声排放标准或者未依法采取防控措施产生噪声，并干扰他人正常生活、工作和学习的现象。

社会生活噪声，是指人为活动产生的除工业噪声、建筑施工噪声和交通运输噪声之外的干扰周围生活环境的声音。由此可见，社会生活噪声是一种干扰他人生活环境的噪声污染。

社会生活噪声治理，是指行政主管部门依据噪声污染防治等法律法规，对影响城市社会生活噪声管理秩序的行为进行监管及执法的活动。

二、城市社会生活噪声治理的要求

根据《噪声污染防治法》规定，城市社会生活噪声防治要求是：

1. 文化娱乐、体育、餐饮等场所的经营管理者应当采取有效措施，防止、减轻噪声污染。

2. 使用空调器、冷却塔、水泵、油烟净化器、风机、发电机、变压器、锅炉、装卸设备等可能产生社会生活噪声污染的设备、设施的企业事业单位和其他经营管理者等，应当采取优化布局、集中排放等措施，防止、减轻噪声污染。

3. 禁止在商业经营活动中使用高音广播喇叭或者采用其他持续反复发出高噪声的方法进行广告宣传。对商业经营活动中产生的其他噪声，经营者应当采取有效措施，防止噪声污染。

4. 禁止在噪声敏感建筑物集中区域使用高音广播喇叭，但紧急情况以及地方人民政府规定的特殊情形除外。

5. 在街道、广场、公园等公共场所组织或者开展娱乐、健身等活动，应当遵守公共场所管理者有关活动区域、时段、音量等规定，采取有效措施，防止噪声污染；不得违反规定使用音响器材产生过大音量。

6. 家庭及其成员应当培养形成减少噪声产生的良好习惯，乘坐公共交通工具、饲养宠物和其他日常活动尽量避免产生噪声对周围人员造成干扰，互谅互让，解决噪声纠纷，共同维护声环境质量。

7. 使用家用电器、乐器或者进行其他家庭场所活动，应当控制音量或者采取其他有效措施，防止噪声污染。

8. 对已竣工交付使用的住宅楼、商铺、办公楼等建筑物进行室内装修活动，应当按照规定限定作业时间，采取有效措施，防止、减轻噪声污染。

9. 居民住宅区安装电梯、水泵、变压器等共用设施设备的，建设单位应当合理设置，采取减少振动、降低噪声的措施，符合民用建筑隔声设计相关标准要求。

三、城市社会生活噪声治理的重点和举措

城市社会生活噪声防治，依时间和区域看有不同的管理重点。晚上主要是广场舞、歌

厅和夜间施工噪声；白天主要是高音喇叭揽客噪声。但无论表现形式如何，源头治理、消除噪声源是重中之重。从源头治理看，教育预防又是根本性的长效管理举措。

1. 加强宣传引导。应广泛宣传社会生活噪声管理相关法律法规，教育广大市民公众自觉遵守。同时，也要整合公安、城管、环保等部门力量进行执法宣传。通过教育预防、查处并举的方式，综合整治辖区内的噪声污染。特别是在中考、高考期间，重要会议或活动保障期间，务必达到降声禁噪的要求。

2. 采取预防措施。通过工程改造和技术应用方法，隔离噪声的传播或低频共振辐射；采用错时施工方法，避开居民休息时间，减少环境影响；采用内设电子屏或其他营销方式替代高音喇叭揽客方法。

3. 办理许可手续。对需在广场办理演唱会，应当向行政主管部门办理许可手续，并在现场周边或媒体、网站上进行公示，以便群众周知和监督落实。

4. 加强监督巡查。采取不间断巡逻和逐户检查的方式，对沿街商户设置的音响喇叭进行摸排，同时通过与经营者签订防止噪声污染责任书等形式，引导商家合法经营，注意防止噪声扰民的现象产生。

5. 发挥社会作用。对小区装修施工扰民问题，可以由街道社区牵头，在业主公约中对装修条件和时间予以规定。引导业主委员会、物业服务公司和基层矛盾调解组织进行劝阻、调解；劝阻、调解无效的，可以向社会生活噪声污染防治监管部门或人民政府指定的其他部门报告或投诉，由该部门依法处理。

6. 加强噪声查处。建立综合管理长效机制，加强对商业、娱乐及家庭装修活动的管理，发现一处纠正一处，使噪声污染现象得到有效治理，市民生活居住环境得到持续改善。对不听劝阻、多次反复进行噪声污染行为人，依法实施查处。

第三章　城市环境卫生管理

第一节　城市环境卫生概述

一、城市环境卫生管理的概念

广义的环境卫生是指人类赖以生存的自然环境和生活居住、工作学习等活动的社会环境的质量状况。狭义的是指与人们日常活动息息相关的社会环境质量状况。

城市环境卫生一般是指城市行政区域内的空间环境质量状况。主要包括城市街巷、道路、公共场所、河道水域等区域的环境状况，以及城市垃圾、粪便等生活废弃物收集、清除、运输、中转、处理、处置、综合利用等运行状况。

城市环境卫生管理是城市环境卫生行政主管部门依据相关法律法规及国家环境卫生标准对城市环境卫生状况进行的监督管理。通过对环境卫生的监督管理，为广大市民群众打造一个舒适、干净、整洁、文明的人居环境。

二、城市环境卫生管理的内容与任务

根据《城市市容和环境卫生管理条例》《城市容貌标准》等规范性文件规定，我们将城市容貌管理的内容和主要任务归纳为公共场所环境卫生管理、废弃物的处置管理、环境卫生作业及服务管理、环境卫生设施建设及管理等。

（一）公共场所环境卫生管理

主要规范管理影响环境卫生的各种行为，包括随地吐痰、便溺，乱丢各种废弃物，占道清洗车辆，车辆抛撒滴漏，施工不围护，饲养家禽家畜等。

（二）废弃物的处置管理

主要规范管理各种废弃物的分类、投放、收集、运输和处置。城市生活参与者，包括市民、单位应当按法律法规要求进行废弃物的投放、运行和处置，保护自己的生活环境。

(三) 环境卫生作业及服务管理

主要规范管理环境卫生作业服务。环卫作业主体在实施环卫保洁作业过程中，应当符合作业要求和城市容貌和环境卫生标准。

(四) 环境卫生设施建设及管理

根据市容环境卫生专业规划及环境卫生设施设置标准，各级政府要编制工程渣土专业消纳场地、垃圾转运站、垃圾粪便处理厂（场）、公共厕所等环境卫生设施的建设专项规划和实施计划，并组织实施。

第二节 城市建筑垃圾管理

一、城市建筑垃圾管理的概念

根据《城市建筑垃圾管理规定》（建设部令第139号），建筑垃圾是指建设单位、施工单位新建、改建、扩建和拆除各类建筑物、构筑物、管网等以及居民装饰装修房屋过程中所产生的弃土、弃料及其他废弃物。

工程渣土与建筑垃圾有所不同，工程渣土一般是指工程基础施工挖掘过程中产生的废弃土石。而建筑垃圾则是建筑施工或装修过程中产生的不能利用或利用价值不高的建（构）筑废弃物。

城市建筑垃圾管理是指城市市容和环境卫生主管部门依据城市环境卫生标准和相关法律法规，对影响城市建筑垃圾管理秩序的行为进行管理或行政执法的活动。

二、城市建筑垃圾管理的内容和任务

建筑垃圾管理是一项综合性工作，涉及多个部门和环节。每个环节又牵涉到许多利益，特别是市民群众对环卫管理部门的期望值很高，可谓管理任务重、压力大。具体来说，城市建筑垃圾管理内容和任务主要是：

(一) 规范建筑垃圾的运输

建筑垃圾的运输管理要求建筑垃圾的施工人、运输人、收集人、处置人均不得在运输过程中随意倾倒、堆放垃圾，不得使用不合规的车辆和应当按规定的路线进行运输。建筑垃圾管理实践中，建筑垃圾的运输普遍采取以下管理制度：

1. 驾驶员登记入库。从事建筑垃圾的驾驶员应当是符合驾驶资质条件，且未在城管

系统列入黑名单的驾驶员。

2. 运输车辆登记入库。运输车辆要求符合一定吨位条件，具备密闭功能，且安装定位装置，在城管系统登记备案的车辆。

3. 运输线路登记入库。运输车辆应当按照准运要求指定的运输路线和时间进行运输。

4. 消纳场地登记入库。接收建筑垃圾消纳的场地必须符合环保要求，具备一定条件且在城管监管系统登记备案。

（二）规范建筑垃圾的处置

规范建筑垃圾的处置的关键是消纳场地的规范。消纳场地规范要求：一是要合理布局消纳场地的建设；二是规范消纳场地的运行。建筑垃圾一般是通过再加工进行回收利用或进行场地填埋或临时堆积待工程后期再利用。无论采用哪种处置方式，均要遵守相应的管理要求。

（三）建筑垃圾的污染防治

1. 防止带泥行驶污染道路。建筑垃圾运输车辆驶出工地前应当冲洗车身和轮胎，防止形成道路二次污染。

2. 防止运输抛撒滴漏。使用密闭车辆运输，不得超高超载导致路面遗撒，污染道路环境。

3. 防止场地扬尘污染。一是建筑工地堆场使用湿法作业；二是建筑垃圾采用密闭车辆运输；三是消纳场地实行防尘网（膜）覆盖。

（四）对建筑垃圾运输和处置违法行为的查处

对建筑垃圾运输和处置中发生的违法行为，行政主管部门应当依法依规予以查处。特别是对偷倒建筑垃圾，严重影响环境，妨碍交通通行或多次违法的，应当从重处罚。

三、城市建筑垃圾管理的要求

城市建筑垃圾管理应当采取因地制宜、高位领导、综合管控、有效利用的原则，结合本地城市管理的特点、城市建筑垃圾处置的布局和城市管理的要求，加大建筑垃圾的处置和利用工作力度，实行市级部门和区级部门的联动管理，应用现代信息化技术，加强行政执法管控能力，防范偷倒、乱倒等违法行为产生。具体要求如下：

1. 处置建筑垃圾的单位，应当向城市人民政府市容环境卫生主管部门提出申请，获得城市建筑垃圾处置核准后，方可处置。

2. 任何单位和个人不得将建筑垃圾混入生活垃圾，不得将危险废物混入建筑垃圾，不得擅自设立弃置场收纳建筑垃圾。

3. 建筑垃圾储运消纳场不得收纳工业垃圾、生活垃圾和有毒有害垃圾。

4. 居民应当将装饰装修房屋过程中产生的建筑垃圾与生活垃圾分别收集,并堆放到指定地点。

5. 装饰装修施工单位应当按照城市人民政府市容环境卫生主管部门的有关规定处置建筑垃圾。

6. 施工单位应当及时清运工程施工过程中产生的建筑垃圾,并按照城市人民政府市容环境卫生主管部门的规定处置,防止污染环境。

7. 施工单位不得将建筑垃圾交给个人或者未经核准从事建筑垃圾运输的单位运输。

8. 处置建筑垃圾的单位在运输建筑垃圾时,应当随车携带建筑垃圾处置核准文件,按照城市人民政府有关部门规定的运输路线、时间运行,不得丢弃、遗撒建筑垃圾,不得超出核准范围承运建筑垃圾。

9. 任何单位和个人不得随意倾倒、抛撒或者堆放建筑垃圾。

四、城市建筑垃圾管理的重点和举措

建筑垃圾管理的重点:一是要减少垃圾生成量。减少建筑垃圾的生成量的有效办法,就是通过技术手段和生产加工实行综合利用,将废弃材料重新利用;二是要预防产生新的污染。在建筑垃圾生成、堆放、运输等环节采取覆盖、冲洗等方法,预防或减少建筑垃圾在各环节中产生的二次污染;三是要规范建筑垃圾的管理。要按照垃圾管理的标准和规范,对建筑垃圾生成、运输、处置等环节实施有效的监督管理,特别是要抓好过程管理。四是要对违法行为实施最严格的执法查处。特别是要加大对偷倒建筑垃圾、运输过程中的抛撒和扬尘处理不到位的违法行为和多次产生违法行为的处罚力度。

实践中,主要采取如下举措强化对建筑垃圾的管理:

(一)强化建筑垃圾源头治理

1. 合理布局垃圾消纳场地。不规范运输和处置建筑垃圾的主要原因除了利益驱动外,还有很大的因素是消纳场地设置不合理。管理部门应当建立源头预防的管理机制,强化消纳场所布局及建设等建筑垃圾防治工作体系。

2. 加大建筑垃圾的二次利用。按照减量化、资源化的要求,制定有关综合利用的奖励补贴和推进再加工新技术应用的财政政策,提高城市建筑垃圾治理的科技水平,鼓励对城市建筑垃圾实行充分回收和合理利用。

3. 把好建筑垃圾收运、处置准入关。建立健全建筑垃圾收集、运输或者处置的企业市场化管理的制度,严格控制建筑垃圾企业收运、处置的准入审批,强化对企业工作人员的培训和应急演练,落实对准入企业在运行过程中有关管理制度和要求的监管。

(二) 推进信息化监管平台建设

1. 建立信息化监管平台。完善城市管理部门对建筑垃圾管理的手段，推进建立施工工地监管系统和建筑垃圾管理系统平台建设。做好运输车辆和驾驶人员基础资料的入库登记工作，实现备案车辆和工作轨迹的跟踪溯源。

2. 建立信访投诉处置平台。鼓励市民群众参与城市管理工作，发挥群众火眼金睛的作用，及时发现有关违反建筑垃圾管理的现象，通过电话热线、手机 App 或网络平台进行反映。特别是对未登记在册的车辆偷倒行为主要还是要发挥群防群控、群防群治的作用，才能及时发现并处置。

(三) 强化市区部门工作联动

建筑垃圾管理涉及城市建设、交通运输、城市管理等部门，每个部门都有独立的监管资源，整合这些部门力量尤显重要。可以通过建立联席会议制度、集中审批制度和市区工作热线制度等方法，加强对建筑垃圾有关审批、查处等方面的日常管理。

(四) 推进建筑垃圾管理综合考评

建筑垃圾偷倒、乱倒现象严重影响城市管理形象，强化日常管理成为上下一致的共识。但落实长效管理的有效措施还是要将建筑垃圾管理情况纳入综合考评。可以将数字城管发现问题、市民投诉反映问题和管理部门查处情况，按照一定的权重进行赋值，并定期将考评情况进行通报，以促进建筑垃圾管理水平大幅度提升。

第三节　城市环境卫生设施管理

一、环境卫生设施的概念

环境卫生设施是指开展环卫保洁、维护、运行和管理等工作所必须的建筑装备、机械设备、工具器具、运行场所等装备的总称。根据《环境卫生设施设置标准》CJJ 27—2012 的规定，城市环境卫生设施包括：

(一) 环境卫生公共设施

环境卫生公共设施包括废物箱、垃圾收集点、公共厕所等。

(二) 环境卫生工程设施

环境卫生工程设施包括垃圾收集站、垃圾转运站，垃圾、粪便码头，水域保洁及垃圾收集设施、生活垃圾处理设施、其他垃圾处理设施。

(三) 其他环境卫生设施

其他环境卫生设施包括环境卫生车辆停车场，环境卫生清扫、保洁工人作息场所，洒水（冲洗）车供水器。

城市环境卫生设施管理是指城市行政主管部门按照城市环境卫生设施标准和相关法律法规的规定，对城市道路设施设置和运行情况实施监管，对违法行为进行查处的活动。

二、环境卫生设施管理的要求

环境卫生设施是重要的城市公共基础设施，离开这些设施，城市环境卫生管理就会成为空谈。特别是进入大数据时代，对环境卫生管理的信息化要求越来越高。从目前各城市管理财政投入分析，环境卫生管理日益受到各级部门的重视，环境卫生设施建设和管理方面的投入呈现增长趋势。加强环境卫生设施的管理和有效利用尤为迫切。

环境卫生设施的建设和管理应当符合以下要求：

1. 行政主管部门应当编制工程渣土专业消纳场地、垃圾转运站、垃圾粪便处理厂（场）、公共厕所等环境卫生设施的建设专项规划和实施计划，并组织实施。

2. 配套建设的环境卫生设施，应当与主体工程同时设计、同时施工、同时投入使用。配套建设的环境卫生设施，须经验收合格后方可投入使用。

3. 机场、车站、码头等交通集散点和大型商场、文化体育设施、旅游景点及其他人流集散场所，应当配套建设公共厕所和其他环境卫生设施，并设置垃圾收集容器。

4. 环境卫生设施的管理和使用单位应当做好环境卫生设施的维修、保养工作，保持其整洁、完好。

5. 公共厕所应当设有明显标志，对外开放，并由专人负责保洁。公共厕所使用人，应当自觉维护公共厕所的清洁卫生，爱护公共厕所的设备。

6. 禁止任何单位和个人占用、损毁环境卫生设施。不得擅自拆除、迁移、改建、封闭环境卫生设施。

三、环境卫生设施管理的重点和举措

环境卫生设施管理的重点：一是要合理建设。就是建设点位布局合理，以方便实施单位运行和市民群众对设施的使用；二是要规范运行。按照运行管理规范的要求进行运行、维护和保障；三是要提升效率。主要途径是合理利用设施，做好计划调度。另外，就是加大信息化在环境卫生管理中的应用。

当前，做好环境卫生设施管理的主要举措有：

(一)规范环境卫生设施的设置

1. 做好环境卫生设施的规划,合理布局设施点位。
2. 做好环境卫生设施的布点,应减少对环境和市民的干扰。环境卫生工程设施应根据安全、环保、经济的原则选址,并应设置在交通运输方便、市政条件较好并对周边居民影响较小的地区。
3. 做好各类设施的集约化布点和建设。符合条件的城市宜建设餐厨垃圾集中处理设施,并与生活垃圾处理设施合建;大中型城市宜设置区域性大件垃圾处理设施并与其他环境卫生工程设施合建。

(二)规范环境卫生设施的运行

1. 强化环境卫生设施的使用。任何单位和个人不得侵占、损坏、拆除、关闭环境卫生设施,不得擅自改变环境卫生设施的使用性质。
2. 强化公共卫生设施的开放。特别是要确保公共厕所和垃圾投放池按要求正常开放,不得任意关闭或有条件使用。
3. 强化环境卫生设施的日常维护和保养。要做到环境卫生设施保持完好,对日常管理中发现的设施老化、脱色、破损或影响功能等方面的问题,应第一时间按设置要求进行维护或进行设施更新。

(三)规范环境卫生设施的保洁

1. 强化对市场化运作的环境卫生设施保洁公司准入条件的把关。应通过招标投标等竞争方式,让资信好、能力强的单位从事城市环境卫生设施保洁和维护工作。
2. 加强对环境卫生设施日常保洁工作的监督,并按社会化、专业化保洁工作相关标准的要求进行保洁质量的考核评价。

(四)规范环境卫生设施设置的监管

环境卫生设施应当按规划进行布点和建设,按环境卫生作业规范进行相应配置,满足环境卫生管理对相关设施配套的需求,不得缺配漏配、少建不建。加强对擅自占用、迁移、拆除、封闭环境卫生设施或者改变环境卫生设施用途等违法行为执法。

第四节 城市生活垃圾与餐厨垃圾管理

一、城市生活垃圾与餐厨垃圾管理的概念

生活垃圾是指人们在日常生活过程中产生的各种垃圾的总称,分为一般垃圾(包括可

回收垃圾、有害垃圾、厨余垃圾、其他垃圾）和特殊垃圾（包括大件垃圾、装修垃圾等）。

厨余垃圾分为家庭厨余垃圾、餐厨垃圾和其他厨余垃圾。

餐厨垃圾是指餐饮经营者、单位食堂等生产过程中产生的餐厨废弃物。

二、城市生活垃圾与餐厨垃圾管理的任务

城市生活垃圾与餐厨垃圾管理的任务主要包括规范垃圾的分类、收集、运输等。现简述如下：

（一）规范生活垃圾的分类

1. 可回收垃圾：主要有纸类、金属、玻璃、塑料制品、橡胶及橡胶制品、牛奶盒等利乐包装、饮料瓶、纺织类、皮革类等。

2. 有害垃圾：主要有电池、废旧灯管灯泡、过期药品、过期日用化妆用品、染发剂、杀虫剂容器、除草剂容器、废打印机墨盒、硒鼓等。

3. 厨余垃圾：主要有剩菜剩饭等食物残余、菜梗菜叶、肉食内脏、茶叶渣、水果残余、果壳瓜皮、废弃食用油等。

4. 其他垃圾：主要有无法再生的纸张（纸杯、照片、复写纸、压敏纸、卫生纸等）、塑料袋、陶瓷品、一次性餐具、烟头、尘土等。

5. 大件垃圾：主要有旧床垫、旧沙发、旧柜子、旧桌椅等。

6. 装修垃圾：主要有砖块、水泥块、旧木板等。

（二）规范生活垃圾的收集

1. 可回收物和有害垃圾应当定期定点收集，餐厨垃圾和其他垃圾应当每天定时收集，做到日产日清。

2. 在收集垃圾时，应做到密闭、分类收集，防止二次污染。

3. 垃圾收集后，应及时清理作业现场、清洗垃圾收集容器，保证环境整洁。

4. 垃圾产生单位应保证垃圾运输通道通畅，确保垃圾进行正常收运。

（三）规范生活垃圾的运输

1. 运输车辆应具备分类收贮生活垃圾的功能，或者按照分类后不同的类别，配置相应的作业车辆。

2. 运输车辆应有明显的分类收集标识、运输标识，并保持功能完好、外观整洁。

3. 运输车辆应加装污水收集装置，至指定地点进行压缩排水。

4. 运输过程中无垃圾扬、散、拖、挂和污水滴漏，并按规定将垃圾运至有关部门确定的处置场所。

三、城市生活垃圾与餐厨垃圾管理的要求

依据《城市生活垃圾管理办法》(建设部令第 157 号)的规定,城市生活垃圾与餐厨垃圾管理应当符合如下要求:

1. 应当按照规定的地点、时间等要求,将生活垃圾投放到指定的垃圾容器或者收集场所。废旧家具等大件垃圾应当按规定时间投放在指定的收集场所。

2. 应当按照规定的分类要求,将生活垃圾装入相应的垃圾袋内,投入指定的垃圾容器或者收集场所。

3. 宾馆、饭店、餐馆以及机关、院校等单位应当按照规定单独收集、存放本单位产生的餐厨垃圾,并交符合要求的城市生活垃圾收集、运输企业运至规定的城市生活垃圾处理场所。

4. 禁止随意倾倒、抛洒或者堆放城市生活垃圾。

四、城市生活垃圾与餐厨垃圾管理的重点和举措

城市生活垃圾与餐厨垃圾管理是一项环保工程、民心工程,也是系统工程,需加强统筹协调、检查督促和各项保障工作。

(一)城市生活垃圾与餐厨垃圾管理的重点

城市生活垃圾与餐厨垃圾管理的重点主要是要实行垃圾分类工作的属地管理,积极推进垃圾分类的连片成网。按照垃圾分类标准和监管要求,建立起有效的垃圾分类长效运行监管机制,科学地进行垃圾分类数据的分析和评估,巩固并深化垃圾分类工作成果,全方位地实现垃圾减量化、无害化、资源化的目标。此外还要做好以下基础工作:

1. 配置垃圾分类设施

(1)配置垃圾桶。实施生活垃圾分类的住宅小区,城市道路、街巷、里弄、公共广场等公共区域,由当地环境卫生行政主管部门负责统一配置和更新分类垃圾桶。

(2)配备智能垃圾房。按照有利于垃圾分类投放和清运的要求,对住宅小区的垃圾房进行改造,使之具备防臭、防晒、防雨、防捡、防拆、清洁、环保等功能。

2. 落实经费保障

(1)落实配置设施经费。用于保障实施垃圾分类小区垃圾房改造、垃圾桶配置和更新等所需要的经费。

(2)落实社区工作经费。按照一定的管理经费补贴标准,给予实施生活垃圾分类的小区或社区日常工作经费。

(3)落实宣传教育经费。要落实垃圾分类宣传、教育、培训等活动所需的经费。

(4) 落实考核奖励经费。设立垃圾分类专项奖励经费,用于对垃圾分类工作先进单位与先进个人予以表彰。

3. 强化宣传教育

(1) 加强舆论引导。积极发挥新闻媒体作用,通过多种形式,持续、广泛、深入地宣传生活垃圾分类工作的重要意义。同时,要充分利用公益广告开展生活垃圾分类工作宣传,营造全社会共同参与的良好氛围。

(2) 实施学校教育。在中小学、幼儿园全面开展生活垃圾分类知识宣传教育以及校园系列生活垃圾分类实践活动,积极发挥"小手拉大手"在推进垃圾分类管理中的积极作用。

(3) 开展行业培训。坚持多管齐下,将生活垃圾分类相关知识纳入市民学校、民工学校教育培训内容,对物业管理人员、家政人员全面开展岗前垃圾分类知识培训,引导社会各行各业熟悉垃圾分类知识,主动参与垃圾分类工作。

(二) 城市生活垃圾与餐厨垃圾管理的举措

推进垃圾处置资源化、减量化、无害化进程,全面开展生活垃圾分类工作,构建生活垃圾分类投放、分类收集、分类运输及分类处置体系,制定完善相关管理政策,建立健全相应的标准体系和长效管理监督考核体系是当务之急。实施城市生活垃圾与餐厨垃圾管理的有效举措如下:

1. 政府主导,规划先行。按照可持续发展战略的要求,在各级政府的统一领导下开展垃圾分类工作,编制垃圾分类专项规划,指导各级各部门切实增强责任意识。积极、稳妥、有序地推进生活垃圾分类收集,化害为利,变废为宝,开创生活垃圾减量化、资源化、无害化的新路子。

2. 以块为主,全民参与。按照属地管理原则,坚持市场运作、各方配合、群众参与的方针,周密部署,分步实施,讲求实效,及时协调解决辖区内垃圾分类问题,抓好典型示范,带动全社会参与垃圾分类工作。

3. 宣传引导,整体推进。加大垃圾分类宣传力度,推广垃圾分类试点经验,协调新闻媒体积极开展各类宣传教育活动,引导广大市民广泛参与、积极支持生活垃圾分类工作。不断增强市民参与垃圾分类的积极性,整体推进生活垃圾分类投放、分类收集、分类运输、分类处置。

4. 落实保障,以点带面。落实垃圾分类设施保障、资金保障、人员保障和政策保障,抓好设施建设和人员的业务培训,按照由点带面逐步推广垃圾分类的部署和要求,加快扩大垃圾分类的覆盖面和群体受众面。

5. 加大考核,落实长效。研究制定垃圾分类标准体系,建立考核评估机制,并实施考核验收工作。要针对现有垃圾分类管理过程中存在的不足问题,加大检查、督促、指导、考核力度,落实长效管理措施,确保垃圾分类工作取得实效。

第五节　建筑施工工地环境卫生管理

一、建筑施工工地环境卫生管理的概念

建筑施工工地指正在建设的房屋建筑及其附属设施所处的区域范围，包括建筑用地规划红线的范围。通常用围挡、围墙等隔离设施封闭，限制人员及物料、机械和车辆随意进出。

建筑施工工地环境卫生是指建筑工地在施工过程中对城市环境卫生质量产生的影响或导致的状况。

建筑施工工地环境卫生管理是指城市行政主管部门依据法律法规规定对建筑施工工地涉及的环境卫生问题实施监管或行政执法的活动。

二、建筑施工工地环境卫生管理的任务

建筑施工工地环境卫生管理主要承担工地容貌管理、工地环境管理和工地卫生管理的任务：

（一）施工工地容貌管理

1. 工地围墙或围挡的管理。施工工地应按要求设立围挡或围墙；围挡应保持完好；围挡及外侧附近应无乱张贴，保持干净整洁。

2. 工地运输车辆车容的管理。进出工地的运输车辆应当进行冲洗，不得带泥行驶污染道路。

3. 工地出入口的管理。工地出入口应当硬化，路面保持干净和通畅。

（二）施工工地环境管理

1. 夜间施工工地噪声排放管理。未办理夜间施工许可证，不得在晚上 10 点至清晨 6 点期间进行噪声超标排放的作业。

2. 污水排放管理。施工工地产生的污水不得排入雨水管道，雨水也不得排入污水管道。施工产生的废水应当沉淀后进行排放。

3. 工地防尘管理。施工工地长期堆放的工程渣土和施工用的砂石应当使用防尘膜进行覆盖；长期裸露的绿化用地应当及时进行绿化、铺装或覆盖。

（三）施工工地卫生管理

1. 负责废弃物的管理。施工工地食堂、厕所和宿舍产生的生活垃圾应当按垃圾分类

的要求进行收集、运输和处置。

2. 负责工地出入口保洁管理。施工工地出入口应当安排人员进行车辆冲洗和路面清扫,保持路面干净卫生。

三、建筑施工工地环境卫生管理的要求

建筑施工工地环境卫生管理产生的相关法律关系,由《城市市容和环境卫生管理条例》《噪声污染防治法》《城市容貌标准》GB 50449—2008 等进行调整。

1. 城市的工程施工现场材料、机具应当堆放整齐,渣土应当及时清运;临街工地应当设置护栏或者围布遮挡;停工场地应当及时整理并作必要的覆盖;竣工后,应当及时清理和平整场地。

2. 施工工地出入口处、机动车清洗场站地面平整,无坑洼,周边干净。无污水、泥浆排入城市道路,无占道冲洗车辆、损坏污染道路现象。

3. 运载渣土、生活垃圾等各类散体、液体的车辆保持车容整洁,密闭运输,无抛洒,无污损路面现象。

4. 施工工地现场按规定设置围墙、围栏等封闭措施,围墙、围栏保持整洁完好。施工工地外无乱堆物料,工程完工后场地平整,无破损路面,无堆积杂物。

5. 城市各类工地应有围墙、围栏遮挡,围墙的外观宜与环境相协调。临街建筑施工工地周围宜设置不低于 2 米的挡墙,市政设施、道路挖掘施工工地围墙高度不宜低于 1.8 米,围栏高度不宜低于 1.6 米。围墙、围栏保持整洁、完好、美观,并设有夜间照明装置;2 米以上的工程立面宜使用符合规定的围网封闭。围墙外侧环境应保持整洁,不得堆放材料、器具、垃圾等,墙面不得有污迹,无乱张贴、乱涂乱画等现象。靠近围墙处的临时工棚屋顶及堆放物品高度不得超过围墙顶部。

6. 施工单位应当按照规定制定噪声污染防治实施方案,采取有效措施,减少振动、降低噪声。建设单位应当监督施工单位落实噪声污染防治实施方案。

7. 在噪声敏感建筑物集中区域施工作业,应当优先使用低噪声施工工艺和设备。

8. 在噪声敏感建筑物集中区域施工作业,建设单位应当按照国家规定,设置噪声自动监测系统,与监督管理部门联网,保存原始监测记录,对监测数据的真实性和准确性负责。

9. 在噪声敏感建筑物集中区域,禁止夜间进行产生噪声的建筑施工作业,但抢修、抢险施工作业,因生产工艺要求或者其他特殊需要必须连续施工作业的除外。

四、建筑施工工地环境卫生管理的重点和举措

(一)建筑施工工地环境卫生管理的重点

1. 落实施工工地围挡设置,采取洒水抑尘、冲洗地面和车辆等措施,达到有效防尘

降尘的目的。

2. 落实建筑工地建筑垃圾清运。及时清运建筑工地产生的工程渣土、建筑垃圾等，不能及时清运的，应采用密闭式防尘网实施全覆盖。

3. 落实夜间施工噪声管理规定。因施工要求，确实需要夜间连续施工的，应及时到生态环境管理部门办理夜间施工许可证。

(二) 建筑施工工地环境卫生管理的举措

1. 建立信息化管理系统

（1）建立施工工地监管系统。由行政主管部门自建施工工地监管系统平台，在工地周边搭建信息采集装置，或由施工工地建设方按管理单位的要求搭建信息数据采集装置，对工地实行全时段监控。满足对工地内部环境卫生，工地出入口日常保洁、运输车辆污泥冲洗和雨污水排放、防尘处理等情况的监管需要。

（2）建立施工工地渣土运输监管系统。由行政主管部门自建渣土运输监管系统平台，运输方按要求安装定位装置。对渣土运输车辆实施全程管理，确保按规定的时间和线路进行运输。

2. 建立综合管理协同机制

联合规划、建设、环保等部门和属地街道成立日常管理联动机构，强化夜间施工噪声的管理，确需连续施工的，应办理许可手续。及时发现影响城市环境卫生管理的问题，发挥协同机制作用快速予以处理。

3. 建立文明工地创建机制

联合相关部门，共同出台创建文明施工工地的工作机制，确定市容和环境卫生管理的相关内容，并赋予一定权重的分值，按照月检查、季通报、年度评价的规则，组织开展创建活动。

第六节　城市露天烧烤管理

一、城市露天烧烤的概念

城市露天烧烤是指餐饮服务单位或个人在城市管理区域内的室外露天场所，使用烤制器具和材料对食品进行加工的活动。

城市露天烧烤管理是指城市有关主管部门依据相关法律法规，对城市露天烧烤行为进行监督或行政执法的活动。

二、露天烧烤管理的任务

露天烧烤管理的任务主要是规范经营者的经营行为，查处擅自占道经营、出店经营实施露天烧烤的行为。具体包括：

1. 加强行政审批。对不具备油烟排放条件的店家不予工商登记注册；对占道烧烤经营不予批准。

2. 引导入室经营。加强日常巡视和投诉处理，有序引导店家入室经营烧烤，制止和防范露天烧烤行为冒头。

3. 落实分区管控。建立不同的管控区域，实行疏堵结合。严控区内禁止露天烧烤，实行店家室内经营。严控区外实行有条件的合法经营，落实经营时间、地点等。

4. 强化联动机制。建立多部门齐抓共管联动机制，整合部门管理资源，把好源头审批关，强化过程管理，加大力度联合开展综合整治活动。

5. 推动长效管理。建立区域巡查全覆盖机制，加强考核评价工作，及时发现露天烧烤行为，依法依规实行执法查处或关门取缔。

三、露天烧烤管理的要求

露天烧烤行为表面上看主要是对大气环境的污染，实际上还牵连到占道经营、出店经营及无证经营等行为。因此，露天烧烤产生的法律关系分别受《大气污染防治法》《城市道路管理条例》《城市市容和环境卫生管理条例》等法律法规规章的调整。

1. 排放油烟的餐饮服务业经营者应当安装油烟净化设施并保持正常使用，或者采取其他油烟净化措施，使油烟达标排放，并防止对附近居民的正常生活环境造成污染。

2. 禁止在居民住宅楼、未配套设立专用烟道的商住综合楼以及商住综合楼内与居住层相邻的商业楼层内新建、改建、扩建产生油烟、异味、废弃的餐饮服务项目。

3. 任何单位和个人不得在当地人民政府禁止的区域内露天烧烤食品或者为露天烧烤食品提供场地。

4. 《城市容貌标准》规定：严禁擅自占道加工、经营、堆放及搭建等。

5. 《城市市容市貌干净整洁有序安全标准（试行）》规定：城市道路、公共场所无违规占道经营和店外经营，禁止占用绿地经营。

6. 《无证无照经营查处办法》规定：任何单位和个人不得违反法律法规和国务院决定的规定，从事无证无照经营。无照无证经营者一般是流动性经营的商贩。但在指定的地点和时间销售农副产品，提供技能性便民服务的不属于无证无照经营。

四、露天烧烤管理的重点和举措

露天烧烤管理的重点就是要取缔室外经营现象，积极组织和引导经营者依法依规实施入店或入场经营，按要求实行油烟排放。具体管理举措如下：

1. 建立联动机制。联合城管、公安、市场监管、生态环境等部门成立露天烧烤治理机构，明确职责，联合开展预防和专项整治行动，杜绝擅自占道经营、出店经营和无证经营现象，全面提升露天烧烤治理能力，形成露天烧烤行为执法监管长效机制。

2. 实行疏堵结合。由行业主管部门牵头，按照疏堵结合的原则，依管理目标分别建立露天烧烤严管区、规范区制度。严禁在主次干道、居民小区、机关学校附近设立露天烧烤经营点；规范在旅游景区、小吃街区等地的休闲烧烤行为。

3. 强化宣传引导。采取多种形式，大力宣传大气污染防治等法律法规和市区政府对出店经营、露天烧烤经营的管理要求，提升餐饮经营者的守法遵规意识，提高市民参与环境卫生治理活动的主动性，自觉抵制和禁止露天烧烤行为。同时采取奖励政策，支持并鼓励餐饮经营者入店入场规范经营。

4. 加强执法监管。实行网格化管理，落实定片定人机制，采取重点防控、错时监管、动态巡查方案，及时发现并查处露天烧烤违法行为。对严重违反法律法规规定和屡教不改者，依法实施从重处罚。确保城市环境卫生长效管理得到落实，全面提升城市管理机制和管理能力应用水平。

第七节 城市扬尘污染治理

一、城市扬尘污染治理的概念

扬尘污染是指因建设工程施工、拆除，物料运输、堆放，道路保洁、养护等活动造成的大气环境污染现象。其中建设工程包括房屋建筑工程、市政公用设施工程、公路工程、水利工程、人防工程等。

城市扬尘污染治理是指政府行政主管部门依据大气污染防治相关法律法规的规定，对扬尘污染行为进行监管或执法的活动。

二、城市扬尘污染治理的重点和举措

明确城市扬尘污染治理的工作重点，采取相应的工作举措，对有效改善大气质量，保障人居环境有着深刻的现实意义。

（一）治理重点

当前，城市扬尘污染治理的重点工作主要集中在建设工地、物料运输和处置和道路保洁作业等方面。

1. 建设施工工地。施工工地未设置围挡；工地车行道路未采取硬化措施；材料未覆盖防尘布或防尘网；从高处向下倾倒或抛洒各类散装物料和建筑垃圾。

2. 道路保洁作业。清扫道路不符合市容环境卫生作业规范的要求；市政部门对破损路面未及时修复；下水道清疏污泥堆积路上未及时清运。

3. 物料运输及处置。运输物料的车辆未采取篷盖、密闭措施；堆场路面未进行硬化处理；堆场周边未配备高于堆场物料的围挡、防风抑尘网等设施；未配置车辆清洗专用设施；未对堆场物料进行覆盖、喷淋、围护等。

（二）治理举措

扬尘污染治理主要围绕建立抑尘治理责任制，落实"封闭现场、冲洗车辆、洒水作业、及时清扫"的管理要求，强化施工、运输、保洁全过程监管，防止扬尘对市民生活的影响，满足对城市环境保护的要求。具体举措如下：

1. 实行源头治理

（1）加强工地管理。要求各类建筑工地、房屋拆迁工地、市政施工工地按规定建设围挡，对产生扬尘的环节实行湿法作业。

（2）加强车辆管理。落实工地出入口硬化，设立沉淀池，冲洗设备要求；实行密闭运输，严禁超载冒载，防止车辆带泥上路，杜绝车辆抛撒滴漏。

（3）加强消纳管理。按规划建设弃土倾倒场，强化弃土倾倒管理；各类砂石料场、堆场采取封闭覆盖。

（4）加强场面管理。对于闲置或未开发的裸露地块，各产权单位或个人负责采取围挡、覆盖、绿化、喷洒抑尘剂等降尘措施，减少裸露地面。

2. 实行网格化管理

（1）以网格定人定责。以社区为单位划分网格单元，落实城区属地管理责任制，实行定人定责管理，及时发现并制止扬尘污染作业。

（2）规范保洁作业。规范环卫保洁和洒水作业质量，提高城区机械化清扫率和高压冲洗率，强化路面冲洗频次，清除街面积尘。

（3）鼓励群众参与。设立扬尘污染有奖举报电话，提高群众参与和监督扬尘污染综合治理工作的积极性。

3. 实行联动机制

建立部门联动机制，发挥数字平台作用，全面落实建设工地、道路运输、环卫保洁等扬尘管理的主体责任，及时发现和处理扬尘污染行为，对处置情况进行监督考核。

4. 实行准入制度

建立市场准入机制，对不履行环境保护职责的建设单位、施工单位、运输单位实行"黑名单"管理，限制其参与工程项目活动。

第八节　城市车辆清洗、维修管理

一、城市车辆清洗、维修管理的概念

城市车辆清洗是指车辆所有人、使用人或清洗单位在城市管理范围内，未经行政主管部门批准，擅自在人行道或道路路肩空地上进行车辆清洗作业，影响城市环境卫生的行为。

城市车辆维修是指车辆所有人、使用人或维修单位在城市管理范围内，未经行政主管部门批准，擅自在人行道或道路路肩空地上进行车辆保养、修理作业，影响城市环境卫生的行为。

城市车辆清洗、维修管理是指城市有关行政主管部门依据法律、行政法规规章等对车辆清洗、维修行为进行监管或行政执法的活动。

二、城市车辆清洗、维修管理的任务

（一）制止侵害市容环境卫生管理秩序的行为

行为人在实施车辆清洗和维修的过程中，可能发生占道经营或出店经营的情形、违反城市市容和环境卫生管理相关的规定。因此，要制止和查处车辆清洗中发生的侵害市容环境卫生管理秩序的行为。

（二）制止损害市政设施管理秩序的行为

行为人在实施车辆清洗和维修的过程中，可能发生擅自接坡、损坏人行道板、擅自向雨水井排放污水的情形、违反城市道路管理相关的规定。因此，要制止和查处车辆清洗中发生的侵害市政设施管理秩序的行为。

三、城市车辆清洗、维修管理的要求

1.《城市容貌标准》规定，不得擅自占道加工、经营、堆放及搭建等。
2.《城市市容市貌干净整洁有序安全标准（试行）》规定，城市道路、公共场所无违规占道经营和店外经营，禁止占用绿地经营。

四、城市车辆清洗、维修管理的重点和措施

城市车辆清洗、维修管理的重点是占道经营、出店经营和向自然水体或市政雨水管排

放污水的问题。为此,我们针对性地提出如下管理举措:

1. 加大协调力度。落实属地管理责任,及时发现并制止违法行为。联合市容、市政、市场监管和街道社区,综合运用城市管理相关法律法规规定,实行综合管理,并纳入城市管理综合评价。

2. 加大整治力度。从事城市车辆清洗、维修,往往占用人行道或在人行道与机动车道之间设置固定的接坡或移动式的接坡,可以联合市政管理部门、市容管理部门和公安部门对这些接坡等设施予以拆除,由此产生的代整治费用由行为人承担。

3. 加大处罚力度。城市车辆清洗、维修行为可能存在违法竞合的情形,既可能违反市容和环境卫生管理相关法规规定,也可能违反市政设施管理相关法规的规定。同时违反这些规定的,可以适用处罚额度最高的法规实施处罚。

第九节　城市河道污染治理

一、城市河道污染的概念

城市河道是指由行政主管部门管理的河道、堤坎、泵站、引水渠、溢洪道及其附属设施。

城市河道污染是指因城市生产、生活等活动,造成污水、垃圾等排向河道,导致河道淤积、水体发生变质的行为。

城市河道污染治理是指市政设施行政或者河道主管部门依据法律法规规定,对城市河道实施规划、建设、保护和管理等活动。

二、城市河道污染治理的任务

城市河道污染治理的任务,应当疏堵结合。第一,要减少污染物进入城市河道。这些污染物大量来自生活污水和工业废水的排放,以及向河道倾倒的各种废弃物,或由雨水带入的各种污染物以及上游输入的污染。第二,要提升河道的自净能力。包括加快河水流动能力,改善河道生态环境,提高水环境质量。第三,要强化河道的整治和保护。应建立健全河道污染防治的体制机制,各职能部门各司其职,互相协作,加大河道的整治力度,防止河道污染。完成河道治理任务的主要措施有:

1. 明确河道管理责任主体。县级以上人民政府环境保护主管部门对水污染防治实施统一监督管理。交通主管部门的海事管理机构对船舶污染水域的防治实施监督管理。县级以上人民政府水行政、国土资源、卫生、建设、农业、渔业等部门以及重要江河、湖泊的流域水资源保护机构,在各自的职责范围内,对有关水污染防治实施监督管理。

2. 落实河道管理责任人。省、市、县、乡建立河长制,分级分段组织领导本行政区域内河道、湖泊的水资源保护、水污染防治、水环境治理等工作。

3. 建立河道保护评价制度。实行河道保护目标责任制和考核评价制度,将河道保护目标完成情况作为对地方人民政府及其负责人考核评价的内容。

4. 积极推生态治理工程建设。城市河道污染治理应当坚持预防为主、防治结合、综合治理的原则,严格控制工业污染、城镇生活污染,预防、控制和减少水环境污染和生态破坏。

5. 加强河道保护的监督管理。新建、改建、扩建直接或者间接向河道排放污染物的建设项目和其他水上设施,应当依法进行环境影响评价。

6. 建立水污染物排放许可制度。禁止企业事业单位和其他生产经营者无排污许可证或者违反排污许可证的规定向水体排放前款规定的废水、污水。

三、城市河道污染治理的要求

(一)《中华人民共和国河道管理条例》规定

1. 禁止损毁堤防、护岸、闸坝等水工程建筑物和防汛设施、水文监测和测量设施、河岸地质监测设施以及通信照明等设施。

2. 禁止非管理人员操作河道上的涵闸闸门,禁止任何组织和个人干扰河道管理单位的正常工作。

3. 在河道管理范围内,禁止修建围堤、阻水渠道、阻水道路;在堤防和护堤地,禁止建房、放牧、开渠、打井等活动。

4. 不得擅自在河道管理范围内进行下列活动:
(1) 采砂、取土、淘金、弃置砂石或者淤泥。
(2) 爆破、钻探、挖筑鱼塘。
(3) 在河道滩地存放物料、修建厂房或者其他建筑设施。
(4) 在河道滩地开采地下资源及进行考古发掘。

5. 向河道、湖泊排污的排污口的设置和扩大,排污单位在向环境保护部门申报之前,应当征得河道主管机关的同意。

6. 在河道管理范围内,禁止堆放、倾倒、掩埋、排放污染水体的物体。禁止在河道内清洗装贮过油类或者有毒污染物的车辆、容器。

(二)《中华人民共和国水污染防治法》规定

1. 向水体排放污染物的企业事业单位和其他生产经营者,应当按照法律、行政法规和国务院环境保护主管部门的规定设置排污口;在江河、湖泊设置排污口的,还应当遵守国务院水行政主管部门的规定。

2. 禁止企业事业单位和其他生产经营者无排污许可证或者违反排污许可证的规定向水体排放前款规定的废水、污水。

3. 禁止向水体排放油类、酸液、碱液或者剧毒废液。禁止在水体清洗装贮过油类或者有毒污染物的车辆和容器。

4. 禁止向水体排放、倾倒放射性固体废物或者含有高放射性和中放射性物质的废水。向水体排放含低放射性物质的废水，应当符合国家有关放射性污染防治的规定和标准。

5. 向水体排放含热废水，应当采取措施，保证水体的水温符合水环境质量标准。

6. 含病原体的污水应当经过消毒处理；符合国家有关标准后，方可排放。

7. 禁止向水体排放、倾倒工业废渣、城镇垃圾和其他废弃物。禁止将含有汞、镉、砷、铬、铅、氰化物、黄磷等的可溶性剧毒废渣向水体排放、倾倒或者直接埋入地下。

8. 禁止在江河、湖泊、运河、渠道、水库最高水位线以下的滩地和岸坡堆放、存贮固体废弃物和其他污染物。

(三)《城市容貌标准》规定

1. 水面应保持清洁，及时清除垃圾、粪便、油污、动物尸体、水生植物等漂浮废物。
2. 水体必须严格控制污水超标排入，无发绿、发黑、发臭等现象。
3. 水面漂浮物拦截装置应美观，与周边环境相协调，不得影响船舶的航行。
4. 岸坡应保持整洁完好，无破损，无堆放垃圾，无违章建筑和堆积物品。
5. 岸边不得有从事污染水体的餐饮、食品加工、洗染等经营活动，严禁设置家畜家禽等养殖场。
6. 各类船舶、泵船及码头等临水建筑应保持容貌整洁，各种废弃物不得排入水体。
7. 船舶装运垃圾、粪便和易飞扬散装货物时，应密闭加盖，无裸露现象，防止飘散物进入水体。

四、河道污染治理的重点和举措

河道污染治理的重点是减少面源污染排入、对河道污染实行综合治理。河道污染治理采取保护与预防以及生态性恢复的工作举措：

(一) 保护河道设施

1. 加强河道设施监管。不得擅自占用、挖掘河道设施。河道设施受到破坏，易引起河道崩塌，造成污染物排入河道。未经许可，不得设置和扩大污水排放口。此举有利于减少外源性污染物向河道进行排放。

2. 实施河堤加固改造。对本地洪涝灾害能力进行分析，然后依据分析报告设计河道的河堤，并且投入足够的资金，对河堤进行建设，满足洪涝灾害来临时的应急需要。

3. 定期组织河道清淤。定期组织河道清淤，可以保障河道中行船安全和洪涝期间泥沙排泄通畅，同时提升河道的滞蓄能力，增加河道的储水量，有利于消除原生性污染，恢复河道畅通，降低集中性河道污染现象的爆发。

（二）控制污染排放

1. 河道管理范围内不得倾倒垃圾、废料、泥沙等废弃物。容易堵塞或破坏河道系统，造成外源性河道污染。

2. 不得向河道排放污水。未经处理达标的城市污水禁止直接向河道排放，可以减少外来污染对河道水质的破坏。

3. 不得向河道倾倒有害有毒物品。有害有毒物质对河道生态系统是致命性的打击，必须杜绝此类现象的发生。

（三）修复河道环境

1. 定期向河道配水。有条件的城市可以通过向河道引水或配水的方式，为河道提供流动的"活水"保障。这种用物理稀释的方式达到局部河道截面污染减轻，可以有效恢复河道生物活性，从而提高河道自身净化能力，是促进河道环境可持续、良性发展的重要途径。

2. 技术方式修复。通过采用生物、化学、生态技术的方式进行持续的河道污染治理，特别是提倡生态修复技术的应用，改变水生植物生长环境和亲水生物生存境况，促进河道水生生态系统良性循环，恢复生态平衡，持续长效改善河道水质。

第十节　饲养家畜家禽类管理

一、饲养家畜家禽类管理的概念

城市管理中的饲养家畜家禽一般是指饲养鸡、鸭、鹅、兔、羊、猪等家禽家畜。

饲养家畜家禽类管理是指城市有关行政主管部门依据法律法规的规定，对市区内饲养家畜家禽的行为实施监管和执法的活动。

饲养的鸽子，如果是作为肉鸽使用的，应当属于家禽类。但饲养信鸽，因为主要是用于比赛的，所以不宜简单归类为家禽，归类为体育比赛的赛鸽更为合适。

对饲养的犬类，行政法规未作出明确规定，部分城市是以地方性法规或规章实施管理的。

二、饲养家畜家禽类管理的任务

饲养家畜家禽类管理的主要任务是禁止饲养和规范饲养管理。禁止饲养就是在城市禁养区范围内，无特殊情况不得饲养。规范饲养是指饲养过程中应当遵循法律法规的规定，不得影响市容和环境卫生，不得出现扰民等现象。

（一）禁止饲养家畜家禽

在城市化管理范围内，严禁饲养鸡、鸭、鹅、兔、羊、猪等家禽家畜（除科研、教学及特殊需要等情形）。

（二）规范饲养家畜家禽

在非禁止饲养家畜家禽的城市或特殊情况允许饲养的家畜家禽，不得有影响市容和环境卫生现象和发生扰民或伤人事件。

三、饲养家畜家禽类管理的要求

（一）《城市市容和环境卫生管理条例》规定

1. 实行城市化管理的地区，禁止饲养鸡、鸭、鹅、兔、羊、猪等家禽家畜。
2. 因教学、科研以及其他特殊情况需要饲养的，须经市容环卫主管部门批准。
3. 不得影响市容和环境卫生。
4. 居民饲养宠物，对宠物在公共场所产生的粪便应当立即自行清除。

（二）《中华人民共和国治安管理处罚法》规定

1. 不得干扰他人正常生活；
2. 不得放任动物恐吓他人。

（三）《中华人民共和国噪声污染防治法》规定

饲养宠物应尽量避免产生噪声对周围人员造成干扰。

（四）《城市容貌标准》规定

居住区内严禁饲养鸡、鸭、鹅、兔、羊、猪等家禽家畜。居民饲养宠物和信鸽不得污染环境，对宠物在道路和其他公共场地排放的粪便，饲养人应当及时清除。

四、饲养家畜家禽管理的重点和举措

饲养家畜家禽管理的重点是科学划定禁养区范围，以及对个人饲养家畜家禽行为进行有效劝阻或执法处罚。实践中，对饲养家畜家禽管理的举措主要有：

（一）落实管理主体责任

从目前管理实践上看，犬类管理主体一般为公安、城管和动物防疫部门。因动物伤人、扰民产生治安纠纷的，由公安部门负责管理；动物防疫管理由畜牧防疫部门管理；饲养许可和规范饲养由城管部门负责。

（二）实行差异化管理

可以根据本地城市化管理范围和管理需要，划定家畜家禽禁养区、限养区。按照属地管理原则，落实街道、社区和物业公司管理责任和管理要求，引导市民规范饲养。

（三）强化执法支撑保障

违法饲养家畜家禽多发现象，一是居民在居住小区内养鸡、养兔，在河边、湖边养鸭、养鹅；二是餐馆、酒店则在店附近养鸡、养鸭、养鹅、养兔、养羊等；三是饲养家畜家禽扰民伤人或影响市容和环境卫生。

对这些违法违规饲养行为，行政执法部门应当上门依法予以查处，及时纠正，维护市民的环境和安全利益。

第四章 城市园林绿化管理

第一节 城市园林绿化管理概述

一、城市园林绿化管理的概念

城市园林绿化是以丰富的自然资源、完整的绿地系统、优美的景观和良好的设施维护城市生态，美化城市环境，为广大的人民群众提供休憩、游览、开展科学文化活动的园地，增进人民身心健康，同时还承担着保护、繁育、研究珍稀濒危物种的任务。城市园林绿化以生态学和环境学原理为指导，以人工植物群落为主体，以艺术手法构成具有生态、景观休闲等综合功能的城市绿色空间系统。为了建设生态城市，提高人民的生活质量，改善居住环境，在坚持人与自然和谐发展的前提下，增加城市绿化园林面积，以达到生态可持续发展，进而促进城市可持续发展的目的。

城市园林绿化管理，是城市政府的行政主管部门依靠其他部门的配合和社会参与，依法对城市的各种绿地、林地、公园、风景游览区和苗圃等的建设、养护和管理。城市园林绿化管理的基本内容主要有：（1）园林绿化的规划管理；（2）园林绿化的建设管理；（3）园林绿化的产权管理；（4）园林绿化的监督管理；（5）城市公园的管理；（6）城市古树名木的管理。

城市园林绿化管理的具体主体，主要有：（1）市、区和县、街道和乡镇的绿化委员会。该委员会负责宣传、组织、推动全民义务植树运动和群众性绿化工作；（2）市园林管理局是城市园林绿化的行政主管部门，区、县的园林管理部门在业务上受市园林管理局的领导。（3）市农业农村局是城市林业生产和乡村绿化的行政主管部门；县、区的农业农村管理部门是本辖区林业生产和乡村绿化的行政主管部门，业务上受市农业农村局的领导；（4）城市各级政府有关部门有职责配合和协助园林或农业农村管理部门，加强城市的园林绿化管理；（5）市政府统一领导城市植树造林的绿化工作，制订绿化分解责任指标和年度实施计划，实行植树造林绿化任期目标责任制；（6）公共绿地、风景林地、防护绿地，由城市政府的绿化行政主管部门管理；各单位管界内的防护绿地，由该单位按照国家有关规定管理；单位自建的公园和单位绿地，由该单位管理；居住区绿地，由绿化行政主管部门根据实际情况确定的单位管理；生产绿地，由其经营单位管理。另外，在城市的所有单位和居民均有义务参加植树造林，保护绿化，有权参与园林绿化的管理。

二、城市园林绿化的作用

（一）促进市域经济发展

郁郁葱葱的园林城市，有利于提高人民群众的幸福生活指数，更加有利于吸引外来的城市建设投资，促进城市经济发展。有的城市提出城市的含绿量就是含金量，因为投资者选择园林城市投资，不仅要考虑投资的经济效益，还要考虑生活环境。美丽宜居的园林城市一般是投资商的加分项，因此，搞好城市园林绿化，有利于吸引外来投资，促进市域经济发展。

（二）调节气候温度

相对于园林绿化覆盖率低的城市，覆盖率高的城市早晚温差较小，人的舒适感较强，有利于市民的身心健康。园林绿化冬季可以调节城市气温，使当时当地的气温高于城市平均温度水平，而在炎热酷暑的夏季，这些园林绿化植被会起到乘凉纳阴的作用，树荫下一般可降温 1~4℃，为市民提供了良好的休息环境。

（三）降低城市噪声污染

目前，在有些城市中，城市生活噪声污染或者工业噪声污染会严重影响人们正常工作和休息，对人们的身心健康造成了严重的威胁。为降低城市噪声污染，各地城市政府采取了许多措施。其中，提高城市园林植被绿化率就是一个主要的措施，园林植被绿化率会削弱吸收噪声，降低噪声污染。可以说城市的绿化带便相当于城市的隔声带，减少噪声对市民的干扰。

三、城市园林绿化精细管理原则

1. 遵循科学化管理，是促进园林绿化精细管理的保障。坚持规范化、精细化、个性化相结合，引进质量管理体系，制定目标方针，规范实施流程。精细化管理需要遵循立足专业、注重细节和科学量化三大原则，把城市园林绿化的精细化管理落到实处。

2. 科学技术是城市园林绿化的技术保障。基于园林绿化的特殊性、长期性、复杂性和艺术性等特点，加强专业化技术指导，加强参与人员的技能培训和业务能力提高，通过学习先进技术、管理方法，提高自身的专业素质，利用先进的设备，专业知识技能，在精细化人员管理的支持下开展标准化作业，提高工作效率，推动城市园林绿化建设。

3. 园林养护要注重细节。园林养护工作要达到精品质量，把握好每个环节，注重完善细节，注重区分各类植物的季节要求与自身习性，做到计划合理、流程科学、职责划分合理清晰，卓有成效地完成养护工作。

4. 完善科学合理的工作流程。科学的工作流程是为了协调不同人员之间工作的衔接，植物修剪、病虫害防治和施肥灌溉等环节的有效协同，有利于推动工作实施。在实际工作中，根据植物生长规律不同，及时调整工作方式，通过人工的良性干预，保证园林绿化的整体协调性，形成稳定的植物群落关系。

5. 科学量化。通过制定管理机制和绿化养护计划标准手册，加强人员管理。规范养护标准，监督考核养护人员工作规范、工作质量与目标，促进整体园林绿化质量的提升。

第二节 城市绿化管理

一、城市绿化的概念和管理对象

城市绿化是指在城市规划区的范围内，利用城市自然条件、地貌特点和基础植被，将城市按国家标准规划设计的各级、各类园林绿地，用具有地方特色和特性的园林植物最大限度地覆盖起来，并以一定的科学规律加以组织和联系，使其构成有机的系统。广义的城市绿化是要通过种植和养护树木花草等活动，使城市绿地系统同城市以外的自然环境和大片林地相沟通，形成健全的城市生态，具有自身的风貌特点。

城市园林绿化管理对象是城市公园绿地、道路及广场绿地、防护绿地等。其中，城市公园绿地、道路及广场绿地由城管主管部门或者有关部门负责；防护绿地由其主管部门负责。

二、城市绿地的分类

按照《城市绿地分类标准》CJJ/T 85—2017，城市绿地分为五类：公园绿地、生产绿地、防护绿地、附属绿地、其他绿地。

1. 公园绿地是指向公众开放，以游憩为主要功能，兼具生态、美化、防灾等作用的绿地，包括综合公园、社区公园、专类公园、带状公园、街旁绿地。

2. 生产绿地是指为城市绿化提供苗木、花草、种子的苗圃、花圃、草圃及圃地。

3. 防护绿地是指城市中具有卫生、隔离和安全防护功能的绿地，包括卫生隔离带、道路防护绿地、城市用高压走廊绿带、防风林、城市组团隔离带等。

4. 附属绿地是指城市建设用地中绿地之外各类用地中的附属绿化用地，包括居住用地、公共设施用地、工业用地、仓储用地、对外交通用地、道路广场用地、市政设施用地和特殊用地中的绿地。

5. 其他绿地是指对城市生态环境质量、居民休闲生活、城市景观和生物多样性保护有直接影响的绿地，包括风景名胜区、水源保护区、郊野公园、森林公园、自然保护区、风景林地、城市绿化隔离带、野生动植物园、湿地、垃圾填埋场恢复绿地等。

三、城市绿化管理的内容

城市绿化管理工作包括规划、建设、保护和管理四个重要环节。

（一）城市绿化规划

城市绿化规划包括两个方面的内容：一是城市绿化的实体规划，即列入城市总体规划的绿地系统总体布局和发展目标，以及各类、各级城市绿地的发展标准和规划等；二是城市绿化的工作规划，即实现实体规划目标的组织、资金、物质条件、技术准备、保障措施、实施步骤等详细规划。

（二）城市绿化建设

《城市绿化条例》明确了工程建设项目的附属绿化工程设计方案审查制度、配套的绿化工程与主体工程"三同时"制度，绿化工程竣工验收备案制度、城市绿化的保护和管理制度。

1. 《国务院关于加强城市基础设施建设的意见》（国发〔2013〕36号）提出，加强和改善城市基础设施建设要坚持民生优先的基本原则，加强道路林荫绿化设施建设，加强生态园林建设，提升城市绿地功能。

2. 《国务院关于加强城市绿化建设的通知》（国发〔2001〕20号）要求，各地区要编制好《城市绿地系统规划》，建立并严格实行城市绿化"绿线"管制制度，明确划定各类绿地范围控制线。

3. 《城市绿线管理办法》（建设部令第112号）规定，城市绿线范围内的绿地建设，必须按照《城市用地分类与规划建设用地标准》等标准进行，居住区绿化、单位绿化及各类建设项目的配套绿化都要达到《城市绿化规划建设指标的规定》的标准。

（三）城市绿化保护

城市绿化的保护包括对城市生态环境、自然地貌、植被、物种的保护，其中最为直接的是对城市绿地和绿化成果的保护。城市中的树木，不论其所有权归属，任何单位和个人不得擅自砍伐、移植。确需砍伐、移植的，必须经城市人民政府建设（园林）行政主管部门批准，并按照规定补植树木或者采取其他补救措施。对城市中的古树名木，要求由城市人民政府建设（园林）行政主管部门统一管理和组织养护。《城市绿线管理办法》规定了城市绿线内的用地，不得改作他用，不得违反法律法规、强制性标准以及批准的规划进行开发建设。

（四）城市绿化管理

城市绿化管理是指城市绿化行政主管部门依法对城市绿化活动的全过程和各个方面所实施的管理。

四、绿化管理总体要求

花木繁茂、景观优美，整洁卫生、环境舒适，设施完好、安全有序。道路绿化整洁美观，养护操作规范安全。绿化附属设施完善，安全生产工作有序。

五、制定绿化管理标准

为加强城市园林绿化管理，各地一般都会制定园林绿化管理标准。按照管理对象划分可以分为：

1. 管理通用标准。包括园林植物、特殊园林绿化、园林设施、园林卫生保洁等。
2. 公园绿地管理标准。包括植物管理、园林设施、经营服务、文化活动等。
3. 道路及广场绿地管理标准。包括行道树、绿化带、花坛、花带、其他附属设施、设施维护标准等。
4. 防护绿地管理标准等。

上述这些标准是各地实施园林绿化管理的依据。但由于各类标准涉及的技术性内容很多，所以，本章将上述各类地方标准省略，仅对防护绿地管理、秩序安全管理与城市管理有关要求内容作简单介绍。

六、防护绿地管理要求

1. 树木生长良好，群落结构合理、稳定，层次分明，枝叶繁茂，叶色正常，树体树形正常，整体生态景观良好。
2. 绿地整洁，无垃圾堆放，无堆物、乱搭乱建现象。
3. 沟渠通畅，排灌系统完整，暴雨后积水12小时内及时排出。
4. 无检疫性病虫疫情；无病虫灾害爆发，病虫危害面积控制在5%以内。养护单位应制定农药、设备等使用、保管、作业安全制度以及各类灾害防灾减灾预案。作业人员应按照制度要求，做好安全防范工作。

5. 涉及重要水源地及其他重要的生态防护绿地应采用局部或定期封禁等措施实施重点管护。封禁期内须在封禁区域周边设置明显标志，加强人工巡护。

6. 设置防火监控设施。

七、加强城市绿化工作的主要措施

1. 坚持政府主导，群众参与的工作方法。坚持政府在园林绿化发展工作中要占据主导地位，发动广大市民群众共同参与园林绿化管理工作。只有这样，才能促进城市园林绿化工作的快速发展。因为从多个城市的园林绿化管理工作发展状况来看，政府均占据核心影响地位，在政府主导下，发动广大市民群众参与园林绿化管理工作取得了显著的成绩。所以，各地绿化工作要坚持政府主导，群众参与的方法开展城市园林绿化工作。

2. 城市绿化管理要以人为本。任何城市的绿化建设、管理都要从人的角度出发，综合考虑尽量满足城市人的各种需求。为了实现以人为本的预期目标，各级政府必须开通便捷渠道，广泛听取和采纳市民的意见和建议，将城市绿化功能发挥得更好，实现公共服务产品价值最大化。

3. 加强绿化行政执法，严厉打击破坏绿化养护植被的行为。制定城市绿化法律制度，是加强绿化工作的执法保障。只有做到城市绿化养护与管理"有法可依"，才能够真正实现城市园林绿化事业的管理目标，更好地促进园林绿化管理事业的发展。

第三节　城市园林及公园管理

一、城市园林公园的概念

城市园林公园是城市绿地系统的重要组成部分，是提供公众游览、观赏、休憩，开展科学文化教育及锻炼身体的重要场所，是城市防灾避险的重要基础设施，是改善生态环境和提高广大人民群众生活质量的公益性场所。包括综合性公园、纪念性公园、儿童公园、动物园、植物园、古典园林、社区公园等，有的地方还将经市政府及以上单位批准的风景名胜区、被规划确定的公园建设预留用地包括在城市园林公园范围之内。

公园是城市绿化"绿线"管制的重要内容。各级城市建设、园林主管部门要在城市绿地系统规划的指导下，按照《公园设计规范》GB 51192—2016 和《城市绿线管理办法》的规定，科学合理地规划各类公园，对列入《世界遗产名录》的历史名园，要遵照《保护世界文化和自然遗产公约》的要求，严格保护。要认真履行职责，采取有力措施，加强公园管理，保护古典园林，提高公园管理水平。

二、城市公园的管理内容

（一）城市公园保护管理

1. 任何单位和个人不得擅自改变公园绿化用地用途或者占用公园绿地。(1) 确因城市建设需要占用公园绿地的，必须经市公园行政主管部门和有关部门同意后，报市人民政府批准；(2) 占用公园绿地的，应当补偿重建公园绿地的土地和费用；临时占用公园绿地的，必须经公园行政主管部门同意，并按规定办理临时占用手续，占用期满后予以恢复原状。

2. 公园内供游览、休憩用的建筑物和设施，由公园管理单位负责维护和保养，不得擅自改变用途。

3. 公园内树木的砍伐、移植和大修剪必须报经公园行政主管部门审核批准，并办理相关手续。

4. 公园管理单位应当依法保护公园内的古树名木和文物古迹；严禁砍伐古树名木，确需移植的，按照地方性法规的有关规定办理。

5. 任何单位和个人不得向公园内排放烟尘、有害气体，倾倒废弃物，不得向公园内水体排放污水。

（二）城市公园园容管理

1. 公园管理单位应当加强环境卫生管理，按规定设置环卫设施，保持园容整洁，及时打捞水面漂浮物，保持水体清洁。

2. 任何单位和个人不得在公园内焚烧树枝树叶、垃圾等杂物。

3. 在公园内从事商业、文化娱乐等经营活动，以及设置游艺、游乐、康乐和服务设施，应当符合公园规划布局，与公园功能、景观相协调，并经公园行政主管部门审查同意后到有关部门办理审批手续。

4. 在公园内设置广告必须经公园行政主管部门同意，并按规定办理有关手续。

（三）城市公园游园管理

1. 游客应当文明游园，爱护公园绿化和设施，遵守公园管理规定，且不得有下列行为：(1) 携带易燃易爆物品及其他危险品进入公园；(2) 携带有碍人身安全、环境卫生的宠物进入公园；(3) 恐吓、捕捉或者伤害动物，翻越动物保护围栏；(4) 损毁树木花草；(5) 在禁止游泳的水域游泳；(6) 未经公园管理单位批准，擅自驾（骑）车进入公园；(7) 酗酒闹事，影响游园秩序；(8) 其他损害公园绿化、设施和环境卫生的行为。

2. 经批准进入公园的车辆应当在指定的停车地点有序停放。

三、城市公园园林管理中的问题

1. 部分城市公园管理部门缺乏足够的生态型园林养护意识。我国城市公园园林管理部门大多是事业单位，缺乏竞争性机制，导致部分管理人员缺乏上进心，且出现问题存在推诿的情况。

2. 城市公园园林绿化养护和管理都不到位。在公园园林养护管理工作中管理方式有待提高，部分管理人员更加关注表面性工作。管理规章制度更新较慢；公园内绿化植物种类不够丰富、园林绿化病虫害防治效果不好，有些公园内绿树植被枯黄病死，没有及时更换、补种等。

3. 公园游客缺乏环保意识。有些游客缺乏环保意识，道德素养不高，在公园内实施乱丢垃圾、攀爬树木、采摘果实、践踏草坪、攥折苗木、破坏公园设施等行为，对城市公园园林植被与设施造成了破坏。

四、加强城市公园园林绿化养护与管理的措施

1. 完善城市公园管理养护制度

根据当前园林植物的养护管理情况，要及时分析工作中存在的问题，依据自身条件及发展情况制定合理的工作制度，完善生态型园林管理养护工作制度，并采取有效的监督机制，确保各项养护管理措施能够得到彻底落实。同时，采取各种技术措施以节约资源，并激发员工工作积极性。对于发现的违规行为，要立即督促相关责任人进行整改，严格按照养护管理要求对园林植物进行有效养护。

2. 强化园林植物栽植养护管理

在城市公园加强绿化养护与管理的过程中，需要相关部门提高重视程度，从强化栽植工作入手，结合实际情况选择适合的植物，根据规划合理确定植物的位置，调整各类植物的搭配。同时，应实行养护管理承包，实施分段养护，不断提高养护管理的质量，避免养护工作出现死角，解决传统养护管理效率较低的问题。

3. 促进园内植物品种的多样性

为解决园内植物品种不丰富问题，要促进园内动物的多样性。为园林内各种动物提供更好的生活环境。因为生物多样性的核心在于保有野生生物的多样性，野生生物的物种与基因在一定环境条件下能够顺畅地交流更替，是保障园林内生物多样性与生态系统稳定性的条件。

4. 提升游客环保意识和素质

城市公园管理部门要加大宣传力度，引导市民了解相关法律，认识到环境保护的重要性，树立环保意识，并主动参与到养护与管理植物的行动中。

第五章 城市市政公用设施管理

第一节 城市市政公用基础设施管理概述

一、城市市政公用基础设施概要

(一) 城市市政公用基础设施的概念

城市市政公用基础设施，是指城市道路设施、桥涵设施、照明设施、排水设施、河道设施、地下综合管廊、供水、燃气等公共设施。城市的市政设施管理不仅表现在保持市政设施的完好率方面，而且还要求市政设施的更新改造和新建项目，更能满足人民群众不断提高的物质文化和精神生活需求。

(二) 城市市政公用基础设施的作用

1. 城市市政公用基础设施是城市存在和发展的物质基础，是社会生产不可缺少的外部条件，也是城市运行的重要设施。

2. 城市市政公用基础设施是市民生活必需的基本生活条件，市民群众的出行和生活都离不开完善的城市道路、桥梁等良好的城市基础设施。

3. 城市市政公用基础设施是城市现代化建设的前提和重要标志。城市现代化重要基础就是基础设施的现代化。

二、城市市政公用基础设施养护与维修

1. 市政设施的养护和维修工程，应当按照有关规定进行招标投标。

2. 市政设施养护和维修单位应当加强日常巡查，按照相关技术标准和规范，定期对市政设施进行养护、维修，保证市政设施处于正常的使用状态。发现市政设施损毁、丢失等情形的，应当及时进行处置。

3. 市政设施主管部门应当对市政设施养护和维修单位进行监督检查，实施信用管理。

4. 依附于城市道路、桥涵设置的各类井盖、管线、杆柱和交通、绿化、助航、声屏

障、防撞、防眩、防抛等设施，应当符合相关技术标准和规范，保证公众安全。

5. 设施丢失、毁损、移位、标识不清或者影响行人、车辆安全的，市政设施主管部门应当督促产权人或者管理人立即采取安全保护措施并在规定时间内进行补缺、修复或者移除。

三、城市市政公用基础设施管理现状与存在问题

（一）重建设、轻管养，市政养护及公用基础设施建设资金投入有限

在统一规划，分口管理、多渠道计划投资的城市建设管理体制下，当前资金匮乏仍然是市政设施建设、管理的主要问题。由于现在的"投资、建设、管理、使用"混为一体的体制，市政公用设施的投资方式较为单一，市政公用设施投资建设、维护管理资金全部依靠政府资金来源，造成资金短缺，缺少社会融资，市政养护部门每年的市政养护资金有限，往往只够用于小修小补，对旧的基础设施难以改造，旧有市政设施有些超负荷运行，影响各市政设施的使用。

（二）市政设施管理体制不顺，权限划分不清

现在城市建设中涉及的部门有电信、电力、人防和住建等十几个管线部门，由于缺乏统一的管线建设规划和管理，造成马路"开膛破肚"时常发生，会出现今天这个部门刚刚破路埋下管道，明天另一个部门又要申请开挖的情况。这种情况产生的主要原因是市政设施管理权限划分不清，管理体制不顺造成的后果。

（三）市政公用基础设施设计理念不先进，缺乏全面的、长远的规划

由于缺少长远的科学的市政公用基础设施建设与发展规划，导致城市缺少一系列市政公用基础配套设施，不能适应城市发展需要。

四、城市市政公用基础设施管理重点与对策措施

（一）坚持公共交通优先发展战略

大力发展公共交通，调整公交线网，增加线网密度，优化交通结构，全力加快轨道交通建设。逐步建立以快速轨道交通为骨干、以地面大公交为主体、以出租车为辅助的公共客运交通体系。

（二）完善公共自行车服务，方便市民出行

城市公共自行车服务系统在现有投放的公共自行车和枷锁的基础上加大投入，着力解

决因网点覆盖面有限、自行车租借麻烦、绿道设置少及自行车网点设备不足等问题。建立统一的互借互还系统,以便市民跨市区使用公共自行车。政府和企业提供公共自行车服务需兼顾效率和公平,在提供公共自行车服务的过程中,需要政府、企业和公众三方参与者形成合力。政府要从资金、管理和法律上为企业提供支持,同时为企业设立完善的激励和监管制度,并且从制度上保证公众能真正地参与到公共自行车项目中来;自行车运营企业则需认真总结经验,迅速堵住管理漏洞,真正走现代化、精细化管理之路;公众要积极参与到公共自行车项目中,发挥监督作用,同时提高自身素质,形成爱车惜车的习惯。

(三)符合城市布局的实际情况和城市特色

针对城市快速路网和城市高架的建成投入使用,要建立专业的管理机构,组建相应的养护管理队伍,保证设施安全运营;利用先进的高新技术全面改造和提升现有的城市交通系统,大幅度提高现有城市交通系统的运行效率和服务水平,逐步建设成系统齐全、功能完善的智能化的综合交通运输体系,为广大市民创造一个安全、舒适、畅通的道路交通环境。

(四)提高市政养护管理水平

1. 加强市政设施监督管理。加强对城市道路挖掘与占用、城市河道、城市排水许可等方面的管理,严格把好行政许可关,完善事中事后监管制度,加强巡查与监管。加强上下联动,建立信息公开制度,接受社会监督。

2. 建立完善的市政设施管养体系。加强对日常小修工程的工程质量管理,切实提高维修效率,积极应用新工艺,减少维修成本。根据道路、桥梁、泵站、路灯养护规范要求,建立一套齐全、规范的设施管养基础资料和管理制度,培养一批养护专业技术队伍,配备必要的检测与养护设备、仪器。加快城市照明中央监控系统建设,推广运用智能化集中监控系统,使市政设施管养工作走上规范化、科学化、信息化的轨道。

3. 做好日常巡查与养护,保障设施服务能力。做好道路、排水管网、河道、泵站、路灯等市政设施日常巡查与养护,保障设施服务能力。通过日常巡查与养护,增大维修设备投入,力争实现养护机械化,提高道路管理和养护水平,提高道路完好率,落实相应规划、标准,保障各类市政设施完好、运行正常,并适时提档升级;加强路灯设施巡查监管,及时改造老化路灯设施,保障亮灯率和设施完好率,保持路灯杆的净化美观。

第二节 城市道路设施管理

一、城市道路设施及管理主体

城市道路设施是指城市供车辆、行人通行的,具备一定技术条件的道路、桥涵及其附属设施，包括机动车道、非机动车道、人行道、广场、街头空地、路肩等。依据《城市道路管理条例》相关规定，城市道路桥涵管理主体是县级以上城市人民政府市政工程行政主管部门，负责本行政区域内的城市道路管理工作。

二、城市道路设施管理内容

（一）城市道路管理范围内的禁止行为

1. 擅自占用、挖掘城市道路或者改变道路结构。
2. 履带车、铁轮车或者超重、超高、超长车辆擅自行驶。
3. 机动车在非指定道路试刹车。
4. 擅自建设建（构）筑物或者设置管线、标志等设施。
5. 擅自开设进出通道或者坡道。
6. 直接在路面上搅拌、存放水泥、砂浆、混凝土以及其他拌合物。
7. 擅自占道从事生产、经营活动。
8. 冲洗或者修理、保养车辆。
9. 倾倒、焚烧、洒漏、堆积、晾晒物品，排放污水，挖掘取土，设置路障。
10. 运载的货物拖刮、污染路面或者用重物击打路面。
11. 其他损害、侵占城市道路的行为。
12. 履带车、铁轮车或者超重、超高、超长车辆确需在城市道路上行驶的，事先须经市政设施主管部门批准，并按照公安机关交通管理部门指定的路线、时间行驶。损坏城市道路以及其他设施的，应当予以赔偿。

（二）城市道路挖掘管理

1. 因工程建设需要占用、挖掘城市道路，或者跨越、穿越城市道路架设、增设管线设施，应当事先征得市政设施主管部门同意；影响交通安全的，还应当征得公安机关交通管理部门同意。占用城市道路的期限不得超过三个月。
2. 严格控制城市道路重复挖掘。埋设地下管线等施工符合非开挖条件的，应当采取非开挖技术；能够结合施工的，应当交叉合并施工。
3. 新建、改建、扩建或者大修城市主、次干道，应当预埋地下管线或者建设城市地下综合管廊设施。旧城改造时，管线单位应当与道路改造、建设同步实施管线迁移改造。
4. 因工程建设需要挖掘城市道路的，应当向市政设施主管部门申报，纳入城市道路挖掘施工年度计划后，依照法律法规有关规定办理审批手续。
5. 城市道路挖掘施工年度计划应当按照城市道路挖掘申报情况以及城市道路设施养

护和维修需要，制定并公布。

6. 新建、改建、扩建的城市道路交付使用后五年内、大修的城市道路竣工后三年内不得挖掘；因特殊情况确需挖掘的，须经市、县（市）区人民政府批准。

7. 依附于城市道路建设各种管线、杆线等设施的，应当经市政设施主管部门批准后方可建设，并按照批准的平面位置和控制标高施工。

（三）占用、挖掘城市道路规定

经批准占用、挖掘城市道路的单位和个人，应当遵守下列规定：

1. 按照批准的期限、范围和要求占用、挖掘，不准擅自变更。
2. 在施工现场设置明显标志和安全防围设施。
3. 施工应当采取有效措施降低噪声、控制扬尘和路面污染。
4. 不得压占检查井、消火栓、雨水口等设施。
5. 遇到测量标志、地下管线、文物保护标志等设施时，应当立即采取保护措施，不得移位、损坏。
6. 工程完成后，应当及时按照有关技术要求回填夯实。
7. 占用结束后，及时清理占用现场，恢复城市道路原状。挖掘结束后，及时清理垃圾物料，拆除临时设施，并通知市政设施主管部门检查验收。
8. 市政设施主管部门因特殊情况决定缩小占用面积、缩短占用时间、停止占用的，占用单位和个人应当在规定期限内腾退。
9. 占用市政设施主管部门管理的城市道路的单位和个人，应当按照规定交纳道路占用费。挖掘市政设施主管部门管理的城市道路的单位和个人，应当按照技术标准和规范修复。委托市政设施主管部门修复的，应当按照规定交纳道路挖掘修复费。
10. 城市道路应当按照标准设置行人交通设施和无障碍设施。因工程建设需要占用、挖掘城市道路的，应当根据实际情况设置临时行人交通设施，保障行人通行安全。
11. 埋设在城市道路下的管线发生故障需要紧急抢修的，可以先行挖掘抢修，但应当及时通知市政设施主管部门和公安机关交通管理部门，并在 24 小时内按照规定补办批准手续。
12. 因意外事故损坏城市道路设施的，责任人应当采取保护措施并及时向市政设施主管部门报告。

第三节 城市桥涵设施管理

城市桥涵包括：桥梁、涵洞、立体交叉桥、地下人行通道、过街人行天桥、城市道路与铁路、公路两用桥等。

一、城市桥涵及其附属设施范围内禁止的行为

1. 履带车、铁轮车或者超重、超高、超长车辆擅自行驶。
2. 机动车在非指定道路试刹车。
3. 擅自建设建（构）筑物或者设置管线、标志等设施。
4. 擅自开设进出通道或者坡道。
5. 擅自占道从事生产、经营活动。
6. 冲洗或者修理、保养车辆。
7. 运载的货物拖刮、污染路面或者用重物击打路面。
8. 擅自占用、挖掘桥涵或者改变桥涵结构。
9. 利用桥涵进行牵拉、吊装等作业。
10. 堆放、储存腐蚀性物品、易燃易爆物品或者其他危险物品。
11. 其他损害、侵占城市桥涵设施的行为。

二、城市桥涵及其附属设施管理规定

1. 车辆、船只通过城市桥涵时，应当遵守限载、限高、限宽、限长和限速等相关规定。

履带车、铁轮车或者超重、超高、超长车辆确需在城市桥涵上通行的，依照法律法规有关规定办理审批手续。

2. 因工程建设需要占用城市桥涵的，依照法律法规有关规定办理审批手续。
3. 在城市桥涵上敷设或者架设各种管线以及助航、声屏障、防撞、防眩、防抛等设施的，应当提交桥涵原设计单位出具的技术安全意见以及相关材料，报市政设施主管部门批准后，方可实施。
4. 在城市桥涵上设置户外广告设施以及其他悬挂物等设施的，应当出具相应的风载、荷载实验报告以及原设计单位的技术安全意见，报市政设施主管部门批准后，方可实施。

桥涵原设计单位无法出具意见的，经市政设施主管部门确认，可以委托不低于原设计单位资质的设计单位提出技术安全意见。

5. 经批准在城市桥涵上敷设或者架设各种附属设施的，其产权人应当与市政设施主管部门签订保护协议，明确管理责任。因城市桥涵改建、扩建、维修需要拆除、迁移各种附属设施的，产权人应当及时拆除、迁移，根据实际情况给予补偿。
6. 城市桥涵设置安全保护区，包括桥涵垂直投影面以及两侧各一定范围内的陆域和水域。城市桥涵安全保护区由市政设施主管部门会同城乡规划、交通、海事、水利等部

门，根据城市桥涵设施的规模、结构、地质环境等情况划定，并向社会公告。

7. 禁止在城市桥涵安全保护区从事泊船、种植、养殖、捕捞、采砂作业；禁止堆放、储存腐蚀性物品、易燃易爆物品或者其他危险物品。

8. 因保护需要，城市桥涵安全保护区划定前合法修建的建（构）筑物的拆除、迁移或者相关行政许可的撤回，应当依法给予补偿。

9. 在城市桥涵安全保护区内从事河道疏浚、挖掘、打桩、地下管道顶进、爆破等作业的单位和个人，应当依法向建设主管部门领取施工许可证。建设主管部门在实施施工许可前，应当征求市政设施主管部门的意见。准许施工的，相关单位和个人应当与城市桥涵产权人签订保护协议，采取安全保护措施后，方可施工。

10. 市政设施主管部门应当会同城乡规划主管部门、水行政主管部门组织编制桥下空间利用规划，报市、县（市）人民政府批准后组织实施。在不影响城市桥涵安全、行洪安全、道路畅通、船舶通航安全和城市景观的情况下，根据桥下空间利用规划，经市政设施主管部门同意，桥下空间可以进行绿化、停放车辆、设置公共自行车网点和临时桥涵管理用房等公益性利用。

第四节 城市燃气管理

一、城市燃气管理概述

(一) 燃气、燃气设施和燃烧器具的概念

1. 燃气，是指作为燃料使用并符合一定要求的气体燃料，包括天然气（含煤层气）、液化石油气和人工煤气等。

2. 燃气设施，是指人工煤气生产厂、燃气储配站、门站、气化站、混气站、加气站、灌装站、供应站、调压站、市政燃气管网等的总称，包括市政燃气设施、建筑区划内业主专有部分以外的燃气设施以及户内燃气设施等。

3. 燃气燃烧器具，是指以燃气为燃料的燃烧器具，包括居民家庭和商业用户所使用的燃气灶、热水器、沸水器、供暖器、空调器等器具。

(二) 城市燃气管理主管部门

1. 国务院建设主管部门负责全国的燃气管理工作。

2. 县级以上地方人民政府燃气管理部门负责本行政区域内的燃气管理工作。

3. 县级以上人民政府其他有关部门依照燃气管理条例和其他有关法律、法规的规定，在各自职责范围内负责有关燃气管理工作。

(三) 城市燃气管理内容

城市燃气（管道、瓶装）管理主要内容包括：城镇燃气发展规划与应急保障、燃气经营与服务、燃气使用、燃气设施保护、燃气安全事故预防与处理及相关管理活动。

(四) 城市燃气管理原则

燃气管理工作应当坚持统筹规划、保障安全、确保供应、规范服务、节能高效的原则。

(五) 加强城市燃气管理意义

加强城市燃气管理，对于保障燃气供应，防止和减少燃气安全事故，保障公民生命、财产安全和公共安全，维护燃气经营者和燃气用户的合法权益，促进燃气事业健康发展，具有重要意义。

二、城市燃气管理内容

1. 禁止个人从事管道燃气经营活动。个人从事瓶装燃气经营活动的，应当遵守省、自治区、直辖市的有关规定。

2. 燃气经营者不得有下列行为：（1）拒绝向市政燃气管网覆盖范围内符合用气条件的单位或者个人供气；（2）倒卖、抵押、出租、出借、转让、涂改燃气经营许可证；（3）未履行必要告知义务擅自停止供气、调整供气量，或者未经审批擅自停业或者歇业；（4）向未取得燃气经营许可证的单位或者个人提供用于经营的燃气；（5）在不具备安全条件的场所储存燃气；（6）要求燃气用户购买其指定的产品或者接受其提供的服务；（7）擅自为非自有气瓶充装燃气；（8）销售未经许可的充装单位充装的瓶装燃气或者销售充装单位擅自为非自有气瓶充装的瓶装燃气；（9）冒用其他企业名称或者标识从事燃气经营、服务活动。

3. 燃气用户应当遵守安全用气规则，使用合格的燃气燃烧器具和气瓶，及时更换国家明令淘汰或者使用年限已届满的燃气燃烧器具、连接管等，并按照约定期限支付燃气费用。

4. 燃气用户及相关单位和个人不得有下列行为：（1）擅自操作公用燃气阀门；（2）将燃气管道作为负重支架或者接地引线；（3）安装、使用不符合气源要求的燃气燃烧器具；（4）擅自安装、改装、拆除户内燃气设施和燃气计量装置；（5）在不具备安全条件的场所使用、储存燃气；（6）盗用燃气；（7）改变燃气用途或者转供燃气。

5. 县级以上地方人民政府燃气管理部门应当会同规划和自然资源等有关部门按照国家有关标准和规定划定燃气设施保护范围，并向社会公布。在燃气设施保护范围内，禁止从事下列危及燃气设施安全的活动：（1）建设占压地下燃气管线的建筑物、构筑物或者其他设施；（2）进行爆破、取土等作业或者动用明火；（3）倾倒、排放腐蚀性物质；（4）放置易燃易爆危险物品或者种植深根植物；（5）其他危及燃气设施安全的活动。

6. 在燃气设施保护范围内，有关单位从事敷设管道、打桩、顶进、挖掘、钻探等可能影响燃气设施安全活动的，应当与燃气经营者共同制定燃气设施保护方案，并采取相应的安全保护措施。

7. 燃气经营者应当按照国家有关工程建设标准和安全生产管理的规定，设置燃气设施防腐、绝缘、防雷、降压、隔离等保护装置和安全警示标志，定期进行巡查、检测、维修和维护，确保燃气设施的安全运行。

8. 任何单位和个人不得侵占、毁损、擅自拆除或者移动燃气设施，不得毁损、覆盖、涂改、擅自拆除或者移动燃气设施安全警示标志。

9. 任何单位和个人发现有可能危及燃气设施和安全警示标志的行为，有权予以劝阻、制止；经劝阻、制止无效的，应当立即告知燃气经营者或者向燃气管理部门、安全生产监督管理部门和公安机关报告。

10. 新建、扩建、改建建设工程，不得影响燃气设施安全。要求：（1）建设单位在开工前，应当查明建设工程施工范围内地下燃气管线的相关情况；燃气管理部门以及其他有关部门和单位应当及时提供相关资料；（2）建设工程施工范围内有地下燃气管线等重要燃气设施的，建设单位应当会同施工单位与管道燃气经营者共同制定燃气设施保护方案。建设单位、施工单位应当采取相应的安全保护措施，确保燃气设施运行安全；管道燃气经营者应当派专业人员进行现场指导。法律、法规另有规定的，依照有关法律、法规的规定执行。

11. 燃气经营者改动市政燃气设施，应当制定改动方案，报县级以上地方人民政府燃气管理部门批准。改动方案应当符合燃气发展规划，明确安全施工要求，有安全防护和保障正常用气的措施。

第五节　城市排水与污水处理的管理

城市排水与污水处理问题，是关系国计民生的大事，为此，中共中央、国务院要求："推进污水大气治理。强化城市污水治理，加快城市污水处理设施建设与改造，全面加强配套管网建设，提高城市污水收集处理能力。整治城市黑臭水体，强化城中村、老旧城区和城乡接合部污水截流、收集，抓紧治理城区污水横流、河湖水系污染严重的现象。"

一、城市排水与污水处理的管理概述

1. 管理内容。（1）城镇排水与污水处理的规划；（2）城镇排水与污水处理设施的建

设、维护与保护；(3)排水与污水处理，以及城镇内涝防治等内容。

2. 管理原则。城镇排水与污水处理应当遵循尊重自然、统筹规划、配套建设、保障安全、综合利用的原则。

3. 主管部门。国务院住房和城乡建设主管部门指导监督全国城镇排水与污水处理工作；县级以上地方人民政府城镇排水与污水处理主管部门（以下称城镇排水主管部门）负责本行政区域内城镇排水与污水处理的监督管理工作。

二、城市排水管理要求

1. 城镇排水设施覆盖范围内的排水单位和个人，应当按照国家有关规定将污水排入城镇排水设施。在雨水、污水分流地区，不得将污水排入雨水管网。

2. 从事工业、建筑、餐饮、医疗等活动的企业事业单位、个体工商户（以下称排水户）向城镇排水设施排放污水的，应当向城镇排水主管部门申请领取污水排入排水管网许可证。排水户应当按照污水排入排水管网许可证的要求排放污水。

3. 城镇排水主管部门应当加强对排放口设置以及预处理设施和水质、水量检测设施建设的指导和监督；对不符合规划要求或者国家有关规定的，应当要求排水户采取措施，限期整改。

4. 设置于机动车道路上的窨井，应当按照国家有关规定进行建设，保证其承载力和稳定性等符合相关要求。排水管网窨井盖应当具备防坠落和防盗窃功能，满足结构强度要求。

三、城市污水处理要求

1. 城镇污水处理设施维护运营单位应当保证出水水质符合国家和地方规定的排放标准，不得排放不达标污水。

2. 城镇污水处理设施维护运营单位或者污泥处理处置单位应当安全处理处置污泥，保证处理处置后的污泥符合国家有关标准，对产生的污泥以及处理处置后的污泥去向、用途、用量等进行跟踪、记录，并向城镇排水主管部门、环境保护主管部门报告。任何单位和个人不得擅自倾倒、堆放、丢弃、遗撒污泥。

3. 城镇排水主管部门在监督考核中，发现城镇污水处理设施维护运营单位存在未依照法律、法规和有关规定以及维护运营合同进行维护运营，擅自停运或者部分停运城镇污水处理设施，或者其他无法安全运行等情形的，应当要求城镇污水处理设施维护运营单位采取措施，限期整改；逾期不整改的，或者整改后仍无法安全运行的，城镇排水主管部门可以终止维护运营合同。

4. 城镇排水主管部门终止与城镇污水处理设施维护运营单位签订的维护运营合同的，

应当采取有效措施保障城镇污水处理设施的安全运行。

四、城市排水与污水设施维护与保护管理

1. 城镇排水与污水处理设施维护运营单位应当建立健全安全生产管理制度，加强对窨井盖等城镇排水与污水处理设施的日常巡查、维修和养护，保障设施安全运行。

2. 城镇排水主管部门应当会同有关部门，按照国家有关规定划定城镇排水与污水处理设施保护范围，并向社会公布。在保护范围内，有关单位从事爆破、钻探、打桩、顶进、挖掘、取土等可能影响城镇排水与污水处理设施安全的活动的，应当与设施维护运营单位等共同制定设施保护方案，并采取相应的安全防护措施。

3. 禁止从事下列危及城镇排水与污水处理设施安全的活动：（1）损毁、盗窃城镇排水与污水处理设施；（2）穿凿、堵塞城镇排水与污水处理设施；（3）向城镇排水与污水处理设施排放、倾倒剧毒、易燃易爆、腐蚀性废液和废渣；（4）向城镇排水与污水处理设施倾倒垃圾、渣土、施工泥浆等废弃物；（5）建设占压城镇排水与污水处理设施的建筑物、构筑物或者其他设施；（6）其他危及城镇排水与污水处理设施安全的活动。

4. 县级以上人民政府城镇排水主管部门应当会同有关部门，加强对城镇排水与污水处理设施运行维护和保护情况的监督检查，并将检查情况及结果向社会公开。实施监督检查时，有权采取下列措施：（1）进入现场进行检查、监测；（2）查阅、复制有关文件和资料；（3）要求被监督检查的单位和个人就有关问题作出说明。被监督检查的单位和个人应当予以配合，不得妨碍和阻挠依法进行的监督检查活动。

第六节　城市照明设施管理

一、城市道路照明设施管理概述

（一）城市照明管理的概念

城市照明是为满足城市夜间交通通行和景观灯光需要而设置的城市市政照明设施。城市照明包括道路照明和景观照明等。

1. 道路照明是指为满足城市道路安全通行而设置的道路照明设施。
2. 景观照明是指为满足城市夜间景观灯光需要而设置的景观亮灯设施。城市景观灯光主要包括：
（1）各类建筑物、构筑物的泛光、内透光及其他形式的景观照明；
（2）电子显示屏、各类灯箱、霓虹灯、招牌、橱窗等广告性灯光；

(3) 雕塑、喷泉、绿化灯光、灯光小品及其他各种形式的装饰灯光。

(二) 城市照明管理的原则和意义

1. 城市照明工作应当遵循以人为本、经济适用、节能环保、美化环境的原则，严格控制公用设施和大型建筑物装饰性景观照明能耗。

2. 加强城市照明管理，对于促进能源节约，改善城市照明环境，具有重要的意义。

二、城市照明管理的标准

《城市容貌标准》GB 50449 规定，城市照明应当达到以下规定：

1. 城市照明应与建筑、道路、广场、园林绿化、水域、广告标志等被照明对象及周边环境相协调，并体现被照明对象的特征及功能。照明灯具和附属设备应妥善隐蔽安装，兼顾夜晚照明及白昼观瞻。

2. 根据城市总体布局及功能分区，进行亮度等级划分，合理控制分区亮度，突出商业街区、城市广场等人流集中的公共区域、标志性建（构）筑物及主要景点等的景观照明。

3. 城市景观照明与功能照明应统筹兼顾，做到经济合理，满足使用功能，景观效果良好。

4. 城市照明应符合生态保护、环境保护的要求，避免光污染，并符合以下规定：（1）城市照明设施的外溢光/杂散光应避免对行人和汽车驾驶员形成失能眩光或不舒服眩光。（2）城市景观照明设施应控制外溢光/杂散光，避免形成障害光。（3）室外灯具的上射逸出光不宜大于总输出光通量的 25%。在天文台（站）附近 3 公里范围内的室外照明应从严控制，必须用上射光通量比为零的道路照明灯具。（4）城市照明设施应避免光线对于乔木、灌木和其他花卉生长的影响。

5. 新建、改建工程的照明设施应与主体工程同步设计、同步施工、同步投入使用。

6. 城市照明应节约能源、保护环境，应采用高效、节能、美观的照明灯具及光源。

7. 灯杆、灯具、配电柜等照明设备和器材应定期维护，保持整洁、完好，并确保正常运行。

8. 城市功能照明设施应完好，城市道路及公共场所装灯率及亮灯率均应达到 95%。

三、城市照明管理的要求

1. 任何单位和个人都应当保护城市照明设施，不得实施下列行为：（1）在城市照明设施上刻画、涂污；（2）在城市照明设施安全距离内，擅自植树、挖坑取土或者设置其他物体，或者倾倒含酸、碱、盐等腐蚀物或者具有腐蚀性的废渣、废液；（3）擅自在城市照明设施上张贴、悬挂、设置宣传品、广告；（4）擅自在城市照明设施上架设线缆、安置其他设施或者接用电源；（5）擅自迁移、拆除、利用城市照明设施；（6）其他可能影响城市照明设施正常运行的行为。

2. 景观灯光设置的范围和内容应当符合城市景观总体规划。

3. 设施美观、整洁，不影响白昼的景观效果。

4. 设施安全、牢固、环保、新颖、节能、经济。

5. 局部景观灯光效果与周围环境相协调。

6. 不影响道路交通安全和市民正常生活。

7. 城市公共部位、重要建筑物的景观灯光设施应纳入城市景观灯光统一监控系统。新建、改建项目的景观灯光设置应当与建设工程同时设计、同时建设、同时投入使用。

8. 景观灯光设施的产权单位，应做好景观灯光设施的日常维护保养，保证景观灯光设施的整洁、完好和正常开闭，应当采取相应的防火、防漏电等安全措施。景观灯光的开闭时间应遵守当地人民政府的有关规定。

9. 路灯照明的设置单位或管理单位应当加强对照明设施的维护管理，做到整洁美观，并达到规定的标准和要求。

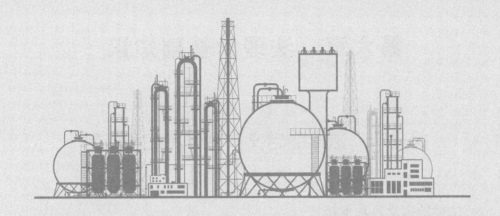

第二编　城市管理法学基础知识

第六章 法理学基础知识

第一节 法律的定义、基本特征和作用

一、法律的定义及基本特征

秩序是社会存在和发展的基础，而秩序建构和整合的最重要手段就是法律。法律的基础性价值在于维护特定的社会秩序，通过对人们的规范来纠正和修复因违法行为而导致的无序和失衡状态。我国法学界通说认为，法律是由国家制定或认可，以权利义务为调整机制，以确认、维护特定社会关系和社会秩序为目的，并通过国家强制力保证实施的行为规范体系。

我国现行法律有广义和狭义之分，广义的法律是指法律规范整体，主要包括宪法、法律、行政法规、地方性法规、自治条例和单行条例、部门规章和地方政府规章等；狭义的法律仅指全国人民代表大会及其常委会制定的法律，全国人民代表大会有权制定刑事、民事、国家机构的和其他的基本法律，全国人大常委会有权制定除基本法律以外的其他法律。

法律具有以下基本特征：

（一）法律具有规范性

法律是调整社会关系的行为规范，规定了人们的一般行为模式和法律后果。按照法律规范本身性质的不同，可以把法律规范分为授权性规范、义务性规范和禁止性规范，指引人们可以这样行为、必须这样行为或不得这样行为。

法律具有普遍的效力，对其地域效力范围内的全体社会成员都具有约束力，在其生效期间可以针对不特定对象反复适用。

（二）法律具有国家意志性

不同于村规民约、礼仪规范、宗教规范等其他规范，法律是由有权机关按照特定程序所创制的，体现的是国家意志。

创制的主要方式是制定或认可。所谓制定，是指由具有立法权的国家机关按照法定权

限和程序制定规范性法律文件的活动，针对的是成文法；所谓认可，是指国家承认并赋予已有的某些行为规范具有法律效力，针对的主要是习惯、道德规范、政策和国际条约。因为具有国家意志的属性，法律就具有了高度的统一性。

（三）法律具有权利义务对应性

法律对人们行为的调整是通过对权利和义务的设定来实现的，对权利和义务的规定是法律规范的基本内容。没有无权利的义务，也没有无义务的权利，但法律是以权利为本位的，义务的履行只是权利实现的手段，权利处于更基础的地位。两者的关系可概括为"结构上的相关关系，数量上的等值关系，功能上的互补关系，价值意义上的主次关系"。

（四）法律具有国家强制性

不同的社会规范有不同的实现方式，都具有借助特定的力量迫使人们遵守的强制性质，但法律是外在强制性最强的社会规范，它对权利义务的设定体现的是国家意志，由国家强制力保证实施。国家强制力是法律实施的最后保障手段，发挥着对违法行为的惩戒、威慑和预防作用。国家强制是合法的暴力，其运用受到法律的严格限制，必须由专门机关依照法定程序进行。

（五）法律具有人民性

社会主义国家是人民当家作主的国家，人民是国家的主人，法律从根本上体现人民的利益和意志。作为马克思主义中国化的最新成果，习近平法治思想具有鲜明的人民性，习近平总书记强调法治建设要为了人民、依靠人民、造福人民、保护人民，推动把体现人民利益、反映人民愿望、维护人民权益、增进人民福祉落实到了全面依法治国各领域全过程，不断增强人民群众获得感、幸福感、安全感。人民是全面依法治国的出发点和落脚点，科学立法、严格执法、公正司法、全民守法都需要坚守法律的人民属性。

二、法的作用

法的作用的实质就是国家意志和国家权力运行的表现。根据法的作用的主体范围和方式的不同，可以把法的规范作用分为指引作用、评价作用、预测作用、教育作用和强制作用。

（一）指引作用

法作为行为规范，指引人们可以为、必须为、不得为一定行为，既有正面引导也有负面约束，是人们行为和活动的基本遵循。其中可以为是选择性的指引，为人们的行为提供选择空间；必须为、不得为是确定性的指引，要求人们必须根据法律确定的规范进行活动,若违反这种确定的指引,则进行否定性的法律评价,赋予相应的法律责任,以维持基本的法律秩序。

(二) 评价作用

法作为行为标准具有判断、衡量某种行为是否违法及其违法程度的作用。在行政处罚法上,对于人们的违法行为,首先由相关行政机关或被授权、委托的组织进行首次评价,对违法行为依法作出处理,当事人对处理不服的,由司法机关等监督部门进行再次评价,对行政处理行为的合法性及合理性进行评判。"以事实为根据、以法律为准绳"是法律评价的基本原则。

(三) 预测作用

预测作用是指人们可根据法律规范事先预估应如何行为以及行为的后果。因为法本身所具有的稳定性、确定性、规范性等特征,人们可以通过比对法律规范的内容,预先估计各种社会交往行为的性质和后果,据此对自己的行为作出合理安排并进行适当调整,促进形成稳定有序的社会秩序。法的预测作用是建立法律秩序的重要前提。

(四) 教育作用

法律的实施过程具有警示或示范作用,通过这种警示和示范促进人们确立对于法律规范的内心认同,引导产生对于法律的信仰,从而提高法治意识,自觉依照法律的要求规范自身行为。一方面,法律通过对合法行为的鼓励、保护,对公众起到引导、示范作用;另一方面,法律通过对违法行为实施惩戒或制裁,稳定因违法行为受到破坏的社会秩序,警示和教育违法行为人以及社会公众,增进人们对法律规范的信赖和忠诚。

(五) 强制作用

法律以国家强制力为后盾,对于违法行为,国家使用强制力保障违法行为人的法律责任得以实现。如果没有强制作用,法的指引作用就会失去意义,预测、教育等作用就会受到严重影响。法的强制作用对未违法者和违法者有不同的表现,对于未违法者来说,强制作用只表现为一种强制的可能性,而正是这种可能性,使得人们按照法律的要求行事,否则可能性就会变为现实性。而对于违法者,法的强制作用则表现为制裁违法行为。

第二节 法律体系

一、法律体系与法律部门

法律体系又称部门法体系,是以部门法为基本结构,以全部现行有效的法律规范为基础构成的有机整体，不包括已经废止、尚未制定或者尚未生效的法律。

法律部门是指按照一定标准对现行全部法律规范划分形成的同类法律规范的总称。通常具有相同的调整对象或者兼具相同的调整方法的法律规范构成一个法律部门。

中国特色社会主义法律体系，是以宪法为统帅，以法律为主干，以行政法规、地方性法规为重要组成部分，由宪法相关法、民法商法、行政法、经济法、社会法、刑法、诉讼与非诉讼程序法等多个法律部门组成的有机统一整体。截至 2011 年 8 月底，中国已制定现行宪法和有效法律共 240 部、行政法规 706 部、地方性法规 8600 多部，涵盖社会关系各个方面的法律部门已经齐全，各个法律部门中基本的、主要的法律已经制定，相应的行政法规和地方性法规比较完备，法律体系内部总体做到科学和谐统一，中国特色社会主义法律体系已经形成。

二、法律渊源

法的渊源是指法的来源、表现形式或法律规范的载体。法的渊源与法的效力密切相关，受制定主体、制定程序等因素的影响，不同的法律渊源有不同的效力层次。我国以制定法为主要渊源，主要有以下几种：

（一）宪法

宪法是我国的根本大法，是治国安邦的总章程，是党和人民意志的集中体现。宪法规定了国家的根本制度、根本任务和公民的基本权利和义务，具有最高的法律效力和法律权威，一切法律、行政法规、地方性法规、自治条例和单行条例、规章都不得同宪法相抵触。

（二）法律

法律由国家最高权力机关制定。全国人民代表大会制定和修改基本法律，全国人大常委会制定和修改除应当由全国人民代表大会制定的法律以外的其他法律。全国人民代表大会可以授权全国人民代表大会常务委员会制定相关法律。法律的地位和效力仅次于宪法。截至 2023 年 3 月 13 日，我国现行有效的法律共 294 件，其中，宪法 1 件、宪法相关法 49 件、民商法 24 件、行政法 96 件、经济法 83 件、社会法 27 件、刑法 3 件、诉讼与非诉程序法 11 件。

（三）行政法规与部门规章

行政法规是由国家最高行政机关即国务院根据宪法和法律制定的，以国务院令的形式公布的法律文件，其效力和地位低于法律，不得与宪法和法律相抵触。根据《行政法规制定程序条例》的规定，行政法规的名称一般称"条例"，也可以称"规定""办法"等。国务院根据全国人民代表大会及其常务委员会的授权决定制定的行政法规，称"暂行条例"或者"暂行规定"。

国务院各部、委员会、中国人民银行、审计署和具有行政管理职能的直属机构以及法律规定的机构，可以根据法律和国务院的行政法规、决定、命令，在本部门的权限范围内，制定规章。没有法律或者国务院的行政法规、决定、命令的依据，部门规章不得设定减损公民、法人和其他组织权利或者增加其义务的规范，不得增加本部门的权力或者减少本部门的法定职责。部门规章的地位低于宪法、法律、行政法规，在全国范围内有效。部门规章由部门首长签署命令予以公布。

（四）地方性法规与地方政府规章

省、自治区、直辖市的人民代表大会及其常委会根据本行政区域的具体情况和实际需要，在不同宪法、法律、行政法规相抵触的前提下，可以制定地方性法规。设区的市的人民代表大会及其常委会根据具体情况和实际需要，在不同宪法、法律、行政法规和本省、自治区的地方性法规相抵触的前提下，可以对城乡建设与管理、生态文明建设、历史文化保护、基层治理等方面的事项制定地方性法规。自治州的人民代表大会及其常委会可以依法行使设区的市制定地方性法规的职权。省、自治区、直辖市和设区的市、自治州的人民代表大会及其常务委员会根据区域协调发展的需要，可以协同制定地方性法规，在本行政区域或者有关区域内实施。地方性法规不得同宪法、法律、行政法规相抵触。

省、自治区、直辖市和设区的市、自治州的人民政府，可以根据法律、行政法规和本省、自治区、直辖市的地方性法规，制定规章。地方政府规章可以就下列事项作出规定：（一）为执行法律、行政法规、地方性法规的规定需要制定规章的事项；（二）属于本行政区域的具体行政管理事项。设区的市、自治州制定地方政府规章限于城乡建设与管理、生态文明建设、历史文化保护、基层治理等方面的事项。地方政府规章由省长、自治区主席、市长或者自治州州长签署命令予以公布。

（五）自治法规

民族区域自治是我国的基本政治制度，各少数民族聚居的地方实行区域自治，设立自治机关，行使自治权。民族自治地方的人民代表大会有权依照当地民族的政治、经济和文化的特点，制定自治条例和单行条例。自治条例和单行条例可以对法律和行政法规的规定作出变通规定，但不得违背法律或者行政法规的基本原则，不得对宪法和民族区域自治法的规定以及其他有关法律、行政法规专门就民族自治地方所作的规定作出变通规定。自治区的自治条例和单行条例，报全国人民代表大会常务委员会批准后生效。自治州、自治县的自治条例和单行条例，报省、自治区、直辖市的人民代表大会常务委员会批准后生效。

(六) 经济特区法规、浦东新区法规、海南自由贸易港法规

经济特区所在地的省、市的人民代表大会及其常务委员会根据全国人民代表大会的授权决定，制定法规，在经济特区范围内实施。上海市人民代表大会及其常务委员会根据全国人民代表大会常务委员会的授权决定，制定浦东新区法规，在浦东新区实施。海南省人民代表大会及其常务委员会根据法律规定，制定海南自由贸易港法规，在海南自由贸易港范围内实施。

(七) 特别行政区的法律法规

在特别行政区内实行的制度按照具体情况由全国人民代表大会以法律规定。根据《香港特别行政区基本法》和《澳门特别行政区基本法》的相关规定，特别行政区享有高度的自治权，在特别行政区实行的全国性法律，在基本法中明确列出。基本法是全国人大按照"一国两制"原则制定的，属于基本法律，有全国性的效力，但只在特别行政区实行。

(八) 国际条约

国际条约的名称除条约外，还有公约、协议、协定、议定书等形式，国际条约属于国际法范畴，一般不属于国内法律体系的组成部门。但我国同其他国家或地区签署或宣布加入并承认其效力的国际条约，与国内法一样具有约束力，也是我国的法律渊源。

第三节　法律关系

一、法律关系的概念及特征

法律关系是社会关系的法律化。法律关系是法律主体之间以权利义务为内容的社会关系，法律规范是建立法律关系的基础。

法律关系的基本特征

1. 法律关系是以法律规范为基础形成的社会关系。法律关系是由法律规范进行调整的社会关系，这是法律关系区别于其他社会关系的首要特征。只有经过法规范的调整才会形成法律关系，法律关系是法规范发挥作用的纽带。法具有国家强制性，法律关系也天然的具有国家强制性，由国家强制力保证。

2. 法律关系是以权利义务为内容的社会关系。法律规范以权利义务为调整机制，作为法律规范的实现形式，法律关系也是以调整权利义务为主要内容。但是，权利义务在法

律关系和法律规范中具有不同的表现形式，法律规范所设定的权利义务，只是抽象的规范性指引，还不是权利义务的实现形态，而在法律关系中，主体的权利义务具有明确性和现实性，是具体化的权利义务关系。

3. 法律关系是体现意志性的社会关系。法律关系既体现国家意志，也体现法律关系主体的意志。法律关系是根据法律规范所建立的社会关系，法律规范体现国家意志，法律关系也必然体现国家意志。国家意志虽然需要借助法律主体有目的、有意识的行为表达和实现，但是法律主体的意志必须符合国家意志的内在要求。不同的法律关系对法律主体意志的要求不同，有的法律关系需要双方合意，例如行政协议和民事合同关系；有的法律关系只需要一方的意思表示，例如行政处罚和行政强制，具有单方意志性；有的法律关系的形成不需要具体参与者的意思表达，例如因死亡导致的继承关系的产生。

二、法律关系的分类

法律关系的种类多样，从法律体系的角度看，有多少种法律部门就有多少种法律关系。有行政法存在就有行政法律关系，有民法、刑法、经济法、诉讼法存在，就有民事法律关系、刑事法律关系、经济法律关系、诉讼法律关系。依据不同的标准，还可以有其他多种分类。

按照法律关系主体在法律关系中的不同地位，可以划分为纵向法律关系和横向法律关系。纵向法律关系是指法律主体之间处于管理与被管理、命令与服从的关系，又称隶属型法律关系，以行政法律关系为典型，主体之间权利义务不对等；横向法律关系是指主体之间地位平等，相互之间没有隶属关系，以民事法律关系为典型，主体之间权利义务可以协商确定。

根据法律关系的发生基础和是否适用法律制裁，法律关系可以划分为调整性法律关系和保护性法律关系。调整性法律关系是法律主体在合法行为基础上形成的不需要适用法律制裁的法律关系，例如合法的继承关系、婚姻关系等民事法律关系；保护性法律关系是在法律主体的权利义务不能合法实现的情况下依靠法律制裁所形成的法律关系，是在法律关系的主体违法行为的基础上产生的，其目的是恢复被破坏的法律秩序，行政处罚法律关系是典型的保护性法律关系。

按照法律关系参与主体的数量及其权利义务是否一致，可以分为单向（单务）、双向（双边）与多向（多边）法律关系。在单向（单务）法律关系中，权利人仅享有权利，义务人仅履行义务，如不附条件的赠与关系；在双向（双边）法律关系中，特定的双方主体之间，存在着密不可分的权利义务关系，一方主体的权利对应另一方的义务，反之亦然，如买卖法律关系；多向（多边）法律关系又称复合法律关系，它是三个或三个以上相关法律关系的复合体，其中既包括单向法律关系，也包括双向法律关系。

三、法律关系的要素

法律关系由三大要素构成,法律关系主体、主体间的权利义务和法律关系客体,这三者相互依存,构成完整的法律关系。法律关系的内容即法律关系主体之间的法律权利和法律义务。法律关系的客体是指法律关系的主体发生权利义务联系的中介,是法律关系主体具体的权利和义务所指向、影响和作用的对象,是法律关系产生和存在的前提。法律关系客体随着社会发展不断变化,主要包括物、人身人格、智力成果、行为和信息等。但是,法律关系中的物、行为、智力成果等,都只是具体的法律关系"客体"的具体的外在表现行为,它们本身并不是法律关系的客体,只有它们所体现出的对于法律主体而言的物质和精神的"利益",才是具体法律关系的真正客体。

法律关系主体即法律关系的参与者,是法律关系中权利的享受者和义务的承担者,常常直接决定着法律关系的形成、变更和消灭。根据现行法律的规定,法律关系的主体主要有以下几种:

1. 自然人。包括公民和其他自然人。公民是自然人中最基础的权利主体,根据我国宪法规定,凡是取得中国国籍的人都是我国公民,公民是政治、经济、文化、社会等领域法律关系的主体。其他自然人主要是指外国人和无国籍人,个体工商户和农村承包经营户也属于个人主体。

2. 法人和非法人组织。法人是自然人的对称,是指具有权利能力和行为能力、依法独立享有权利和承担义务的组织,是法律拟制的结果。根据《民法典》的规定,法人主要包括三类:一是营利法人,以取得利润并分配给股东等出资人为目的成立的法人,包括有限责任公司、股份有限公司和其他企业法人等;二是非营利法人,是指为公益目的或其他非营利目的成立,不向出资人、设立人或者会员分配所取得利润的法人,包括事业单位、社会团体、基金会、社会服务机构等;三是特别法人,主要包括机关法人、农村集体经济组织法人、城镇农村的合作经济组织法人、基层群众性自治组织法人。非法人组织是指不具有法人资格,但是能够依法以自己名义从事民事活动的组织,主要包括个人独资企业、合伙企业、不具有法人资格的专业服务机构等。非法人组织应当依照法律的规定登记。

3. 国家。国家既是外交、战争等国际法律关系中最重要的法律主体,也是国内的国家所有权关系、国家赔偿等法律关系的主体。

四、法律关系主体资格

法律关系的主体一般应具备权利能力和行为能力才具有法律关系主体资格。所谓权利能力,是能够参与一定的法律关系,依法享有权利和承担义务的能力或资格;所谓行为能力,是指法律关系主体能够通过自己的行为实际行使权利和履行义务的能力。行为能力以权利能力为前提，但是有权利能力不一定有行为能力。

自然人从出生时起到死亡时止，终身具有一般权利能力，例如民事权利能力，而一些特殊的权利能力则与身份、职务等相联系，需要具备特定条件才能享有。在一些知识产权的法律关系中，法律关系主体在死亡之后仍然具有权利能力。胎儿可以成为法律关系的主体，《民法典》第16条规定，涉及遗产继承、接受赠与等胎儿利益保护的，胎儿视为具有民事权利能力。但是，胎儿娩出时为死体的，其民事权利能力自始不存在。

法人的权利能力和行为能力总是相互伴随、同时存在，从法人成立时产生，到法人终止时消灭；非法人组织应当依照法律规定登记，其权利能力和行为能力与法人类同。自然人的行为能力与权利能力具有不同步性，有权利能力不代表有行为能力，判断标准主要是个体的认知能力和行为控制能力，因此是否达到一定年龄、心智是否正常就成为是否具有行为能力的标志。一般可据此划分为完全行为能力人、限制行为能力人和无行为能力人。

完全行为能力人是指达到法定年龄、心智健全能够对自己行为完全负责的自然人。在民法上，十八周岁以上的自然人为成年人，成年人为完全民事行为能力人，可以独立实施民事法律行为；十六周岁以上的未成年人，以自己的劳动收入为主要生活来源的，视为完全民事行为能力人。限制民事行为能力人是指行为受到一定限制只具有部分行为能力的人，八周岁以上的未成年人、不能完全辨认自己行为的成年人为限制民事行为能力人，实施民事法律行为需由其法定代理人代理或者经其法定代理人同意、追认，但是，限制民事行为能力人可以独立实施纯获益的民事法律行为或者与其年龄、智力相适应的民事法律行为。无民事行为能力人完全不能以自己的行为行使权利或承担义务，不满八周岁的未成年人、不能辨认自己行为的成年人为无民事行为能力人，由其法定代理人代理实施民事法律行为。

责任能力是因违法行为而承担法律责任的能力，是行为能力在保护性法律关系中的表现。在大多数保护性法律关系中，责任能力无需特别规定，如果一个人具有行为能力，也就具有责任能力，但在刑事、行政处罚等法律关系中，责任能力具有独立意义，表现为主体具有了解自己行为的性质、意义和后果，并自觉控制自己行为和对自己行为负责的能力。在行政处罚法上，根据新修订的《行政处罚法》第30条、第31条的规定，已满十四周岁不满十八周岁的未成年人和尚未完全丧失辨认或者控制自己行为能力的精神病人、智力残疾人为限制责任能力人，其有违法行为的，前者应当从轻或者减轻处罚，后者可以从轻或者减轻行政处罚；不满十四周岁的未成年人和精神病人、智力残疾人在不能辨认或不能控制自己行为时是无责任能力人，其有违法行为的，均不予行政处罚，但应责令其监护人加以管教或者严加看管治疗。

五、法律关系的形成、变更和消灭

法律关系的演变需要有法律规范、法律主体和法律事实三个条件，其中，法律规范和法律主体是法律关系产生的抽象条件，法律事实则是法律关系演变的具体条件。因为法律规范是法律关系产生和存在的前提，没有法律规范就不会有相应的法律关系，在个别情况下，例如某行政机关的成立或撤销，法律的直接规定就可以导致法律关系的形成、变更和消灭，但在大多数情况下，法律关系的演变需要以法律事实作为中介。法律事实是法律规范所规定的，能够引起法律关系形成、变更与消灭的客观情况或现象。

依是否以人们的意志为转移为标准，大体上可将法律事实分为法律事件和法律行为。所谓法律事件，是指不以当事人意志为转移的能够引起法律关系的形成、变更或消灭的客观事实，包括自然事件和社会事件，例如地震和人的生老病死，尽管这些事件本身不存在合法与否的问题，但可以导致某些法律关系的产生、变更或消亡。所谓法律行为是指具有法律意义的能够引起一定法律后果的行为，必须是有意识且具有社会意义的行为。行为既包括作为，也包括不作为，既包括合法行为，也包括违法行为，均可能引起法律上权利义务的产生、变更和消灭。

第四节　法律行为

法律行为是指行为人所实施的，能够发生法律效力、产生一定法律效果的行为。人们的一举一动都是行为，但必须经过意志性、社会交互性等方面的过滤之后才是法律行为，单纯无意识的本能动作、不发生社会交互作用的行为以及不产生法律效力的行为不是法律行为。

一、法律行为的特征

1. 与法律事件不同，法律行为具有法律主体意志属性。法律行为反映了行为人本身的意志和认知，作出或不作出一定行为、以何种方式或手段作出行为、对行为结果所带来的某方面利益或价值的追求都始终渗透着行为人的主观意志。不过，有时候行为的实施可能并不完全出于自我决定的意志，例如在被胁迫或被诱骗的情况下，行为人本身的意志就会被扭曲，其行为反映的不是行为人的真实意志。

2. 法律行为首先是社会行为，具有利益属性。法律产生于社会对行为调整的要求，法律也只有通过调整人们的行为，才能实现对社会关系的调整，实现对利益的分配。马克思从社会性来考察人的本质，精辟的指出人是社会关系的总和这个本质属性，那么指向外部的法律行为就一定会产生、变更或消灭相应的法律关系，必然会产生社会效果，对个人的、集体的或国家的利益产生直接或间接影响。

3. 社会行为被纳入法律评价之后才可能是法律行为，因而具有法律性。法律行为是由法律进行规范和调整的行为，法律规范设定行为模式，不论是合法行为还是违法行为，不论是合法性评价还是合理性评价，都有法律上的依据；法律规范还规定法律后果，不论是肯定性还是否定性后果,都会引起权利义务关系的形成、变更或消灭。

二、法律行为的结构

(一) 法律行为的主观方面

1. 行为意志。现代社会学和心理学研究认为,人的行为是由需要引起的,行为的实施是为了实现对需要的满足,需要引起动机,动机产生行为,行为趋向目的,目的实现满足,满足导致新的需要。这就是行为内在方面诸环节的系统循环。

动机是直接推动行为人行动以达到一定目的的内在动力或动因。动机的形成是一个复杂的过程,除受需要的激励外,可能还取决于一定的行为情境和行为人的人格特征。法律对动机的考量,主要体现在私法行为的效力确定和公法上对违法行为的认定上。对许多罪过情况而言,有关动机的考虑是一种最重要的考虑,因为首先它对判定作恶的程度有很重要的影响;其次它容易被确定,因而被当作依据来提出不等的惩罚要求。而且,要通过刑罚设置根除罪过,就必须考虑犯罪动机。如果行为人在行为时事实上不具有意愿或能力来形成对违反规范的反对动机,处罚这样的行为对于一般预防而言是没有意义的,甚至是不利的,因为它使得有意愿和没有意愿遵守规范在后果上没有区别。

目的是行为人所追求的某种目标或后果,直接标定了行为的主观态度。动机与目的有密切的联系,动机是深层的,而目的是外显的、直接的,动机决定目的,目的表现动机。在刑法中,犯罪目的表明了行为人对危害后果的态度,有时候直接决定了是否构成犯罪,如果行为的目的是要通过违法行为达致行为人所追求的不法后果,就是直接故意,在间接故意和过失导致的不法行为中,行为人没有违法目的,即不追求危害结果的发生。行政处罚亦然,违法目的在很大程度上决定了当事人的主观状态,主观上有过错才予以处罚。

2. 行为认知和控制能力。行为认知是对自己行为的性质和法律后果的认识和判断,行为人受发育水平、生活环境、教育水平等方面的影响,认知能力的有无和强弱可能各有不同,但基本以年龄为判断标准,达到相应年龄的一般默认其具有相应的认知和控制能力,应承担相应的法律责任。控制能力与年龄和生理状况息息相关,对于精神病人和智力残疾人而言,对行为性质和后果的认知以及对自身的控制能力可能有所欠缺,因此,只要是在不能辨认或不能控制自己行为时发生的违法行为,就不予处罚。实践中,常常出现认知错误即对行为违法性的认知产生错误的情形,例如在禁烟区内吸烟而当事人对禁烟区的禁止性规定毫不知情,此时的认知错误不是主观过错判断所能包含的内容,而是独立于"故意"和"过失"之外的第三种类型,不可借助主观过错获得豁免。

(二) 法律行为的客观方面

法律行为的外在方面是受内在因素支配的行为的外部表现,只有通过外部活动,人的主观意志才能影响外界，因此，在法律行为的结构中，外在方面具有决定性意义。

1. 行为方式。行为方式包含行为和手段。行为即外在举动，人的意志或意思只有外化为行动并对身外之对象产生影响，才能成为法律调整的对象。行为分为身体行为和语言行为，前者是以自身所感知的外部举动引起法律关系的产生、变更或消灭，后者是通过语言表达对他人产生影响的行为。手段是指行为人为达到预设的目的而在实施行为过程中所采取的各种方式和方法。手段是考察行为目的并判断行为法律性质的重要标准，一般而言，行为人欲达到合法的目的，自然会选择合法的行动计划、措施、程式和技巧，否则就会选择违法的方式和方法。法律规范需要对特定行为方式进行规定，以便为法律行为性质的判断提供具体标准，这些特定的行为方式主要有：与特定情境相关的行为方式，如正当防卫、紧急避险；与特定主体身份相关的行为方式，如贪污和徇私枉法；与一定时空相关的行为方式，如入室盗窃；与特定对象相关行为方式，如奸淫幼女、挪用公款。

2. 行为结果。人无所不在社会关系当中，社会交互行为必然会对他人利益或社会秩序等方面造成影响。结果既是行为人所意欲达成的后果，也是进行法律评价的重要考察内容，法律就是通过对行为结果的肯定或否定来影响人们的行为选择。从违法的本质看，所有的违法行为必然会产生对法秩序的损害后果，削弱人们对法律的信赖，但不必然产生现实、直接的危害后果。

三、法律行为的分类

根据法律行为主体、性质、关系等方面的不同，可以进行多种多样的分类。根据行为是否符合法律的要求，可分为合法行为与违法行为；根据法律行为的范围和对象，可以分为抽象法律行为和具体法律行为；根据行为的内容，可分为公法行为与私法行为；根据实体与程序的区分，可以分为实体法行为和程序法行为；根据主体的不同，可以分为个人行为、集体行为和国家行为；根据行为的生效要件，可以分为要式行为和非要式行为；根据是否需要支付对价，可以分为有偿法律行为和无偿法律行为；根据行为的外在表现方式，可以分为积极行为和消极行为等。

第五节　法律责任

法律责任是保障法律上权利义务得以实现的重要途径，可以从正反两方面理解，正面即积极意义上的法律责任，是指所有组织和个人都有遵守法律的义务，此时法律责任可理解为法律规定的责任；反面即消极意义上的法律责任，是指法律主体因违反法定或约定义务应当承担的不利法律后果。就其实质而言，一般认为，法律责任是指对违反法定义务、超越法定权利界限或滥用权利的违法行为所作的法律上的否定性评价和谴责，是国家强制违法者做出一定行为或禁止做出一定行为，从而补救受到侵害的合法权益，恢复被破坏的法律关系和法律秩序的手段。

一、法律责任的功能

法律责任的功能在于制裁违法行为人，恢复被侵害的社会关系，救济相关法律主体的合法权益，教育人们遵守法律，预防违法或违约行为，兼具惩戒、救济和预防三重功能。

二、法律责任的构成要件

法律责任的构成要件即承担法律责任所需的必要条件。不同类型的法律责任对构成要件的要求不同，根据违法和违约行为的规律，法律责任的构成一般可概括为责任主体、违法或违约行为、损害结果、因果关系、主观过错五方面内容。

（一）责任主体

责任主体是具有行为能力和责任能力的承担法律责任的自然人、法人或非法人组织。行为主体一般应当是责任主体，但在连带责任或替代责任等情况下，责任主体可能不是行为主体，法律责任会发生继受或转移。例如，根据《行政处罚法》第30条的规定，不满十四周岁的未成年人有违法行为的，不予行政处罚，但应责令监护人加以管教，若违法行为对他人造成损害的，监护人还应当依法承担民事责任。

（二）违法（违约）行为

广义的违法行为是指所有的违反法律规定的行为，包括一般违法行为、刑事犯罪行为和违宪行为，狭义的违法行为包括民事侵权行为和行政违法行为。违约行为是指违反合同约定义务的行为，主要有不履行、不完全履行、迟延履行、毁约等行为方式。违法行为或违约行为是法律责任的核心要素，包括积极的作为和消极的不作为。如果认为主体的责任能力在一般情况下是法律责任的必要条件，那么违法行为在所有情况下是法律责任的必要条件。

（三）主观过错

责任主体实施的违法或违约行为必须基于一定的主观过错，不同的心理状态对于责任的有无、大小有着直接的联系。刑法上采用严格的过错责任原则，主观过错是犯罪的构成要素，对定罪和量刑均有重要影响；民法上，以过错责任为原则，以无过错责任和公平责任为补充，例如《民法典》侵权责任编第1165条规定的过错责任和过错推定责任、第1166条规定的无过错责任、第1186条规定的公平责任；在行政处罚领域，《行政处罚法》第 33 条明确了行政处罚实行过错原则，把主观过错作为行政处罚的构成要件，但原则上实行过错推定，过错推定的实质是举证责任倒置，有违法行为发生即推定行为人有过错，除另有规定外，行政机关无需对此特意证明，而由当事人承担没有主观过错的证明责任。

（四）损害结果

损害结果是指违法行为或违约行为侵犯他人或社会的权利和利益所造成的损失或伤害，包括实际损害、丧失所得利益及预期可得利益。损害结果可以是对人身的损害、财产的损害、精神的损害，也可以是其他方面的损害。损害结果是认定法律责任的重要依据，新修订的《行政处罚法》第 32 条把主动消除或减轻违法行为危害后果作为应当从轻或者减轻处罚的情形之一；第 33 条规定，违法行为轻微并及时改正，没有造成危害后果的，不予行政处罚。初次违法且危害后果轻微并及时改正的，可以不予行政处罚。

（五）因果关系

因果关系是违法或违约行为与损害结果之间的必然联系。在认定和归结法律责任时，不仅要确认行为的性质是违法或违约行为，进而引起了损害结果，而且要确认违法或违约行为与损害结果之间具有内在的逻辑联系。因果关系是归责的基础和前提，是认定法律责任的基本依据，对于确定行为主体、认定责任主体、决定责任范围具有重要意义。

三、法律责任的分类

根据不同的标准，法律责任有不同的分类。最基本的是根据法律责任的性质分为民事法律责任、行政法律责任、刑事法律责任和违宪责任。

（一）民事法律责任

民事法律关系中参与主体的地位平等，遵循自愿原则，按照自己的意思设立、变更、终止民事法律关系，责任人根据法律规定或者按照约定承担民事责任。民事责任以填平补齐为原则，主要表现为补偿性的救济责任和财产责任。《民法典》第 179 条规定承担民事责任的方式主要有：停止侵害、排除妨碍、消除危险、返还财产、恢复原状、修理、重作、更换、继续履行、赔偿损失、支付违约金、消除影响、恢复名誉、赔礼道歉。本条规定的承担民事责任的方式，可以单独适用，也可以合并适用。民事主体因同一行为应当承担民事责任、行政责任和刑事责任的，承担行政责任或者刑事责任不影响承担民事责任；民事主体的财产不足以支付的，优先用于承担民事责任。

关于不负法律责任及法律责任的减轻或免除。免责以存在法律责任为前提，但存在责任阻却事由；无责任或不负责任是虽然行为人形式上违法违约，但实质上不构成违法或不承担相应责任，例如正当防卫、紧急避险、未达到法定责任年龄等情形。在刑法理论中，这些无责任或不负责任的事由称为正当化事由或违法性阻却事由。正当防卫、紧急避险等属于正当化事由，即形式上构成犯罪，但实质上没有法益侵害性，不具备刑事违法性。正当化事由反映行为人的行为是为法律所允许的，尽管有时法律可能并不希望其发生，但却容忍其存在；而免责事由所指向的则是社会不可能容忍的行为。在民法中，免责或不负责任事由一般统称为免责事由，《民法典》总则编第180、181、182、184条分别规定了不可抗力、正当防卫、紧急避险、紧急救助等不负法律责任的事由。

（二）行政法律责任

行政法律责任是指行政主体及其工作人员或行政相对人因违反行政法律规范而应承担的责任。对于行政主体，主要承担补救性的法律责任，主要有承认错误、赔礼道歉、恢复名誉、消除影响、履行职务、撤销违法决定、纠正不当行为、返还权益、赔偿等。对于行政机关工作人员，根据《政务处分法》第7条规定，对违法的公职人员的处分种类有警告、记过、记大过、降级、撤职和开除。另外，根据《国家赔偿法》第31条的规定，赔偿义务机关在赔偿后，应当向有特定情形的工作人员追偿部分或者全部赔偿费用。对于行政相对人，其承担的责任通常是行政处罚，处罚种类有申诫罚、财产罚、资格罚、行为罚和人身罚五类。此外，新修订的《行政处罚法》第28条还规定了当事人对违法所得的退赔义务。

根据《行政处罚法》的规定，当事人行政处罚责任的免责事由主要有时效免责、轻微不罚、首违不罚、无过不罚等情形。所谓时效免责，是指行为人在违法行为发生一定期限后，为稳定社会秩序，行政机关不再查处其违法行为或追究其法律责任，即行政处罚的追溯时效制度。新修订的《行政处罚法》第36条规定，"违法行为在二年内未被发现的，不再给予行政处罚；涉及公民生命健康安全、金融安全且有危害后果的，上述期限延长至五年。法律另有规定的除外。"第33条规定了轻微不罚、首违不罚、无过不罚三种情形，需要注意的是，首违不罚是可以不罚而非法定不罚。根据新修订的《行政处罚法》第32条的规定，当事人主动补救、受胁迫或诱骗、主动供述、配合查处有立功表现的，应当从轻或者减轻行政处罚，即免除当事人的部分法律责任。

（三）刑事法律责任

刑事法律责任是指行为人因实施刑法所规定的犯罪行为而应当承担的法律责任。在所有的法律责任中，刑事法律责任最为严厉。刑罚分为主刑和附加刑，主刑包括管制、拘役、有期徒刑、无期徒刑和死刑，附加刑有罚金、剥夺政治权利和没收财产，还有适用于犯罪的外国人的驱逐出境。刑事责任的主体不但包括公民，也包括法人或非法人组织，刑法中称为单位犯罪，《刑法》第31条规定，单位犯罪的，对单位判处罚金，并对其直接负责的主管人员和其他直接责任人员判处刑罚。

关于刑事法律责任的减轻或免除，有时效免责、不诉免责、自首免责、立功免责等情形。其中，不诉免责是针对"不告不理"的违法行为，受害人或利害关系人不提起诉讼，司法机关便不追究违法行为人的法律责任，例如暴力干涉他人婚姻自由、虐待家庭成员等都是告诉才处理的犯罪行为。在不诉免责情形中，法律赋予了受害人或利害关系人追究违法行为人责任的决定权。《刑法》规定，对于自首的犯罪分子，可以从轻或者减轻处罚。其中，犯罪较轻的，可以免除处罚。犯罪分子有揭发他人犯罪行为，查证属实的，或者提供重要线索，从而得以侦破其他案件等立功表现的，可以从轻或者减轻处罚；有重大立功表现的，可以减轻或者免除处罚。

（四）违宪责任

违宪责任是指有关公权力主体制定的法律、法规、规章，或者特定主体从事的活动与宪法相抵触所产生的法律责任。宪法是国家的根本法，具有最高的法律效力，是根本的活动准则。我国《宪法》第5条规定，一切法律、行政法规和地方性法规都不得同宪法相抵触。一切国家机关和武装力量、各政党和各社会团体、各企业事业组织都必须遵守宪法和法律。一切违反宪法和法律的行为，必须予以追究。虽然广而言之，所有的违法行为都是违宪行为，但是，构成违宪责任的违宪行为与一般违法行为还是有区别的。因为宪法不仅为普通法律关系提供了立法依据，而且它还有自己特定的调整对象，即国家机关之间的相互关系以及它们与广大公民之间的相互关系。对违反宪法规范的行为，是不能通过追究刑事责任、民事责任或者行政责任来预防和制止的。

为加强宪法实施和监督、维护宪法权威，需要对法律法规和规章等特定活动进行合宪性审查。党的十九大报告明确提出，加强宪法实施和监督，推进合宪性审查工作，维护宪法权威。《中华人民共和国国民经济和社会发展第十四个五年规划和2035年远景目标纲要》要求，健全保障宪法全面实施的体制机制，加强宪法实施和监督，落实宪法解释程序机制，推进合宪性审查。2023年《立法法》进行了第二次修正，在总结宪法实施和监督工作的实践基础上，明确了合宪性审查的环节和要求，完善了备案审查制度。

四、法律责任的归结

法律责任的归结即归责，是法定机关或组织依照法定职权和程序认定法律责任并将其归结于违法行为人的活动。为保证归责活动合法合理，归责应当遵守责任法定、责任自负、责罚公正的原则。责任法定原则要求必须依据法律规定的责任性质、范围、方式、程度等追究法律责任，不得擅断责任或让行为人承担法律规定之外的责任，即所谓的"处罚法定""法无规定不处罚"。责任自负原则要求只能由法律规定的责任人承担责任，不能让没有违法行为的人承担责任，不枉不纵。责任公正原则也称责任相当原则，要求责任的承担要与违法行为的轻重、主观恶性、具体情节相适应，即"过罚相当""罪责刑相适应"，要在法律责任的定性和定量上进行综合权衡。

根据过错在法律责任中的地位，通常把法律责任原则分为过错责任原则和无过错责任原则。

过错责任原则以行为人主观上存在过错为必要前提，过错程度与责任形式和责任范围密切相关。过错表现为故意和过失两种形态，故意在认知因素上是明知危害后果的发生，在意志因素上是希望或放任这种结果发生的心理状态，分为直接故意和间接故意。过失是指行为人对于危害后果应当预见，但因为疏忽大意没有预见或者过于自信而轻信能够避免的心理状态，分为疏忽大意的过失和过于自信的过失。

过错推定原则是过错责任原则的特殊形式，是在适用过错责任时，因法律的特别规定，推定行为人具有过错。我国刑法采用严格的过错归责原则，必须证明被告人是基于故意或过失实施不法行为的才能追究其刑事责任。但行政处罚相对于刑事处罚，案件数量巨大且不以人身罚为主，侧重于提高行政执法效率和节约执法资源，因此新修订的《行政处罚法》继续秉承过错推定的归责原则，无需考察当事人的主观状态，不要求行政执法机关对当事人的过错承担证明责任。但为保障当事人权益，在第33条第2款明确规定"当事人有证据足以证明没有主观过错的，不予行政处罚"，由当事人承担其主观状态的举证责任，不过要求当事人提供的证据达到"足以"的程度。关于"足以"的证明标准是否就是排除合理怀疑标准，尚未有权威的解释。但是，在行政处罚领域，显然不能期待其如同刑事案件一般严格的应用标准，否则有违行政处罚的效率性要求。

无过错责任不以主观过错作为归责的必要条件，只要行为人的行为与损害结果之间具有因果关系，就要承担相应法律责任。无过错责任是对不幸损害的合理分配，不具有一般法律责任所具有的制裁功能，只具有救济或恢复权利的作用。无过错责任强调对生命财产的保护，其基本思想是基于分配正义对不幸损害进行合理分担，即在发生损害的情况下，根据公共利益权衡冲突双方的利益，公平地分担损失。

五、法律责任与法律制裁

法律责任的实现形式分为自觉履行和强制执行两种。自觉履行是责任主体在责任归结前后主动承担相应法律责任，比如自觉恢复或补偿受损的权益，主动支付赔偿金等，主要适用于民事法律责任、补救性的行政法律责任和刑事责任中的财产责任；强制执行是责任主体在有权机关进行责任归结之后未及时履行相应义务，由国家机关强制其履行法律责任，包括司法强制和行政强制两种形式。

制裁是指国家司法机关和国家授权的专门机关对违法者依其所应承担的法律责任而采取的惩罚措施。法律责任是法律制裁的前提和基础，是应然状态，法律制裁是承担法律责任的最终结果，是实然状态。与法律责任相对应，法律制裁也可分为民事制裁、行政制裁、刑事制裁和违宪制裁。有法律责任但无需法律制裁的情形主要包括三类，一是责任人主动履行法律责任，例如在民事特殊侵权责任中，如果责任人主动承担赔偿责任，就不会再有民事制裁；二是法律责任的本质属性决定了无须法律制裁，如剥夺政治权利；三是虽然责任人拒不履行法律责任，而国家机关所采取的强制执行措施本身不带有惩罚性，但法律责任却可以实现，如强行划拨。

第七章 行政法学基础知识

第一节 行政法概述

一、行政法与行政法主体

(一) 行政法的含义及其调整对象

行政法是调整行政关系的法律规范和原则的总称。当行政主体行使行政职权时会与其他行政法律关系主体产生互动，从而产生行政法律关系，调整这些行政法律关系的法律规范和原则的总则称之为行政法。这个定义包含了两层含义：第一，行政法是各种法律规范、原则的总和；第二，这些法律规范和原则所调整的对象是行政法律关系。

行政法与其他部门法一样，都有其特殊的调整对象，行政法的调整对象是行政法律关系，这些行政法律关系是因行政主体行使行政职权而发生的。行政职权是发生这些社会关系的关键环节，只有与行政职权的行使具有直接或间接关联的社会关系才是行政关系，与行政职权的行使无关的社会关系，即使行政机关为一方当事人，也不能成为行政关系或监督行政关系。例如，某区政府向某公司采购办公用品，因货款纠纷某区政府被诉至法院，但某区政府与某公司之间的关系为民事关系，而非行政关系。当行政关系经过行政法调整后就形成了行政法律关系。

(二) 行政法主体

行政法主体，即行政法律关系主体。指行政法调整的各种行政关系与监督行政关系的参加人——组织和个人。组织包括国家机关（主要是行政机关）、企事业组织、社会团体和其他组织；个人包括国家公务员以及作为行政相对人的公民、外国人、无国籍人等。一般来讲，主要包括两个方面：行政主体，行政相对人。

1. 行政主体

人们通常将行政机关和法律、法规授权的组织统称为"行政主体"。一般认为，行政主体是指享有国家行政职权，并且能以自己的名义行使行政职权，能独立地承担因此产生的法律责任的组织。我们可以从以下几个层面加以判断和把握：

(1) 行政主体是享有国家行政职权的组织。是否享有国家法定的行政职权是决定一个组织是否为行政主体的关键性因素。从法理上来看，国家享有一国所有的立法、司法、行政权，但如同立法权由代议机关行使，司法权由司法机关行使一样，行政权也必须由具体的、实实在在的机关、组织来行使，因此，国家通过立法赋予行政机关国家行政权。这里要说明的是，行政机关是最重要的行政主体，但行政机关并不等于行政主体，除此之外，行政主体还包括了获得法定授权的其他的行政机构、社会组织。

(2) 行政主体是能够以自己的名义行使行政权的组织。能够以自己的名义行使行政权是判断行政机关及其他组织能否成为行政主体的主要标准，"以自己的名义行使行政权"是指行政机关在法律规定的范围内依照职权作出决定，发布命令，并以自己的职权保障这些决定和命令的实施。

(3) 行政主体是能够独立承担法律责任的组织。如果某组织仅仅能够行使行政权，但并不承担由于行政权的行使而产生的法律责任，则它不是行政主体，受行政委托者不是行政主体。行政机关可以在其职权范围之内依法将其行政职权或行政事项委托给其他组织行使，但受委托组织始终是以委托机关的名义作出行政行为，并且其所产生的法律后果由委托机关来承担，所以受委托组织不是行政主体。

需要说明的是，行政公务人员如城管执法人员虽然代表了行政主体行使行政权，但是只能以行政主体的名义从事公务活动，其从事公务行为产生的后果由国家行政机关承担，所以，城管执法人员并不是行政主体。

2. 行政相对人

一般认为，行政相对人是指行政主体行使行政职权所指向的一方当事人，即在行政法律关系中与行政主体相对应，共同构成行政法律关系主体的一方当事人。

行政相对人作为与行政主体对立的一方，其权利保障的研究近年来在学界受到极大重视。目前，行政相对人的权利不论是在程序法上还是实体法上，都有较为完善的保障制度。

需要重点掌握的是，无论是国家机关还是公民、法人或其他组织，都能够成为行政相对人一方参与行政法律关系。

二、行政法的渊源

行政法的渊源是指行政法规范和原则的表现形式。行政法的渊源有很多，按照制定主体、效力层次、制定程序的区别，我国行政法的渊源主要有以下几种：

(一) 宪法

宪法是一国的根本大法，是母法，宪法规定了国家的基本制度，具有最高的法律地位和法律效力，其他任何法律、法规都必须以宪法为依据制定、修改。宪法中确认和体现行政法规范和原则的条文都可以成为行政法的渊源,如宪法关于国家行政机关的组织、职权和规范、公民的基本权利自由及对这些基本权利自由提供保障的规范等。宪法所确认的规范通常是具有纲领性和指导性的,对其他行政法规范具有指导作用。

(二)法律

法律是指全国人民代表大会及其常务委员会根据宪法,依照法定程序制定的规范性文件,如《行政复议法》《行政强制法》《行政诉讼法》等。根据《立法法》第 11 条的规定,国家主权的事项;各级人民代表大会、人民政府、监察委员会、人民法院和人民检察院的产生、组织和职权;民族区域自治制度、特别行政区制度、基层群众自治制度;犯罪和刑罚;对公民政治权利的剥夺、限制人身自由的强制措施和处罚;税种的设立、税率的确定和税收征收管理等税收基本制度;对非国有财产的征收、征用;诉讼制度和仲裁基本制度等,事项只能制定法律。法律中包含的行政法规范的效力低于宪法,但由于其制定程序较为严格,制定的主体层级较高,故其效力要高于其他各种形式的行政法规范。

(三)行政法规与部门规章

行政法规是国务院根据宪法和法律的规定或授权,在其职权范围内经国务院常务会议审议或国务院审批,由总理签署国务院令公布实施的规范性文件。部门规章是指国务院组成部门以及具有行政管理职能的直属机构根据法律和国务院的行政法规、决定、命令,在本部门权限内按照规定程序制定的规范性文件的总称。部门规章的法律效力低于行政法规。目前,国家行政法规和部门规章的数量较多,调整的范围也较广,并且制定、修改较灵活,是我国重要的行政法渊源。

(四)地方性法规、地方政府规章、自治条例、单行条例

1. 地方性法规

地方性法规是省、自治区、直辖市以及设区的市的人民代表大会及其常务委员会,结合本地区的实际情况,在不同宪法、法律、行政法规相抵触的前提下,所制定的规范性文件。制定地方性法规,对上位法已经明确规定的内容,一般不作重复性规定。省级地方性法规,报全国人民代表大会常务委员会和国务院备案;设区的市的地方性法规须报省、自治区的人民代表大会常务委员会批准后施行。地方性法规的名称大部分称作条例,有的为法律的实施细则,部分为具有法规属性的文件,如决议、决定等。

2. 地方政府规章

地方政府规章是省、自治区、直辖市以及设区的市、自治州的人民政府,根据法律、行政法规、地方性法规并按照法定程序制定的地方性规范性文件。制定地方性规章的权限限于为执行法律、行政法规、地方性法规的规定需要制定规章的事项或属于本行政区域的具体行政管理事项。

3. 自治条例和单行条例

自治条例和单行条例是民族自治地方的人民代表大会，依据宪法、民族区域自治法或其他法律规定的权限，结合当地的政治、经济、文化特点所制定的规范性文件。自治条例和单行条例可以依照当地民族的特点，对法律和行政法规的规定作出变通规定，但不得违背法律或者行政法规的基本原则，不得对宪法和民族区域自治法的规定以及其他有关法律、行政法规专门就民族自治地方所作的规定作出变通规定。

地方性法规与部门规章之间对同一事项的规定不一致，不能确定如何适用时，由国务院提出意见，国务院认为应当适用地方性法规的，应当决定在该地方适用地方性法规的规定；认为应当适用部门规章的，应当提请全国人民代表大会常务委员会裁决；部门规章之间、部门规章与地方政府规章之间对同一事项的规定不一致时，由国务院裁决。

（五）法律解释

法律解释是指有权机关就法律规范在具体适用过程中，为进一步明确界限、作补充规定或具体应用法律规范所作的解释。法律解释分为正式解释和非正式解释，正式解释包括立法解释、司法解释和行政解释，非正式解释即学理解释，主要是个人或组织所作的不具有法律约束力的解释。解释方法主要有文义解释、体系解释、目的解释、历史解释等方法。

（六）国际条约、协定

《行政诉讼法》第 101 条规定，本法没有规定的，适用《中华人民共和国民事诉讼法》的相关规定。《民事诉讼法》第 267 条规定，中华人民共和国缔结或者参加的国际条约同本法有不同规定的，适用该国际条约的规定，但中华人民共和国声明保留的条款除外。因此，在涉外行政诉讼中，人民法院除适用我国的法律法规外，还必须适用我国缔结或参加的国际条约。因此，国际条约和协定也是重要的行政法渊源。

第二节 行政法的基本原则

行政法的基本原则是指贯穿于行政法始终，指导行政法的制定和实施的基本准则或原理，是行政法精神实质的体现，也是行政法律规范或规则存在的基础。我国行政法学界认为行政法的六大基本原则分别是：

一、合法行政原则

合法行政原则也称依法行政原则，是指行政机关及其他行使行政权力的机关必须依据法律行使行政权或其他行政管理活动。合法行政原则是行政法的首要原则，也是行政活动区别于民事活动的主要标志。合法行政原则的根据，是行政机关在政治制度上对立法机关的从属性,是我国根本政治制度人民代表大会制度在国家行政制度上的体现和延伸。人民代表大会制度确定了国家行政机关对人民代表大会的从属性。《宪法》第5条规定,中华人民共和国实行依法治国,建设社会主义法治国家。一切国家机关都必须遵守宪法和法律。国家行政机关应当依照宪法和法律行使行政职权。我国合法行政原则在结构上包括对现行法律的遵守和依照法律授权活动两个方面。

二、合理行政原则

合理行政原则的主要含义是行政决定应当客观、适度,具有最低限度的法律理性,属于实质行政法治的范畴,尤其适用于裁决性行政活动。最低限度的理性,是指行政决定应当具有一个有正常理智的普通人所能达到的合理与适当,并且能够符合科学公理和社会公德。

合理行政原则产生的主要原因在于行政自由裁量权的存在。合理行政原则又主要表现为以下几个方面:

1. **公平公正原则**。要平等对待行政管理相对人,不偏私、不歧视。

2. **考虑相关因素原则**。作出行政决定和进行行政裁量,只能考虑符合立法授权目的的各种因素,不得考虑不相关因素。

3. **比例原则**。行政机关采取的措施和手段应当必要、适当。行政机关实施行政管理可以采用多种方式实现行政目的的,应当避免采用损害当事人权益的方式。

三、程序正当原则

程序正当是指行政机关在作出影响行政相对人合法权益的决定,尤其是不利的决定时,必须遵循正当、公开、公正的程序,充分保障行政相对人的合法权益。程序正当原则的基本构造应当包括平等对待相对人;充分告知事实、理由、依据和权利救济途径;相对人通过听证等程序有效表达自身意见;附具理由以提高行政行为的可接受性等方面,"程序公正原则通过回避制度,程序公开原则通过政府信息公开制度、阅览卷宗制度和说明理由制度,参与原则通过听取意见制度、听证制度,效率原则通过期间制度、默示批准和默示驳回制度等",体现最低限度正当程序的要求。

四、信赖保护原则

信赖保护原则,是指行政机关对其行为应守信用,个人或组织对行政行为的正当信赖应当予以合理保护,以使其免受不可预计的不利后果。如果行政机关在行使行政职权过程中随意改变已经作出的行为,反复无常,政府在民众中将失去信用,法律规范也将难以适用。

五、高效便民原则

在行政管理中,行政行为的过分迟延会严重牺牲公平和正义。这就要求行政机关必须高效便民。高效便民是指行政机关能够依法高效率、高效益地行使职权,最大程度地方便人民群众。高效便民原则至少应当包括以下内容:第一,遵守时限。即行政行为必须在法定的时限内作出,这是对行政机关高效行政的最低要求;第二,做效能机关。即要求行政机关办理行政事项在法定的时限内要以最快的速度完成;第三,做服务机关。即行政机关给相对人提供最优质的服务,消除相对人在办事中的人为障碍和非法定前置条件。

六、权责一致原则

行政法的权责一致原则,是指在行政机关或其他实施行政行为的组织所拥有的权力应当与其所承担的责任相适应。行政机关及其他组织拥有的权力与其承担的责任应该对等,不能拥有权力而不履行其职责,也不能只要求其承担责任而不予以授权。合理授权是贯彻权责对等原则的一个重要方面,必须根据行政机关所承担的责任大小授予其相应权力。行政机关违法或者不当行使职权,应当依法承担法律责任。做到执法有保障、有权必有责、用权受监督、违法受追究、侵权须赔偿。

第三节 行政法律关系

行政法律关系是指由行政法规范确认和调整的,因行政权力的行使而形成的行政主体与其他当事人之间的权利义务关系。这种关系既应包括在行政活动过程中所形成的行政主体与行政相对人之间的行政法上的权利义务关系,也应包括因行政活动产生或引发的行政救济或监督关系。中国当代行政法律关系已不是过去那种单纯的管理与被管理关系,而是有了多样化形式,具体包括:行政主体对行政相对人的直接管理关系;行政主体对行政相对人的宏观调控关系;行政主体对行政相对人的服务关系;行政主体对行政相对人的合作关系;行政主体对行政相对人的指导关系;行政主体对行政相对人的行政赔偿关系;国家法律监督机关与行政相对人对行政主体的监督行政关系。从这些多样化的行政法律关系中不难看出,行政相对人的权利保障力度明显增强,行政监督法律关系明显强化,行政主体与行政相对人之间权利义务的配置趋向均衡,同时也体现出行政活动的内容日益丰富,方式也日益民主化、公开化和合理化。

一、行政法律关系的构成要素

和其他法律关系一样,行政法律关系也是由主体、客体及内容构成的。

（一）主体

行政法律关系的主体是指参加行政法律关系并享有权利、承担义务的当事人，因此，行政法律关系的主体又称为行政法律关系的当事人。

（二）客体

行政法律关系的客体是指行政法律关系中当事人的权利、义务所指向的对象，包括人身、财产和行为等，如在城市管理行政法律关系中，行政主体（城管执法机关）、行政相对人（如小商小贩等）为行政法律关系的主体，行政主体、相对人所指向的人身、财产及相应的行为则为城市管理行政法律关系的客体。

（三）内容

行政法律关系的内容是指行政法律关系主体所享有的权利和承担的义务。即行政主体的权利义务和行政相对方的权利义务，以及行政法制监督主体的权利义务和被监督的行政主体及其工作人员的权利义务。

二、行政法律关系的特点

（一）主体的恒定性

在行政法律关系双方当事人中必有一方是行政主体，不以行政主体为一方当事人的法律关系不可能是行政法律关系，同时，在行政法律关系中行政主体不能由另一方当事人代替，各自的地位和法律角色是确定的。在我国的行政诉讼关系中，原告只能是行政相对人，被告只能是行政主体，他们也不能互为原被告。

（二）权利义务具有不对等性

行政主体代表国家行使职权，无需征得行政相对方同意就可产生、变更、消灭行政法律关系。但是，行政主体的主导地位并不排斥与行政相对人通过合意形成权利义务关系，双方可以协商一致达成行政协议。行政协议既采用了合同方式，又保留了行政行为的属性，协商订立不代表协议双方是完全平等的法律关系，特定情形下，法律允许行政机关享有一定的行政优益权，即当继续履行协议会影响公共利益或者行政管理目标的实现时，行政机关可以单方变更、解除行政协议，不必经过双方的意思合致。

（三）形态的多样性和综合性

以内容为标准，可以将行政法律关系划分为行政管理、行政服务、行政合作、行政救济法律关系等类型，在行政管理实践中，同一案件的处理过程中以上多种法律关系样态可能同时存在。

（四）内容处分的有限性

在民事法律关系中，民事主体的权利义务一般情况下是分离的，民事主体对其权利有较强的处分权。但是，行政主体在行政法律关系中所享有的职权，同时又是其必须履行的职责。法无授权不可为，法定职责必须为，法定职责不得随意放弃或转让。

三、行政法律关系的类型

行政法学界对于行政法律关系类型的划分有多种见解。一般来讲，从行政法律关系的性质出发，学界倾向于将行政法律关系划分为六种类型：行政管理法律关系、行政服务法律关系、行政合作法律关系、行政指导法律关系、行政补救法律关系以及监督行政法律关系。

（一）行政管理法律关系

这是最典型、最传统的一种行政法律关系，其特征为"命令—服从"，行政主体一般享有或行使行政权力，而行政相对人则更多地表现为对命令或决定的服从。

（二）行政服务法律关系

这是一种新型的行政法律关系，其典型特征为"提供—接受"，行政机关以其职责范围为限，给行政相对人提供相应的服务，是行政服务的提供者；而行政相对人则是服务的享有者。

（三）行政合作法律关系

行政主体与行政相对人协商以达到某种目的而发生的法律关系，例如行政协议。其典型特征为"协商—合作"。行政主体与相对人之间互相享有约定的权利与义务。

（四）行政指导法律关系

行政主体为了达到特定的行政目标，通过一定的诱导措施促使相对人为或不为一定行为，以达到预定的行政目标。其典型特征为"诱导—接受"。

（五）行政补救法律关系

这是因行政相对人认为其合法权益遭到行政行为侵犯向法定机关提出请求，受理机关依法对其进行审查并作出相应决定而形成的各种关系。其典型的特征是"补救—接受"，即行政主体负有补救（如补偿、赔偿等）的义务，而行政相对人享有接受补救的权利。包括行政复议、行政诉讼、行政赔偿、行政补偿等救济活动。行政补救法律关系是以当事人维护个人权益为目的而产生的，因此与监督行政行为有差别，也就是我们平时所讲的"救济"与"监督"的关系，两者既有联系又有区别。

（六）监督行政法律关系

其典型的特征是"监督—被监督"，即法定的机关或行政相对人有权对行政主体及其工作人员进行监督，而后者负有接受监督并予以配合的义务。行使监督职责的机关包括上级行政机关、监察部门、审计部门以及司法部门。监督机关既可以依职权主动作监督行为，也可能因行政相对人的申请而启动。在监督行政法律关系中，行政主体负有接受监督并给予积极配合的义务。

四、行政法律关系的产生、变更和消灭

（一）行政法律关系的产生

行政法律关系的产生是指行政法律关系主体之间形成行政法上的权利义务关系。行政法律关系的产生除必须存在行政法律关系的主体和客体以及内容以外，还必须具备以下两个基本条件：一是具有相应的行政法律关系赖以发生的法律根据，即有相应的行政法律规范的存在。没有行政法律规范的确认和调整，当事人的权利义务就无法确定，也就不可能形成行政法律关系；二是具有导致行政法律关系发生的法律事实。没有法律事实存在，即使有行政法律规范，也不可能形成行政法律关系。行政法律事实就是由行政法律规范所规定的能够引起行政法律关系发生、变更或消灭的客观现象或事实，简称法律事实。包括法律事件和法律行为两大类。法律事件是指与主体意志无关的那些法律事实，如人的出生、死亡、自然灾害和意外事件等。法律行为是指主体有意识的能产生相应法律后果的活动，如行政主体的治安管理处罚行为、行政相对方申请某种许可证的行为等，既可以是合法行为，也可以是违法行为。

（二）行政法律关系的变更

行政法律关系的变更就是指行政法律关系构成要素的变更。包括：（1）行政法律关系主体的变更。主体的增加、减少或改变；（2）行政法律关系客体的变更。人身、财产和行为的变更；（3）行政法律关系内容的变更。权利义务发生变化。

（三）行政法律关系的消灭

行政法律关系的消灭是指行政法律关系权利义务的消灭，包括：其一，一方或双方当

事人的消灭；其二，权利义务内容的消灭。原行政法律关系中的权利义务已实现或为新的内容所代替。

第四节　行政行为及其效力

行政行为是指行政主体在实施行政管理活动、行使行政职权过程中所作出的具有法律意义的行为。也就是说，行政行为只能是由行政主体作出，行政行为是行政主体行使行政职权、履行行政职责的行为，行政行为是具有法律意义的行为。

行政行为有具体行政行为和抽象行政行为之分。具体行政行为是指行政主体在行政管理过程中，针对特定的对象、就特定的事项作出的处分；抽象行政行为是指行政机关在实施行政管理过程中，针对不特定的人或事制定的具有普遍效力的行为规范。

一、行政行为的特征

其一，从属法律性。行政行为受法律规范所调整，是行政机关执行法律的行为，直接或间接的产生某种法律后果，具有从属法律性。依法行政是对行政主体的基本要求，抽象行政行为虽然具有创制性，但制定抽象行为规范的目的是执行法律规范，并且不能与法律相抵触。

其二，单方意志性。不同于民事行为需要双方协商达成合意，行政主体在实施行政行为时，只要在法定职权范围内，符合法定的程序或条件，就可以单方决定实施某种行政行为，具有单方意志性。作为体现服务行政、给付行政理念的行政协议，虽然其订立需要双方合意，但行政主体仍具有单方变更、解除行政协议的优益权。

其三，强制性。行政行为以国家强制力为保障，行政相对人必须服从和配合，否则，行政主体有权以强制手段保障行政行为的实施，具有强制性。

其四，效力先定性。行政行为一经作出，在没有被国家有权机关确认为违法无效之前，对行政相对人和其他组织都具有约束力，相对人必须遵从，其他组织对该行政行为应当予以尊重。

二、行政行为的内容

行政行为的内容是指一个行政行为对相对人在权利义务上产生的具体影响。根据各类行政行为对行政相对人的权利义务的影响及其法律后果，行政行为的内容有以下几种：赋予权益或免除义务、剥夺权益或免除义务、变更法律地位、确认法律事实和法律地位等。

三、行政行为的效力

行政行为的效力即行政行为的法律效果或法律意义,是行政行为的价值所在,也是司法机关对行政行为进行司法审查的基础所在。行政行为的效力内容迄今仍争论不断,日本行政法学界通常认为,行政行为的效力内容包括拘束力、公定力、执行力、不可争力和不可变更力;德国著名学者毛雷尔将行政行为效力归结为存续力、要件效力、确认效力三种;法国一种代表性观点认为,行政处理的效力包括效力先定特权和强制执行特权。国内一般采用传统的四分法,即认为行政行为效力包括公定力、确定力、拘束力和执行力四个方面。

(一)公定力

公定力是指行政主体在其职权范围内作出的行政行为原则上即应推定为合法有效,在未经法定机关通过法定程序撤销或宣布为无效之前,任何人不得否定其效力。但是,重大明显违法行为属于无效行政行为,自始就不具有被推定为合法有效的公定力。

(二)确定力

确定力是公定力的自然延伸,也称为不可变更力,是指行政行为一经作出,非经法定法律程序不得随意变更的效力。行政相对人如果对行政行为不服,可以在法定的期限内向有权机关寻求救济,救济期间经过后行政行为即取得形式上的确定力,原则上不得再行提起行政复议或行政诉讼寻求救济。对于行政主体而言,应保持行政法律关系的稳定性,在行政行为作出后原则上就不得随意撤销或废止。

(三)拘束力

拘束力是指生效的行政行为拘束和限制行政相对人、行政主体以及第三人,要求其遵守、服从或实现行政行为内容的效力。狭义的拘束力是行政行为对第三人,也就是法院、其他行政机关以及其他组织或个人所产生的拘束效果。第三人就与其所涉的行政行为应予以必要的尊重。

(四)执行力

执行力是指行政行为的内容得以实现、履行的效力。执行力是实现行政行为内容的保障性效力,既可以通过行政相对人的自觉履行得以实现,也可以通过强制执行得以实现,即相对人不履行行政行为所确定的义务,行政主体即可依法强制执行,或申请人民法院强制执行。

四、行政行为的成立要件

行政行为的成立是行政行为生效的前提。行政行为的成立要求具备以下条件：行政主体必须是具有行政职权的行政机关，法律授权组织或受行政机关委托的组织；行政主体有行使行政职权产生、变更、消灭某种行政法律关系的主观意图和意思表示；行政主体以一定的行为方式对外作出行政行为。

五、行政行为的生效

行政行为的生效是指行政行为发生法律效力的时间。就具体行政行为而言，有的是即时生效，行政行为一经作出即发生效力，一般适用于在紧急状态下作出的行政行为；有的行政决定一经作出（不论是否送达当事人）就拘束作出机关本身，未经法定程序并有正当理由的不得撤销；有的是受领生效，行政主体在行政行为作出后的法定期限内将相关文书送达相对人时发生法律效力，受领生效是行政行为生效的一般规则。送达包括直接送达、留置送达、邮寄送达、电子送达、公告送达等方式；有的是附条件生效，即行政行为的生效附有时限或一定条件，当时限届满或所附条件成就时生效。

六、行政行为的合法与无效行政行为

（一）行政行为的合法要件

行政行为的合法要件是指行政行为合法成立生效必须具备的基本要素，即行政主体适格，作出行政行为的行政主体有法定权限，行政行为的内容合法、适当，行政行为的作出必须符合法定程序。

（二）无效行政行为

行政行为有实施主体不具有行政主体资格或者没有依据等重大且明显违法情形的，行政行为无效。无效行政行为自始无效，从其作出之时就没有法律效力；当然无效，行政行为本身就没有任何效力，法院确认无效的判决只是对该事实的宣告；绝对无效，无效行政行为不具备任何效力，其意思内容绝对不被法律所承认，行政相对人、第三人完全不受该无效行政行为的约束。

第八章 行政许可法

第一节 行政许可概述

为规范行政许可的设定和实施、加强对经济社会事务的事前监管,全国人大常委会法工委从1996年开始着手制定《行政许可法》的调研和起草工作,历经七年的修改、论证等工作,2003年8月27日第十届全国人民代表大会常务委员会第四次会议审议通过《行政许可法》。

一、行政许可的概念

《行政许可法》第2条规定:"本法所称行政许可,是指行政机关根据公民、法人或者其他组织的申请,经依法审查,准予其从事特定活动的行为。"该定义把行政许可限定为"准予"从事特定活动的行为,是较为狭义的理解,如果从整个行政许可制度的内涵来理解,行政许可不仅应包括准予从事特定活动的行为,还应该包括不予许可、默示许可、变更、延续、撤销等情形,即行政机关决定是否准许相对人获得某种权利或资格的行政行为均是行政许可。

二、行政许可的特征

行政许可具有以下几个方面的特征:

第一,行政许可以一般禁止为前提。一般禁止即不作为义务的设定,是指不经过个别批准、认可或者资质确认,行为人便不能从事某项活动,没有不作为义务的事先规定,行政许可就失去了存在的必要。因为如果没有不作为义务的设定,相对人不需许可即可从事某种行为或活动,而根本无需申请许可。

第二,行政许可是依申请而为的单方行政行为。不同于行政处罚的主动性,许可程序的启动具有被动性,行政机关作出行政许可必须以相对人提出申请为前提。但是在行政许可程序启动后,行政机关必须依职权进行后续审查并独立作出相应决定。

第三,行政许可是外部、要式行政行为。外部行政行为是对外部管理对象作出的行政行为,行政机关对其所属人员或上级行政机关对下级所做的人事、财务、外事等事项的审批,不是行政许可。《行政许可法》第 38 条规定:"申请人的申请符合法定条件、标准的,行政机关应当依法作出准予行政许可的书面决定。行政机关依法作出不予行政许可的书面决定的,应当说明理由,并告知申请人享有依法申请行政复议或者提起行政诉讼的权利。"即行政许可决定必须采取书面形式,对于不予许可的,行政机关还负有说明理由的义务。

第四,行政许可具有主体专属性和授益性。行政许可的实施权专属于特定的行政主体,包括法定具有行政许可权的机关、法律法规授权的具有管理公共事务职能的组织、被委托的行政机关,以及根据《行政许可法》第 25 条所确定的相对集中行政许可权部门。此外,行政行为有授益性和负担性行为之分,行政许可是赋予被许可人一定的权利或某种资格,虽然可能在授予许可的同时附有一定的条件或义务,但总体上是授益性的行政行为。

三、行政许可的功能

行政许可能够预防风险。行政管理过程按照先后次序可分为事前、事中和事后监管,事先和事中监管能够有效的控制风险,提高监管效能。行政许可作为事前监管的重要手段,通过对许可条件的审查和对实施许可的监督,能够从源头上防控潜在的风险。但是,因为风险预防功能的发挥在很大程度上取决于行政机关对风险和预防条件的认知水平,具有较强的主观性和实效性限制,所以行政许可的风险预防功能一般针对容易发生系统性风险的领域或者采取事后监管难以有效应对风险的领域。

行政许可能够提高资源配置效率。在市场经济中,市场在资源配置方面发挥着基础作用,但市场调控有其固有的滞后性、自发性和盲目性等方面的缺陷,容易出现资源配置的严重不公、盲目投资以及市场垄断等市场失灵情况,尤其是在提供公共物品和配置有限资源方面,市场往往难以达到理想的效果,就需要通过行政力量的介入来优化配置,保障有限自然资源和公共服务资源的合理利用。

行政许可能够证明或提供某种信誉或条件。公民、法人或者其他组织为公众提供服务,所从事的职业和工作直接关系公共利益,因而国家要求从事这些职业或行业的公民和组织具备特殊的资格和条件。在这一领域设定许可,主要目的是确立相对人的特定资格或者特定身份,提高从业水平或者某种技能、信誉。这类资格资质与相对人的身份相联系,其授予主要通过考试、考核方式确定。目前公民的职业资格主要有职业资格许可和劳动技能资格许可两类,例如《执业医师法》规定的医师资格考试制度。有关企业和组织的资格、资质,主要有《建筑法》《招标投标法》等法律规定的对相关单位资质或资格的要求。

四、行政许可的分类

在学理上,根据不同的标准,行政许可有不同的分类。

根据许可的内容分为行为许可与资格许可。行为许可是指允许符合条件的申请人从事某种活动的许可，一般不必经过严格的考试，内容通常仅限于某种行为或者活动，例如餐饮服务许可、食品生产许可等。资格许可是指行政主体通过核发文书证明被许可人享有某种资格，可以从事某一职业或活动。资格许可一般都要经过专门的考试考核才能获得，例如医生的执业许可、律师的执业许可。

按照许可的范围分为一般许可与特别许可。一般许可对申请人没有特殊限制或特定要求，只要申请人符合法定条件，就应批准其申请的行政许可，例如驾驶执照。特别许可是指除了要符合法定条件外，对申请人还有特殊的限制。特别许可具有一定的排他性，适用于对有限自然资源的开发利用、有限公共资源的配置，以及直接涉及公共利益的特定行业的市场准入等事项，如烟草专卖许可、无线电频率使用许可等。

根据行政机关是否拥有裁量权分为羁束许可与裁量许可。羁束许可是指对于许可的条件法律已经作出了明确的规定，行政机关原则上不享有裁量权，只要申请人符合条件，就应准予其许可。裁量许可是指法律对于许可的条件未做明确规定，是否授予许可需要行政机关综合权衡各种因素后作出合理的决定，申请人并不当然地具有取得行政许可的权利。

根据许可的享有程度分为排他性许可与非排他性许可。排他性许可即独占许可，是指某一申请人获得许可后，其他任何人不得再申请获得的行政许可，例如专利许可、商标许可。非排他性许可是指凡是符合条件的申请人均可授予的行政许可，没有数量方面的限制，例如驾驶执照。

根据许可的书面形式分为独立的许可与附文件的许可。独立的许可是指单独的许可证或书面文书就能够充分表明许可事项的相关内容，无需附加其他文件加以说明的许可。附文件的许可是指需要附加文件对许可内容加以补充说明的许可，例如专利许可必须附具专利附图、照片或专利说明。

此外，根据性质、功能、适用事项的不同，将行政许可分为普通许可、特许、认可、核准、登记、其他许可六类。在《行政许可法》中虽然没有对许可进行明确的分类，但从《行政许可法》第12条关于可以设定行政许可的事项范围来看，仍然间接采用了对行政许可的上述的六种分类。

第二节　行政许可设定

对于行政许可的设定，有广义和狭义两种理解，狭义的设定仅指行政许可的创设，广义的设定还包含对已有行政许可细化、具体化的规定权。从《行政许可法》的体例上看，行政许可的设定和规定统称为设定，对设定权采用广义的理解。设定是创制性的立法行为，是首次对行政许可作出规定，包括主体、条件、责任等方面的内容规定；规定是裁量性的执行权，受已有法规范的限制，不突破上位法的规定，以细化、执行为目的，是从粗到细的第二次的规定。

一、行政许可的设定原则

(一) 许可法定原则

《行政许可法》第 4 条规定了许可法定原则，要求设定和实施行政许可，应当依照法定的权限、范围、条件和程序。首先是设定权的主体法定，只能由全国人大及其常委会、国务院、有权制定地方性法规的省、市人大及其常委会、有权制定地方政府规章的省级人民政府行使。其次是权限法定，有权主体应当按照法定的权限设定行政许可，《行政许可法》第 14～16 条对各类设定主体的权限进行了规定，分别对法律、行政法规、国务院决定、地方性法规、省级人民政府规章的设定权，以及行政法规、地方性法规和规章的规定权进行了明确规定。需要注意的是，部门规章并无行政许可设定权，"国务院在进行行政审批制度改革中，决定取消国务院部门规章的行政许可设定权，是经过认真研究的，主要的考虑是各部门不宜自我授权，为本部门或本系统设定和扩大权力。取消部门规章的行政许可设定权是在起草行政许可法过程中国务院作出的重大决策。"再次是形式法定，设定行政许可，应当规定行政许可的实施机关、条件、程序和期限。最后是程序法定，《立法法》《行政法规制定程序条例》《规章制定程序条例》对相应立法程序都作了详细规定。《行政许可法》第 19 条规定，相关法律草案拟设定行政许可的，需要采取召开听证会、论证会等形式听取意见，并向制定机关说明有关情况。

(二) "一遵循二有利"原则

《行政许可法》在总则当中规定了行政许可法定原则，公开、公平、公正原则，便民原则，权利救济原则和信赖保护原则等基本原则。为规范行政许可的设定，需要明确设定的标准和基本遵循，《行政许可法》第 11 条规定了设定行政许可的特定原则，"设定行政许可，应当遵循经济和社会发展规律，有利于发挥公民、法人或者其他组织的积极性、主动性，维护公共利益和社会秩序，促进经济、社会和生态环境协调发展。"

《行政许可法》第 12 条在规定可以设定行政许可的事项范围的同时，第 13 条明确了可以不设定行政许可的情形，规定了排除行政许可设定的有限干预原则。对于市场主体能够自主决定的、市场竞争机制能够有效调节的、行业组织或者中介机构能够自律管理的、行政机关采用事后监督等其他行政管理方式能够解决的，就不应设定行政许可。

二、行政许可的设定事项范围

《行政许可法》第 12 条是对可以设定行政许可的事项范围的正面列举。该条把可以设定行政许可的事项与行政许可种类结合起来，把可以设定行政许可的事项按照行政许可的种类进行规定。

1. 普通许可。该条第一项是关于准予从事特定活动的事项，"直接涉及国家安全、公共安全、经济宏观调控、生态环境保护以及直接关系人身健康、生命财产安全等特定活动，需要按照法定条件予以批准的事项"。普通许可是一般禁止的解除，实践当中运用广泛，由行政机关对申请人是否具备解除条件进行确认。由于这类许可事项的条件和标准比较详细、明确，行政机关对此没有自由裁量权，只要相对人符合条件和标准，就应当准许其从事相应活动。普通许可主要适用于直接涉及国家安全、公共安全、经济宏观调控、生态环境保护的活动以及直接关系人身健康、生命财产安全等特定活动。

2. 特殊许可。该条第二项是关于授予某种特定权利或对有限资源进行配置的事项，"有限自然资源开发利用、公共资源配置以及直接关系公共利益的特定行业的市场准入等，需要赋予特定权利的事项"。特殊许可，简称特许，是由行政机关向被许可人授予某种权利，是赋权的许可。在我国的法律框架下，土地、矿藏、水流、渔业、石油、森林等自然资源绝大部分归国家所有，只有通过国家授予特定权利的方式才能达到对上述自然资源开发、利用和保护的目的。特许的功能主要是优化稀缺资源配置、提高服务质量，对申请人的条件要求较高，一般有数量上的限制。为了公平地配置有限资源，根据《行政许可法》第53条的规定，对于特许，除法律、行政法规另有规定外，行政机关应当通过招标、拍卖等公平竞争的方式作出决定。

3. 认可。该条第三项是关于资格资质证明方面的事项，"提供公众服务并且直接关系公共利益的职业、行业，需要确定具备特殊信誉、特殊条件或者特殊技能等资格、资质的事项"。认可是由行政机关对申请人具备特定条件、技能的认定，功能是为申请人提供公信力证明，降低交易成本，提高从业水平。认可主要适用于要求具备特殊信誉、特殊条件或者特殊技能的关系公共利益的行业，没有数量限制，一般要根据考试或考核的结果来决定是否作出认可，行政机关没有直接的自由裁量权，而且由于资格、资质与申请人的身份密切相关，具有本身专属性、通过严格考试认可的资格不能转让和继承。

4. 核准。该条第四项是关于重要的物的审定事项，"直接关系公共安全、人身健康、生命财产安全的重要设备、设施、产品、物品，需要按照技术标准、技术规范，通过检验、检测、检疫等方式进行审定的事项"。核准是由行政机关对某些事项是否达到特定技术标准、经济技术规范的判断、确定，主要适用于直接关系公共安全、人身健康、生命财产安全的重要设备设施的设计、建造、安装和使用，直接关系人身健康、生命财产安全的特定产品、物品的检验、检疫。核准是以对物的审定为依据来确定许可申请是否合格，实质是对物的所有人支配和使用该物的许可。核准的功能是为了防止危险、保障安全，只要市场有需要，就没有数量限制。

5. 登记。该条第五项是关于主体资格方面的事项，"企业或者其他组织的设立等，需要确定主体资格的事项"。登记是由行政机关确立申请人的特定主体资格，主要有企业法人登记和社会组织登记两类，均属于事前登记，申请人通过登记取得行为能力，如果是事后确认性质的登记则不属于许可。登记的功能主要是确立申请人的市场主体资格,稳定经济秩序和规范经营活动,同时起到记载和公示的作用,没有数量限制。

基于立法的周延性,该条第六项作了兜底性质的规定,"法律、行政法规规定可以设定行政许可的其他事项",即只有法律和行政法规可以根据需要,对第12条第一至五项之外的事项设定行政许可。但是,因为最后一项的兜底规定,使行政许可的设定范围处于一种不确定的状态,因此,在运用本项设定行政许可时,应当慎重、从严。

《行政许可法》第13条是对可以不设定行政许可事项的规定,"本法第十二条所列事项,通过下列方式能够予以规范的,可以不设行政许可:(1)公民、法人或者其他组织能够自主决定的;(2)市场竞争机制能够有效调节的;(3)行业组织或者中介机构能够自律管理的;(4)行政机关采用事后监督等其他行政管理方式能够解决的。"这种否定式的排除性规定,为公权力的运行划定了边界,体现出严格控制许可设定权的立法理念,坚持了市场优先、放松管制和减少干预的立法精神。本条强调自治优先、市场竞争优先、自律管理优先和事后管控优先原则,在2004年国务院印发的《全面推进依法行政实施纲要》中被进一步强化,"凡是公民、法人和其他组织能够自主解决的,市场竞争机制能够调节的,行业组织或者中介机构通过自律能够解决的事项,除法律另有规定的外,行政机关不要通过行政管理去解决。"另外,需要注意的是,尽管第13条在立法上采用的是可以不设定的表述,但实际上暗含着最好不要设定之意,从该角度来说,也为衡量许可立法的必要性提供了一个具体的衡量标准。

三、行政许可的设定权限

(一)行政许可的设定权

行政许可的设定权,整体上是以法律、行政法规设定为主,以地方性法规和省级政府规章为辅,其他规章和规范性文件不得设定行政许可。根据《行政许可法》第14条和第15条的规定,行政许可的设定主体和设定权限如下:

1. 全国人大及其常委会制定的法律。全国人民代表大会是国家最高权力机关,全国人大常委会是全国人大的常设机关,两者共同行使国家立法权,制定的法律可以设定所有种类的行政许可。法律法规和规章设定行政许可,一般应在《行政许可法》第12条规定的事项范围内,并受到第13条反面排除规定的限制。

2. 国务院制定的行政法规。国务院是国家最高权力机关的执行机关,是最高行政机关,国务院制定的行政法规的效力仅次于宪法和法律。未制定法律的,行政法规可以设定行政许可。行政法规的设定权除应遵守《行政许可法》的正面列举和反面排除规定外,还要受到《立法法》第11条全国人大及其常委会专属立法权的限制,不得设定只能由法律规定的事项。

3. 国务院的决定。根据《宪法》第89条的规定，国务院针对某个方面的具体事项可以发布决定或命令。国务院发布的具有普遍约束力的决定属于法规性文件，但其内容的重要性、程序的严格性、形式的严肃性、结构的严谨性、条文的规范性、效力的普遍性、稳定性，都不如行政法规，其效力低于行政法规。因此国务院的决定只有在"必要时"才可设定行政许可，并且要求在实施后，除临时性行政许可事项外，应当及时提请全国人大及其常务委员会制定法律，或者自行制定行政法规。

4. 有立法权的地方人大及其常委会制定的地方性法规。地方性法规设定行政许可的前提是尚未制定法律、行政法规，并且地方性法规和省级政府规章不得设定应当由国家统一确定的公民、法人或者其他组织的资格、资质的行政许可；不得设定企业或者其他组织的设立登记及其前置性行政许可。其设定的行政许可，不得限制其他地区的个人或者企业到本地区从事生产经营和提供服务，不得限制其他地区的商品进入本地区市场。

5. 省级人民政府制定的地方政府规章。省、自治区、直辖市和设区的市、自治州的人民政府，国务院各部、委员会、中国人民银行、审计署和具有行政管理职能的直属机构以及法律规定的机构，都具有规章制定权。但《行政许可法》把行政许可的设定权限于省级政府规章，部门规章、设区的市、自治州规章没有行政许可设定权。省级政府规章设定行政许可有较大的限制，只能在尚未制定法律、行政法规、地方性法规的情况下，设定临时性的行政许可，临时性的行政许可实施满一年需要继续实施的，应当提请本级人民代表大会及其常务委员会制定地方性法规。

（二）行政许可的规定权

《行政许可法》第16条规定，行政法规可以在法律设定的行政许可事项范围内，对实施该行政许可作出具体规定。地方性法规可以在法律、行政法规设定的行政许可事项范围内，对实施该行政许可作出具体规定。规章可以在上位法设定的行政许可事项范围内，对实施该行政许可作出具体规定。法规、规章对实施上位法设定的行政许可作出的具体规定，不得增设行政许可；对行政许可条件作出的具体规定，不得增设违反上位法的其他条件。

四、行政许可的设定规则

（一）行政许可的设定内容

《行政许可法》第18条规定："设定行政许可，应当规定行政许可的实施机关、条件、程序、期限"，明确规定了行政许可的设定的具体内容。首先是实施主体必须明确，并且应当在《行政许可法》第22条、第23条、第24条、第25条规定的范围之内，或授权或委托或相对集中行政许可权。其次是实施条件和标准必须明确，尽量减少裁量空间，统一规范尺度，防止许可的随意性。最后是许可的程序和期限必须明确，关于行政许可的程序如申请和受理、审查和决定、一般规定和特别规定，由专门的章节予以规定，这些程序性规定约占《行政许可法》条款总数的一半，说明了许可程序的重要价值。

（二）行政许可设定的立法程序控制机制

《行政许可法》第19条还规定了行政许可的立法程序控制机制。该条规定"起草法律草案、法规草案和省、自治区、直辖市人民政府规章草案，拟设定行政许可的，起草单位应当采取听证会、论证会等形式听取意见，并向制定机关说明设定该行政许可的必要性、对经济和社会可能产生的影响以及听取和采纳意见的情况。"该条明确了听取意见和说明理由制度，这是科学立法、民主立法的重要体现。听取意见的义务主体是负责行政许可立法的起草机关，听取意见的方式主要是听证会和论证会，给予利益相关方充分的意见表达机会。说明理由制度是立法理由说明制度在行政许可设定问题上的具体运用，理由说明是程序理性的重要保障，尽管一个提供了理由的决定未必是正确的，但没有任何理由加以支持的决定更加令人难以接受。说明的内容主要是设定行政许可的必要性和正当性，同时还应就意见听取情况作出说明。

（三）行政许可的立法后评价机制

《行政许可法》首次在立法工作中引入了立法后定期评价机制，第20条规定："行政许可的设定机关应当定期对其设定的行政许可进行评价；对已设定的行政许可，认为通过本法第十三条所列方式能够解决的，应当对设定该行政许可的规定及时予以修改或者废止。行政许可的实施机关可以对已设定的行政许可的实施情况及存在的必要性适时进行评价，并将意见报告该行政许可的设定机关。公民、法人或者其他组织可以向行政许可的设定机关和实施机关就行政许可的设定和实施提出意见和建议。"根据该条规定，评价主体包括设定机关和实施机关的评价，以及社会主体的意见和建议，其中，设定机关因为本身就是立法主体，所以实施立法后评估工作是其法定职责；评价的内容重点包括必要性审查、效益性审查、公平性审查和有效性审查；在评价成果运用方面，主要有修改、废止和停止实施等三种方式。设定机关对已设定的行政许可，认为通过本法第13条所列方式能够解决的，应当对设定该行政许可的规定及时予以修改或者废止。《行政许可法》第21条规定："省、自治区、直辖市人民政府对行政法规设定的有关经济事务的行政许可，根据本行政区域经济和社会发展情况，认为通过本法第13条所列方式能够解决的，报国务院批准后，可以在本行政区域内停止实施该行政许可"，所以在符合条件的情况下，可以按照规定停止行政许可的实施。

第三节 行政许可实施程序

行政实施程序是行政主体实施行政行为的步骤、顺序、方式和时限的总称,具有贯彻依法行政、维持处分正确性、扩大相对人的参与、保障相对人权益、提高行政效率的功能,能够促进行政过程的协调顺畅,提高行政行为的可预期性和可接受性。按照《行政许可法》的体例,行政许可实施程序分为一般程序和特别程序,包含了行政许可的申请、受理、审查、决定、变更、延续等一系列过程。

一、行政许可的申请

行政程序的启动方式包括依职权启动和依申请启动,行政许可是典型的依申请行政行为,行政机关无权主动作出行政许可。申请人应向许可机关提出行政许可申请,可以委托代理人提出,也可以通过信函、电报、电传、传真、电子数据交换和电子邮件等方式提出。提出申请的内容应当意思表述明确、内容真实;有申请期限的还应当在法定期限内提出申请;因为行政许可有相应的条件和标准,所以申请内容还应包括是否符合相应条件和标准的信息。

申请应当诚实信用。权利行使的边界是国家、社会、集体的利益和其他公民合法的自由和权利,权利的行使务必诚信,不得滥用或不当侵犯他人权利。申请人申请行政许可,应当如实向行政机关提交有关材料并反映真实情况,并对其申请材料实质内容的真实性负责。申请人违反诚信义务,隐瞒有关情况或者提供虚假材料的,行政机关应当不予受理或不予许可,并给予警告等行政处罚;申请人以欺骗、贿赂等不正当手段取得行政许可的,应当撤销行政许可,并予以相应行政处罚。

行政机关负有公开、教示、保密等义务。首先是事前公示义务,行政公开原则要求行政许可的事项、依据、条件、数量、程序、期限以及需要提交的全部材料的目录和申请书示范文本等内容应当公示。在公示的场所和公示范围上,国务院办公厅印发的《关于全面推行行政执法公示制度执法全过程记录制度重大执法决定法制审核制度的指导意见》要求"建立统一的执法信息公示平台,及时通过政府网站及政务新媒体、办事大厅公示栏、服务窗口等平台向社会公开行政执法基本信息、结果信息。""根据有关法律法规,结合自身职权职责,编制并公开本机关的服务指南、执法流程图,明确执法事项名称、受理机构、审批机构、受理条件、办理时限等内容。"其次是事中的公示义务,申请人要求行政机关对公示内容予以说明、解释的,应及时进行解释、指导、说明、协助等工作,提供准确、可靠的信息。再次是事后公开,行政许可的实施结果,除涉及国家秘密、商业秘密或者个人隐私外,应当公开。行政机关还负有保密义务,对于在行政许可过程中知悉的商业秘密、未披露信息或者保密商务信息,行政机关及其工作人员不得披露。

二、行政许可的处理

行政机关在收到许可申请后,需要对申请材料进行初步审核,只有符合职权范围、申请材料齐全并符合法定形式的才予以受理,并自受理之日起开始起算作出行政许可决定的期限。行政机关接受申请材料后,应及时分类处理,《行政许可法》第 32 条第 1 款规定了不同的处理方式:

对于依法不需要取得行政许可的,应当即时告知申请人,并说明不受理的理由。申请事项不属于被申请行政机关的职权范围,申请行为无效,行政机关对此无管辖权限,应当即时作出不予受理的决定,并告知申请人向有关行政机关申请。

不符合受理条件的许可申请绝大多数是可以补正的,但也有些是不可补正的,如申请人因为有过犯罪记录而不具有申请资格等,因此,许可申请不符合受理条件并无法补正的,行政主体应当告知申请人不予受理。

若申请材料存在可以当场更正的错误的,为便利群众,应当允许申请人当场更正。若申请材料不齐全或者不符合法定形式的,应当当场或在五日内一次告知申请人需要补正的全部内容,逾期不告知的,自收到申请材料之日起即为受理。申请人无正当理由逾期不予补正的,视为放弃行政许可申请。行政机关不得多次要求申请人补正材料,如果没有一次告知申请人必须补正的全部内容的,就属于违法行政行为,应按照《行政许可法》第 72 条的规定追究责任。

申请事项属于本行政机关职权范围、申请材料齐全、符合法定形式,或者申请人按照被申请行政机关的要求提交全部补正材料的,行政机关就有受理的义务,不得以其他理由加以拒绝。行政机关受理或者不予受理行政许可申请,应当出具加盖本行政机关专用印章和注明日期的书面凭证。

三、行政许可的审查

(一) 审查方式

行政机关受理申请人的行政许可申请之后,即进入审查阶段,对申请材料进行形式审查或实质审查。形式审查即行政机关仅对申请材料的形式要件是否具备进行审查,对申请材料的真实性、合法性不作审查。由于形式审查不对材料的内容进行审查,因此当申请人提交的材料齐全、符合法定形式,行政机关能够当场作出决定的,应当场作出书面的行政许可决定。

实质审查是指行政机关不仅要对申请材料的要件是否具备进行审查,还要对申请材料的实质内容是否符合条件进行审查。对于需要实质审查的,行政机关应当指派两名以上工作人员进行核查,以保证核查的公正性。在实地核查、考核等过程中,应主动出示执法证件。国务院办公厅印发的《关于全面推行行政执法公示制度执法全过程记录制度重大执法决定法制审核制度的指导意见》要求,行政执法人员在进行监督检查、调查取证、采取强制措施和强制执行、送达执法文书等执法活动时,必须主动出示执法证件,向当事人和相关人员表明身份,鼓励采取佩戴执法证件的方式,执法全程公示执法身份。

实质审查有的可以采取书面审查的方式,即通过申请材料了解有关情况,进行审查;有的还需要通过实地核查、考核、检测和鉴定、评审等形式才能确认真实情况。例如《食品安全法》第35条第2款规定,县级以上地方人民政府食品安全监督管理部门应当依照《中华人民共和国行政许可法》的规定,审核申请人提交的本法第33条第1款第1项~第4项规定要求的相关资料,必要时对申请人的生产经营场所进行现场核查;对符合规定条件的,准予许可;对不符合规定条件的,不予许可并书面说明理由。

对行政许可有时还需要进行层级审查。对于一些较为重要的行政许可事项,要先经下级行政机关审查甚至实地核查后报上级机关决定;还有一些许可事项,由于有数量限制,需要较高级别的行政机关综合考虑后决定。《行政许可法》第35条规定,依法应当先经下级行政机关审查后报上级行政机关决定的行政许可,下级行政机关应当在法定期限内将初步审查意见和全部申请材料直接报送上级行政机关。上级行政机关不得要求申请人重复提供申请材料。

对行政许可的审查应当遵守法定程序和正当程序的要求。行政许可当事人普遍享有程序参与权,主要表现为陈述申辩权和听证权。行政机关对行政许可申请进行审查时,发现行政许可事项直接关系他人重大利益的,应当告知该利害关系人。申请人、利害关系人有权进行陈述和申辩,行政机关应当听取申请人、利害关系人的意见。陈述申辩权与听证权虽然都是当事人的程序性权利,但有着显著的不同。一是启动方式不同,《行政许可法》第46条和第47条分别规定了依职权听证和依申请听证两种方式,对于法律、法规、规章规定应当听证的事项,或者行政机关认为需要听证的其他事项,行政机关应当向社会公告并举行听证。但陈述申辩只能是申请人或利害关系人主动进行,行政机关无法主动实施。二是实施时限不同,陈述申辩权一般在告知之后的规定时间内行使,在此期限内提出的陈述申辩,对行政机关具有程序性约束力,行政机关必须履行记录、复核等程序。但是,根据依法行政原则,在行政机关作出行政许可前后,到作出行政许可决定前,申请人或利害关系人原则上都可以进行陈述申辩,一般情况下,若涉及重要的事实、证据或法律适用问题并有确切理由的,行政机关应当听取,确有错误的,应主动纠正。关于听证的申请时限,除依职权进行的听证外,在行政机关告知听证权利后五日内提出听证要求的才举行听证。申请人或利害关系人逾期未提出听证的,视为放弃听证权利。三是程序和适用范围不同,听取陈述申辩的程序比较简便,方式灵活,可以书面,也可以口头提出,是非正式的听证。听证适用于涉及重大利益或重要许可的情形,程序则较为严格、规范,并且一般应当公开举行。四是排他性效力不同,对于陈述申辩,行政机关虽然应当听取,但是陈述申辩的内容不具有排他性效力，一般是作为证据材料或考量因素进行审查，与最终的行政决定并不直接相关。而听证笔录则具有排他性效力，直接决定了行政许可决定的内容，《行政许可法》第48条第2款规定，行政机关应当根据听证笔录，作出行政许可决定。这是我国法律首次正式规定行政案卷排他规则，即行政机关的裁决只能以案卷作为依据，不能在案卷以外，以当事人所未知悉的和未论证的事实为依据。

（二）审查期限

除可以当场作出行政许可决定之外，行政机关应当在法定期限内按照规定程序作出行政许可决定。行政机关应当自受理行政许可申请之日起二十日内作出行政许可决定，经本行政机关负责人批准，可以延长十日，并应当将延长期限的理由告知申请人。法律、法规另有规定的除外。行政许可采取统一办理或者联合办理、集中办理的，办理的时间不得超过四十五日；四十五日内不能办结的，经本级人民政府负责人批准，可以延长十五日，并应当将延长期限的理由告知申请人。

依法应当先经下级行政机关审查后报上级行政机关决定的行政许可，下级行政机关应当自其受理行政许可申请之日起二十日内审查完毕。但是，法律、法规另有规定的，依照其规定。依法需要听证、招标、拍卖、检验、检测、检疫、鉴定和专家评审的，所需时间不计算在审查期限内。行政机关应当将所需时间书面告知申请人。行政机关实施行政许可的期限以工作日计算，不含法定节假日。根据《最高人民法院关于适用〈中华人民共和国行政诉讼法〉的解释》的规定，期间以时、日、月、年计算。期间开始的时和日，不计算在期间内。期间届满的最后一日是节假日的，以节假日后的第一日为期间届满的日期。

四、行政许可的决定

对于没有数量限制的行政许可，只要申请人符合法律规定的有关要件，不存在不予许可的特别理由，行政机关原则上应当予以许可，有人将这一制度称为原则许可制，这对于限制行政机关自由裁量权、保障申请人权利具有重要作用。对于有数量限制的行政许可，依法按申请的顺序、公平竞争等方式作出决定。

（一）行政许可决定的种类

行政许可是要式行政行为，应当作出书面决定，申请人的申请符合法定条件和标准的，应当依法作出准予行政许可的书面决定；或者作出不予行政许可的书面决定，并说明理由，告知申请人享有依法申请行政复议或者提起行政诉讼的权利；或者是作出附加规定的许可决定，主要有附期限的准予许可决定、附条件的准予许可决定、保留废止权的准予许可决定、附负担的准予许可决定和附内容限制的准予许可决定。

（二）行政许可证书

《行政许可法》第 39 条规定，行政机关作出准予行政许可的决定，需要颁发行政许可证件的，应当向申请人颁发加盖本行政机关印章的下列行政许可证件：（1）许可证、执照或者其他许可证书；（2）资格证、资质证或者其他合格证书；（3）行政机关的批准文件或者证明文件；（4）法律、法规规定的其他行政许可证件。行政机关实施检验、检测、检疫的，可以在检验、检测、检疫合格的设备、设施、产品、物品上加贴标签或者加盖检验、检测、检疫印章。行政机关作出准予行政许可的决定，应当自作出决定之日起十日内向申请人颁发、送达行政许可证件，或者加贴标签、加盖检验、检测、检疫印章。

（三）行政机关的义务

一是说明理由的义务。行政机关作出不予行政许可决定的，应当说明理由，包括作出不予行政许可决定的事实依据和法律依据等。二是教示义务，作出不予行政许可决定的，应告知申请人享有依法申请行政复议或者提起行政诉讼的权利，以及相应的期限。《最高人民法院关于适用〈中华人民共和国行政诉讼法〉的解释》第 64 条规定，行政机关作出行政行为时，未告知公民、法人或者其他组织起诉期限的，起诉期限从公民、法人或者其他组织知道或者应当知道起诉期限之日起计算，但从知道或者应当知道行政行为内容之日起最长不得超过一年。三是公开义务，除涉及国家秘密、商业秘密和个人隐私的内容外，行政机关作出的准予行政许可决定，应当予以公开，公众有权查阅。

五、行政实施许可的特殊程序

根据特殊类型行政许可的特点，行政许可法在第四章第六节规定了行政许可实施的特殊程序。行政许可实施程序的一般程序与特别规定是一般与特殊的关系，特殊规定优先适用，特别程序没有规定时适用一般程序规定。

（一）特许程序

自然资源、公共资源具有稀缺性或有限性，直接关系公共利益的特定行业的市场准入涉及公共服务供给，获得这些领域的行政许可会产生巨大的经济价值和影响，因此，《行政许可法》第 53 条规定，行政机关应当通过招标、拍卖等公平竞争的方式作出决定。具体程序应按照《招标投标法》《招标投标法实施条例》《拍卖法》等法律法规的规定执行。公平竞争的方式不限于招标、拍卖，在特定情况下，可以采取专家委员会评审等方式作出决定。行政机关按照招标、拍卖程序确定中标人、买受人后，应当作出准予行政许可的决定，并依法向中标人、买受人颁发行政许可证件。

（二）认可程序

对公民、法人或其他组织特定资格、资质的认可，既是对特定技术、能力等的确认，又是对申请人可以从事某种活动的许可。认可需要有一定的依据或标准，对于公民通常是考试，对于法人或其他组织而言，主要是对专业人员构成、技术条件、经营业绩和管理水平等方面的考核。例如，根据《律师法》的规定，律师执业应当通过法律职业资格考试取得法律职业资格，但"具有高等院校本科以上学历，在法律服务人员紧缺领域从事专业工作满十五年，具有高级职称或者同等专业水平并具有相应的专业法律知识的人员，申请专职律师执业的，经国务院司法行政部门考核合格，准予执业。"公民特定资格的考试依法由行政机关或者行业组织实施。行政机关或者行业组织应当事先公布资格考试的报名条件、报考办法、考试科目以及考试大纲。

（三）核准程序

核准需要利用专门人员的专业技术知识，对相关物的状态进行审定，以此作为行政许可的依据。根据《行政许可法》第28条的规定，对直接关系公共安全、人身健康、生命财产安全的设备、设施、产品、物品的检验、检测、检疫，除法律、行政法规规定由行政机关实施的外，应当逐步由符合法定条件的专业技术组织实施。检验、检测、检疫、鉴定所需时间不计算在行政许可审查期限内。为保证核准效率，行政机关应在核准申请受理之日起5日内进行。不需要对检验、检测、检疫结果作进一步技术分析即可认定是否符合技术标准、技术规范的，行政机关应当当场作出行政许可决定。因为需要审定的物的种类多、数量大，行政机关可以在被审定合格的对象上加贴标签或者加盖印章，不必提供行政许可证件。

（四）登记程序

相比其他类型的行政许可，登记的管理色彩较弱，对社会的影响相对也较小，因此，对登记程序的规定较松。登记以形式审查为主，以当场登记为原则，只要申请人的申请材料齐全、符合法定形式，行政机关应当当场予以登记。例外情况下，需要对申请材料进行实质审查的，行政机关应当指派两名以上工作人员进行核查。申请人应诚实守信，不得提供虚假材料。

第四节　行政许可法律责任

为确保行政许可的设定和实施，不仅要对被许可人从事许可事项的活动进行监督检查，而且要对行政机关自身设定和实施行政许可的活动进行监督检查。为解决行政许可实践中行政机关重许可轻监管、重权力轻责任，从而导致各种责任事故频发的许可失灵、失效问题,《行政许可法》在保证行政机关享有必要权力的同时,重点强化了行政机关实施行政许可中的责任。

一、行政许可相对人的法律责任

从申请行政许可、审查决定到获得行政许可,以及在从事许可事项的过程中,行政相对人都应遵守法律规定,合法行使权利,否则就应承担相应法律责任。

1. 不实申报的责任。行政许可是依申请的行政行为,申请人提交的材料是行政机关作出行政决定的基础,申请人应当诚实守信,如实提交有关材料和反映真实情况,对申请材料实质内容的真实性负责。《行政许可法》第78条规定,行政许可申请人隐瞒有关情况或者提供虚假材料申请行政许可的,行政机关不予受理或者不予行政许可,并给予警告;行政许可申请属于直接关系公共安全、人身健康、生命财产安全事项的,申请人在一年内不得再次申请该行政许可。申请人虽然提供了虚假材料或隐瞒有关情况,但并未因此获得许可,所以相对于以欺骗、贿赂等不正当手段取得行政许可的情况,责任较轻,申请人只承担行政处罚责任。关于在一定期限内限制申请行政许可的性质,《行政处罚法(修订草案)》第9条把不得申请行政许可明确为行政处罚种类,但最终删去了该种类。不过,新修订的《行政处罚法》规定了行政处罚的定义,明确行政处罚的本质特征为"减损权益或者增加义务",并且把行政处罚的种类按申诫罚、财产罚、资格罚、行为罚、人身罚五种类型进行列举,为判断不利处分是否为行政处罚提供了实质标准。结合行政处罚的定义与种类,"在一年内不得再次申请该行政许可"属于对申请人资格的剥夺,属于资格罚,是行政许可法规定的其他行政处罚。

2. 违法取得行政许可的责任。《行政许可法》第79条规定,被许可人以欺骗、贿赂等不正当手段取得行政许可的,行政机关应当依法给予行政处罚;取得的行政许可属于直接关系公共安全、人身健康、生命财产安全事项的,申请人在三年内不得再次申请该行政许可;构成犯罪的,依法追究刑事责任。相对于第78条的规定,被许可人以欺骗、贿赂等不正当手段取得行政许可的,属于"既遂"的情况,造成的危害后果更大,承担的责任也更重。第一,根据《行政许可法》第69条第2款的规定,被许可人以欺骗、贿赂等不正当手段取得行政许可的,应当予以撤销。第二,行政机关应当依法给予行政处罚,新修订的《行政处罚法》第28条第2款要求,当事人有违法所得,除依法应当退赔的外,应当予以没收。若直接关系公共安全、人身健康、生命财产安全事项的,被许可人在三年内不得再次申请行政许可,剥夺其申请资格。第三,构成犯罪的,依法追究刑事责任,主要涉及行贿罪、单位行贿罪等罪行。

3. 违法从事被许可活动的责任。被许可人应合法、正当的从事被许可活动,配合行政机关开展监督检查,不得侵犯其他社会主体的合法权益和公共利益。《行政许可法》第80条规定了被许可人违法从事被许可活动的情形:一是涂改、倒卖、出租、出借行政许可证件，或者以其他形式非法转让行政许可，被许可人从中牟利，扰乱管理秩序；二是超越行政许可范围进行活动；三是逃避监管，向负责监督检查的行政机关隐瞒有关情况、提供虚假材料或者拒绝提供反映其活动情况的真实材料；四是法律、法规、规章规定的其他违法行为。有以上违法的，行政机关应当依法给予行政处罚；构成犯罪的，依法追究刑事责任。

二、其他社会主体的法律责任

设定行政许可的目的就是为了规范从事特定活动的社会主体，只有获取许可才能依法从事相应的许可活动，其他社会主体未经行政许可，擅自从事依法应当取得行政许可的活动的，行政机关应当依法采取措施予以制止，并依法给予行政处罚；构成犯罪的，依法追究刑事责任。例如，《刑法》第336条第1款规定，未取得医生执业资格的人非法行医，情节严重的，处三年以下有期徒刑、拘役或者管制，并处或者单处罚金；严重损害就诊人身体健康的，处三年以上十年以下有期徒刑，并处罚金；造成就诊人死亡的，处十年以上有期徒刑，并处罚金。

三、行政机关及其工作人员的法律责任

法定职权必须为，法无授权不可为，行政机关及其工作人员应当依法规范行使行政权力，不得违法设定和实施行政许可，否则不但行政机关应承担相应法律责任，直接负责的主管人员和其他直接责任人员也应承担相应法律责任。

1. 违法设定行政许可的责任。违法设定行政许可包括无权设定行政许可的机关设定行政许可，超越法定权限、超越事项范围、违反法定程序设定行政许可，设定的行政许可形式违法等情形。根据《行政许可法》第71条的规定，违法设定的行政许可，由有关机关进行处理，有关机关主要包括两类，一是违法设定行政许可的行政机关的上级行政机关，二是对违法设定行政许可的机关行使监督权的权力机关。处理方式是责令设定该行政许可的机关改正，或者依法予以撤销。

2. 违反行政许可实施程序的责任。根据《行政许可法》第72条的规定，行政机关在实施行政许可过程中，有违反法定程序情形的，应当承担法律责任：（1）违反《行政许可法》第32条第1款第5项的规定，对符合法定受理条件的行政许可申请不予受理的；（2）违反《行政许可法》第30条第1款的规定，不在办公场所公示依法应当公示的材料的；（3）在受理、审查、决定行政许可过程中，未向申请人、利害关系人履行法定告知义务的；（4）违反《行政许可法》第32条第1款第4项的规定，申请人提交的申请材料不齐全、不符合法定形式，不一次告知申请人必须补正的全部内容的；（5）违反《行政许可法》第5条第2款的规定，违法披露申请人提交的商业秘密、未披露信息或者保密商务信

息的；(6) 违反《行政许可法》第 31 条的规定，以转让技术作为取得行政许可的条件，或者在实施行政许可的过程中直接或者间接地要求转让技术的；(7) 违反《行政许可法》第 38 条的规定，未依法说明不予行政许可的理由的；(8) 违反《行政许可法》第 46 条、第 47 条的规定，依法应当举行听证而不听证的。行政机关及其工作人员有以上情形的，由其上级行政机关或者监察机关责令改正；情节严重的，对直接负责的主管人员和其他直接责任人员依法给予行政处分。需要注意的是，根据《政务处分法》的规定，对于违法的公职人员实行双轨惩戒机制，监察机关对违法的公职人员给予政务处分，公职人员任免机关、单位可以适用《政务处分法》对违法的公职人员给予处分。

3. 实施行政许可的实体违法责任。程序性的违法行政行为，由于主观恶意和违法行为带来的实际后果都相对较轻，因此，对这些违法行为给予的处分基本限于行政处分的范围，违法的行政机关及其工作人员的所承担的是行政法律责任。而对于实体性违法行为，性质较为严重，责任追究还可能包括刑事责任。《行政许可法》第 74 条规定，行政机关实施行政许可，有下列情形之一的，由其上级行政机关或者监察机关责令改正，对直接负责的主管人员和其他直接责任人员依法给予行政处分；构成犯罪的，依法追究刑事责任：(1) 对不符合法定条件的申请人准予行政许可或者超越法定职权作出准予行政许可决定的；(2) 对符合法定条件的申请人不予行政许可或者不在法定期限内作出准予行政许可决定的；(3) 依法应当根据招标、拍卖结果或者考试成绩择优作出准予行政许可决定，未经招标、拍卖或者考试，或者不根据招标、拍卖结果或者考试成绩择优作出准予行政许可决定的。

4. 工作人员谋取不正当利益的责任。《行政许可法》第五章对行政许可的收费制度作了明确规定，确立了不收费的原则。法律、行政法规规定收费的，应当按照公布的法定项目和标准收费；所收取的费用必须全部上缴国库，任何机关或者个人不得以任何形式截留、挪用、私分或者变相私分。违反收费的相关要求，擅自收费或者不按照法定项目和标准收费的，由其上级行政机关或者监察机关责令退还非法收取的费用；对直接负责的主管人员和其他直接责任人员依法给予行政处分。截留、挪用、私分或者变相私分实施行政许可依法收取的费用的，予以追缴；对直接负责的主管人员和其他直接责任人员依法给予行政处分；构成犯罪的，依法追究刑事责任。在办理行政许可、实施监督检查过程中，行政机关工作人员索取或者收受他人财物或者谋取其他利益，构成犯罪的，依法追究刑事责任；尚不构成犯罪的，依法给予行政处分。

5. 怠于履行监管职责的责任。实施监督检查是行政机关的法定职责，行政机关应当建立健全监督制度，检查、监督被许可人从事行政许可事项的活动，依法查处未取得许可的社会主体擅自从事许可事项活动的违法行为，积极有效的履行监管责任。《行政许可法》第 77 条规定，行政机关不依法履行监督职责或者监督不力，造成严重后果的，由其上级行政机关或者监察机关责令改正，对直接负责的主管人员和其他直接责任人员依法给予行政处分；构成犯罪的，依法追究刑事责任。

6. 特定法律事件的补偿责任。法律事件是产生、变更、消灭法律关系的合理原因之一，本不应导致责任后果的产生。但在公法领域，受诚信政府与信赖保护原则的约束，由客观因素主导的法律事件亦会导致行政补偿责任的产生。《行政许可法》第 8 条规定："行政许可所依据的法律、法规、规章修改或者废止，或者准予行政许可所依据的客观情况发生重大变化的，为了公共利益的需要，行政机关可以依法变更或者撤回已经生效的行政许可。由此给公民、法人或者其他组织造成财产损失的，行政机关应当依法给予补偿。"该条与第 69 条共同确立了信赖保护原则。适用信赖保护原则需要满足存在信赖保护的基础、具有信赖表现、信赖利益值得保护三个条件。

7. 违法行政的赔偿责任。请求赔偿权是当事人的法定权利，对于违法行政行为，除了要依法纠正之外，还需要对当事人受损的合法权益予以赔偿。《行政许可法》第 76 条规定，行政机关违法实施行政许可，给当事人的合法权益造成损害的，应当依照国家赔偿法的规定给予赔偿。《行政许可法》第 69 条第 4 款规定，依照本条第 1 款的规定撤销行政许可，被许可人的合法权益受到损害的，行政机关应当依法给予赔偿。

第九章 行政处罚法

第一节 行政处罚概述

一、行政处罚的概念

行政处罚是指行政机关依法对违反行政管理秩序的公民、法人或者其他组织，以减损权益或者增加义务的方式予以惩戒的行为。行政处罚具有以下特点：

1. 实施行政处罚的主体是具有法定职权的行政主体。需要注意的是，实施行政处罚的主体并非所有的行政主体，而必须是具有法定处罚权的行政主体，因为有些行政主体虽能进行一定的行政管理活动，却不具有行政处罚权。

2. 行政处罚的对象是违反行政管理秩序的公民、法人或其他组织。这一特点明确了行政处罚对象的范围，即公民、法人或其他组织，以及他们成为行政处罚对象的原因，即有违反行政管理秩序的行为。同时，这种违法行为所违反的是行政法律规范，而不是刑事或民事法律规范，这使它有别于刑事或民事制裁。

3. 行政处罚在惩罚性质上属于行政制裁，这使它有不同于其他法律制裁的程度和方式。从程度上讲，它针对的往往是轻于犯罪的一般违法行为，因此它的惩罚性是轻于刑事处罚的，如限制人身自由的最高期限是 15 日，但《治安管理处罚法》第 16 条规定"行政拘留处罚合并执行的，最长不超过二十日"。最轻的处罚仅为警告、通报批评；在方式上，它有许多与行政管理活动有关联的方式，如吊销许可证和执照、降低等级资质、责令停产停业等，这些都是不同于刑事和民事制裁的方式。

二、行政处罚的基本原则

行政处罚的基本原则，是指对行政处罚的设定和实施具有普遍指导意义的准则。一般来说，行政处罚主要有以下基本原则：

（一）处罚法定原则

《行政处罚法》第 4 条规定："公民、法人或者其他组织违反行政管理秩序的行为，应当给予行政处罚的，依照本法由法律、法规、规章规定，并由行政机关依照本法规定的程序实施。"处罚法定原则是行政合法性原则在行政处罚行为中的集中体现。处罚法定原则主要包括处罚的主体、职权、依据、程序法定四个方面。处罚主体法定是指行政处罚由有权设定行政处罚的国家机关在职权范围内设定，无权设定的不得设定，也不得越权设定。行政处罚由有行政处罚权的行政机关在法定职权范围内实施，其他机关和组织非经授权或者委托都无权实施；处罚职权法定是指行政主体作出行政处罚的职权是由法律、法规和规章授予的，即使是拥有行政职权的部门未经法律、法规或规章授予行政处罚权也不能进行行政处罚；处罚依据法定就是行政主体对行政管理相对人实施的行政处罚必须有法定的依据，没有法定的依据，不得实施行政处罚；行政处罚程序法定是指行政机关实施行政处罚，要严格依法进行，违反法定程序构成重大且明显违法的行政处罚无效。实施行政处罚必须遵守法律规定的程序，既包括行政处罚法规定的程序，也包括其他行政法律关于程序的规定。

（二）处罚公正、公开原则

《行政处罚法》第 5 条第 1 款规定："行政处罚遵循公正、公开的原则。"行政处罚的设定与实施要公平正直，没有偏私。处罚公正原则包括实体公正与程序公正两个方面。所谓实体公正，就是要求行政处罚无论是设定还是实施都要过罚相当。所谓程序公正，则要求在实施处罚的过程中，行政主体要给予被处罚人公正的待遇，充分尊重当事人程序上所拥有的独立人格与尊严。

处罚公开原则也包括三个方面：（1）事前公开，执法主体、执法权限、处罚依据、裁量基准等事项应事前公开。（2）事中公开，行政机关在作出行政处罚决定之前，应当告知当事人作出行政处罚决定的事实、理由、依据，以及当事人依法享有的权利。执法人员在调查或者进行检查时，应当主动向当事人或者有关人员出示执法证件。（3）事后公开，处罚的结果应当向当事人送达，具有一定社会影响的行政处罚决定应当依法公开。

（三）一事不再罚原则

一事不再罚原则是指对同一违法行为不得给予两次以上罚款的处罚，以维护法律秩序的安定性，保护当事人的合法权益。同一个违法行为违反多个法律规范应当给予罚款处罚的，按照罚款数额高的规定处罚。一般认为，对同一违法行为不能给予两次以上同种类的行政处罚，但可以依法给予两种以上不同种类的行政处罚，如罚款的同时没收违法所得。

（四）处罚与教育相结合原则

《行政处罚法》第 6 条规定："实施行政处罚，纠正违法行为，应当坚持处罚与教育相结合，教育公民、法人或者其他组织自觉守法。"处罚与教育相结合原则是指行政主体在实施行政处罚时，要注意说服教育，纠正违法行为，实现制裁与教育双重功能。处罚的根本目的是教育当事人深刻认识其违反行政管理秩序的行为的违法性和社会危害性，避免今后再作出类似的违法行为，否则，搞"不教而诛"就会适得其反。同时行政处罚还应该注重对社会其他成员发挥潜移默化的教育作用，通过行政处罚在社会上普及合法行为规范，树立正确的行为导向，预防各种潜在行政违法行为的发生。

（五）保障相对人权利原则

保障相对人权利原则是指在行政处罚中要充分保障行政相对人的合法权益，不应让无辜的行政相对人遭受处罚，必须让违法的人得到公正的处罚。无救济则无处罚，在给予行政处罚时，应当向当事人提供程序参与机会以保障其合法权益，根据《行政处罚法》的规定，当事人在处罚过程中享有陈述权、申辩权、听证权、申请行政复议、提起行政诉讼权以及申请赔偿的权利。这些权利是法定的权利，行政主体不能随意剥夺或加以限制。

三、行政处罚权的设定

行政处罚的设定，是指有关国家机关在法律规范中规定行政处罚权的活动，其实质就是处罚设定的权限划分。

（一）法律的设定权

全国人大及其常委会制定的法律可以创设各种行政处罚，并对限制人身自由的行政处罚的创设拥有专属权。人身自由权是公民的一项最基本的权利，限制人身自由是最严厉的处罚，只能由法律进行创设，其他任何形式的规范性文件都不得加以设定。

（二）行政法规的设定权

由国务院制定的行政法规在设定行政处罚上包括三个方面：（1）可以创设除限制人身自由以外的各种行政处罚；（2）法律对违法行为已经作出行政处罚规定，行政法规需要作出具体规定的，必须在法律规定的给予行政处罚的行为、种类和幅度的范围内规定；（3）法律未对违法行为作出处罚规定的，行政法规为实施法律可以补充设定行政处罚，但必须经过听证会、论证会等形式广泛听取意见，并且要向行政法规制定机关作出书面说明补充设定行政处罚的具体情况。

（三）地方性法规的设定权

地方性法规的设定权也包括三个方面：（1）可以创设除限制人身自由、吊销营业执照以外的行政处罚；（2）在法律、行政法规对违法行为已作出行政处罚规定的情况下，地方性法规必须在法律、行政法规规定的行为、种类和幅度的范围内规定；（3）法律、行政法规对违法行为未作出处罚规定的，地方性法规为实施法律、行政法规也可以补充设定行政处罚，同样也必须经过听证会、论证会等形式广泛听取意见，并且要向制定机关说明补充设定行政处罚的具体情况。

（四）规章的设定权

规章属于效力等级较低的法律规范，其创设权有限，只能创设一定数额的罚款、警告或通报批评的行政处罚。部门规章可以在法律、行政法规规定的给予行政处罚的行为、种类和幅度的范围内作出具体规定。国务院《关于进一步贯彻实施〈中华人民共和国行政处罚法〉的通知》（国发〔2021〕26号）要求，尚未制定法律、行政法规，因行政管理迫切需要依法先以部门规章设定罚款的，设定的罚款数额最高不得超过10万元，且不得超过法律、行政法规对相似违法行为的罚款数额，涉及公民生命健康安全、金融安全且有危害后果的，设定的罚款数额最高不得超过20万元；超过上述限额的，要报国务院批准。地方政府规章设定罚款的限额，依法由省、自治区、直辖市人大常委会规定。部门规章可以在法律、行政法规规定的给予行政处罚的行为、种类和幅度的范围内作出具体规定。

第二节 行政处罚的种类

《行政处罚法》对行政处罚的种类作了明确的分类，而且还对每一类处罚都做了严格、明确的限定。2021年修订后，增补了不少处罚形式，如通报批评、降低资质等级、限制经营、限制从业、责令关闭等。此外，理论上把行政处罚分为人身罚、财产罚、行为罚、资格罚、申诫罚（声誉罚）五类，新《行政处罚法》第9条所列处罚手段正好和种类相对应，其中人身罚是最严厉的处罚，申诫罚是相对较轻的处罚。根据《行政处罚法》第9条的规定，明确了以下五类13种行政处罚。

一、申诫罚：警告、通报批评

警告、通报批评是指对违法者予以告诫和谴责，申明其行为已经构成违法，要求其以后不再重犯。警告作为一种正式的处罚形式，必须是要式行为，要由具有行政处罚权的机关作出书面处罚决定并送达当事人。口头警告不是行政处罚，只是批评教育的方法。

通报批评是新增的行政处罚种类。通报批评虽然和警告一样，都是对违法者通过书面形式予以谴责和告诫，指明其行为的违法性及危害，避免再犯错误。但是警告和通报批评的主要区别是后者的告知范围较为广泛，不限于告知行为人自己，还包括告知与行为人有关的公民、法人和其他组织，即通报批评的侵益性更强。

二、财产罚：罚款、没收违法所得、没收非法财物

这是行政机关对违反行政法律规范或不履行法定义务的个人、组织所做的一种经济上

的惩戒。罚款是要式行为，处罚机关必须作出正式书面决定，依法明确罚款的数额和缴纳的期限，并按规定告知被罚款人有行政救济的权利。相对于其他行政处罚种类，罚款适用的频次较高、范围较广。

没收是指行政机关将违法人的非法所得、违禁物品或违法行为工具等予以没收的处罚种类，包括没收违法所得和没收非法财物。《行政处罚法》明确了认定违法所得的标准，一般标准是指实施违法行为所取得的款项，特别标准是法律、行政法规、部门规章对违法所得的计算另有的规定。所谓非法财物，即违法者违法占有的工具、物品及违禁品，如非法捕捞的渔具、赌博用的赌具。这些物品本身没有合法、非法之分，只是因为行为人的违法行为而使这些物品转化为了非法财产。

三、资格罚：暂扣或者吊销许可证、降低资质等级

资格罚是行政机关依法限制或者剥夺违法者原有的特许权利或者资格的处罚。暂扣与吊销也有区别：暂扣是指中止违法的持证者从事某种活动的权利或资格，待其改正违法行为或经过一段期限后，再发还许可证或者执照，恢复其某种权利或者资格的处罚；吊销则是禁止违法者继续从事某种活动，剥夺其某种权利或者撤销对其某种资格的确认的处罚。

降低资质等级属于新增的行政处罚种类，从国家现行法律看，该处罚种类主要适用于违法行为人具备从事生产经营或者执业活动的资质、并且资质存在不同等级的情形，多见于工程建设领域，在《建筑法》《城乡规划法》《建设工程质量管理条例》等法律、法规中有相关规定。对当事人实施"降低资质等级"，必须要有明确的法律、法规依据，并依照行政处罚的程序进行。

四、能力罚：限制开展生产经营活动、责令停产停业、责令关闭、限制从业

限制开展生产经营活动是《行政处罚法》修订后新增的行政处罚种类。从国家现行法律看，"限制开展生产经营活动"主要适用于违法主体是单位的情形，限制其生产某类产品、经营某项业务、开展某类活动等，惩戒程度比"责令停产停业"较轻。《大气污染防治法》《食品安全法》等法律中进行了相关规定。

责令停产停业，是指行政机关强制要求违法者停止生产或者经营的处罚。它是对行为能力的限制，虽然责令违法者停产停业会间接地影响其经济利益，但主要特征是限制违法者从事生产、经营的能力，从而区别于财产罚。责令停产停业的处罚只是限制违法者从事生产经营的行为，并未剥夺其生产经营的权利和资格，这就与吊销许可证不同。

责令关闭，该处罚种类主要适用于行政管理对象未经许可擅自从事依法应当经过许可才能从事的活动，或者行政管理对象从事活动不符合法定条件等情形，实践中应当注意与"吊销许可证照"区分。另外，按照《民法典》规定，法人被责令关闭将导致"法人解

散"。

限制从业主要适用于特定行业的从业人员,禁止其在一定期限内从事某个行业或者某类生产经营活动。

五、人身罚:行政拘留

行政拘留,是指公安机关及法律规定的其他机关对违反治安管理等法律法规的自然人在短期内限制其人身自由的处罚。由于拘留是限制人身自由的严厉处罚,因此必须由法律明确规定,并由法定的特定机关执行。拘留处罚属于人身罚,合并执行的,处罚期限最长不超过20天。行政拘留是行政处罚中最严厉的处罚方式,主要是对违反治安管理秩序的行为人适用,并且只适用于自然人而不能适用于法人或其他组织。

第三节 行政处罚的实施

一、行政处罚的实施主体及执法资格

(一)行政处罚的实施机关

根据《行政处罚法》的规定,行政处罚的主体是具有行政处罚权的行政机关、法律法规授权的具有管理公共事务职能的组织。接受行政机关委托的组织在其权限内以委托的行政机关名义实施行政处罚,而且不得再委托其他任何组织或者个人实施行政处罚,并且委托进行行政处罚还必须形成书面委托书,委托书应当载明委托的具体事项、权限、期限等内容。委托行政机关和受委托组织应当将委托书向社会公布。

(二)相对集中行政处罚权

相对集中行政处罚权是指,依法将两个或两个以上行政机关的行政处罚权集中由一个行政机关行使,原行政机关不得再行使已集中的行政处罚权的一种行政执法制度。《行政处罚法》第18条规定:"行政国家在城市管理、市场监管、生态环境、文化市场、交通运输、应急管理、农业等领域推行建立综合行政执法制度,相对集中行政处罚权。国务院或者省、自治区、直辖市人民政府可以决定一个行政机关行使有关行政机关的行政处罚权。"

(三)行政处罚的执法资格

新修订的《行政处罚法》明确规定了实施行政处罚人员的资格要求,即必须具有行政执法资格,并且在执法时不得少于2人,法律另有规定的除外。

二、行政处罚的管辖

行政处罚的管辖指处罚实施主体之间的权限分工。根据行政机关的设置和职能，行政处罚的管辖规则如下：

1. 地域管辖。是以违法行为发生地的行政机关管辖为一般原则，即违法行为发生在何处，就由当地有行政处罚权的行政机关管辖。

2. 级别管辖。行政处罚由县以上地方人民政府具有行政处罚权的行政机关管辖，但是《行政处罚法》还规定，省、自治区、直辖市可以根据当地实际情况，可以决定将基层管理迫切需要的县级人民政府部门的行政处罚权交由能够有效承接的乡镇人民政府、街道办事处行使，并定期组织评估。

3. 指定管辖。是由两个以上行政机关对同一违法行为均享有行政处罚权时，为共同管辖，而共同管辖的处理规则一般是由最先立案的行政机关管辖。如对管辖权有争议，行政机关应当相互协商。但当异议无法消除，行政机关就管辖权发生争议时，可以报请它们共同的上一级行政机关来确定由谁管辖；也可在产生争议时直接由上级行政机关指定管辖。

三、行政处罚的适用

行政处罚的适用是行政处罚实施主体具体运用行政处罚法规范实施处罚的活动。

（一）给予处罚

行政处罚的适用首先是违法行为人的行为符合行政处罚的构成要件，它是该行为受到行政处罚必须具备的条件。其构成要件是：

1. 必须已经实施了违法行为，违法事实已经客观存在。
2. 违法行为属于违反行政法规范的性质，行政处罚只能针对违反行政法规范的行为，行政违法行为是违反义务性、禁止性行政法律规范的行为。
3. 实施违法行为的人是具有责任能力的行政相对人。
4. 依法应当受到处罚。只有法律明确规定应受到处罚的违法行为，才能适用行政处罚。

（二）不予处罚

不予处罚指行为人虽然实施了违法行为，但由于具有特定的情形而不给予处罚：

1. 不满14周岁的人有违法行为的。
2. 精神病人、智力残疾人在不能辨认或者不能控制自己行为时有违法行为的。

3. 违法行为轻微并得到及时纠正,没有造成危害后果的。
4. 初次违法且后果轻微并及时改正的。
5. 当事人有证据足以证明没有主观过错的。

(三) 从轻或减轻处罚

从轻处罚是指在行政处罚的法定种类和幅度内,适用较轻的种类或者在处罚的下限附近较低幅度内给予处罚,但不能低于法定处罚幅度的最低限度。减轻处罚是指在法定处罚幅度的最低限以下给予处罚。《行政处罚法》规定,违法行为人只要具有以下五种情形之一的,应当依法从轻或减轻处罚:

1. 已满十四周岁不满十八周岁的人有违法行为的。
2. 主动消除或者减轻违法行为危害后果的。
3. 受他人胁迫或诱骗实施违法行为的。
4. 主动供述行政机关尚未掌握的违法行为的。
5. 配合行政机关查处违法行为有立功表现的。

四、行政处罚的时效

在法律上,时效是指一定的事实状态在经过一定的时间之后,便会依法发生一定法律效果的制度。不同的部门法由于其法律特点的不同,具有不同的时效,如民法上有取得时效和消灭时效的规定,刑法上追诉时效和行刑时效的规定。而行政法对行政处罚这一行政行为的时间效力的规定则分为追究时效和执行时效。

(一) 追究时效

行政处罚的追究时效,是指具有行政处罚权的行政主体对违反行政法的相对人依法追究法律责任的有效期限。如果超出这一期限,则不能再行追究。而所谓行政处罚的执行时效,是指行政处罚作出后,如经过一定期间仍未执行,则可免予执行。

《行政处罚法》针对我国行政处罚实践中的主要问题,只对追究时效作出了相对统一的规定。

1. 《行政处罚法》规定了一般情况下行政违法的追究时效为2年,即违反行政法的行为在2年内未被发现的,不再给予行政处罚。根据这一规定,行政处罚主体对超出2年才发现的违法行为,除法律另有规定外,原则上不再进行追究。法律之所以规定最长时效为2年,是因为2年内完成调查取证是可行的,便于行政处罚主体及时查明案情,防止因事过境迁而增加案件调查取证的难度,减少行政处罚发生失误的可能性。这样有利于督促行政处罚主体集中精力查处案件,有效提高行政管理的效能。

2. 《行政处罚法》第36条规定,违法行为在二年内未被发现的,不再给予行政处罚;

涉及公民生命健康安全、金融安全且有危害后果的，上述期限延长至五年。法律另有规定的除外。前款规定的期限，从违法行为发生之日起计算；违法行为有连续或者继续状态的，从行为终了之日起计算。其中，第36条还规定"法律另有规定的除外"是指有些法律对行政处罚时效问题作出的特别规定，主要是因为行政违法行为的种类不同、方式不同、对社会危害程度的不同以及调查取证难易不同，例如，某些违法行为较轻微，但根据法律规定又不能完全免除行政处罚，而时间长了调查取证不易，所以，在确定追究时效方面在有关单行法律中作例外规定，采用较短的追究时效。法律另有规定的时效也包括较长时效的规定，如《税收征管法》第86条的五年。

（二）执行时效

1. 在一般情况下，从违法行为发生之日起计算。所谓违法行为发生之日，即行政相对人的违法行为成立之日。由于违法行为的方式不同，因而确定违法行为成立的标准也不同。行为人只要做出了某种行为即构成违法，那么，就从做出这种行为之日计算，如，《中华人民共和国治安管理处罚法》第34条规定的"盗窃、损坏、擅自移动使用中的航空设施，或者强行进入航空器驾驶舱"的行为，应当从行为实施之日起计算。对需要有某种危害后果发生才构成违法的行为，如《森林法》第44条规定的"违反本法规定，进行开垦、采石、采砂、采土、采种、采脂和其他活动，致使森林、林木受到毁坏的"行为，则应当从该危害后果发生之日起计算。

2. 违法行为有连续或者继续状态的，从行为终了之日起计算。所谓违法行为的连续状态，是指行为人出于同一违法目的，连续多次反复实施性质相同的违法行为，而触犯同一个法条的情况。如在相隔不太长的时间里多次贩卖车票情况，虽然可以按每次反复贩卖的次数，分解为若干个违法行为，但由于它们在性质上完全相同，所以在处理中并不对各次贩卖车票行为分别适用行政处罚，而是视作为一个行为依法从重论处。而所谓违法行为有继续状态，是指行政相对人的违法行为及其所造成的违法状态处于不间断的、持续的状态。如商家违反规定使用过量的音响器材播放广告，影响四周居民的生活的行为，在停止播放之前，一直保持着持续状态。这种行为虽然持续的时间比较长，但实质上只是一个行为，因此只能适用一次行政处罚。虽然有连续状态违法行为和有继续状态的违法行为都存在一定的延续时间，但是在执法实践中被视为一次违法行为。所以，《行政处罚法》规定，其追究时效均应当从违法行为终了之日起计算。

第四节 行政处罚的程序

行政处罚程序是指处罚主体在实施处罚过程中所要遵循的步骤、方式、时限和顺序。行政处罚程序有简易程序、普通程序和听证程序，但听证是普通程序中的特殊程序，不是独立程序。

一、简易程序

简易程序即当场处罚程序，主要适用于事实清楚、情节简单、后果轻微的违法行为。我国《行政处罚法》第51条规定："违法事实确凿并有法定证据，对公民处以二百元以下罚款，对法人或者其他组织处以三千元以下罚款警告的行政处罚，可以当场作出行政处罚决定。"这是简易程序的原则性规定。据此规定，适用简易程序必须符合以下3个条件：

(一) 违法事实确凿

即当场能够有充分的证据确认违法事实，无须进一步调查取证。

(二) 有法定依据

对于该违法行为，法律、法规或者规章明确规定了有关处罚的内容，如果没有确凿的，也不能当场处罚。

(三) 符合行政处罚法所规定的处罚种类和幅度

也就是对个人处以二百元以下、对法人或者其他组织处三千元以下罚款或警告的行政处罚可以当场进行，其他处罚不能适用简易程序。

简易程序的实施步骤主要包括：

1. 表明身份。实施处罚的人员应当向当事人出示执法证件，以证明自己具有执法资格。
2. 说明理由和告知权利。实施处罚的人员要当场指出违法行为的违法事实，说明要给予行政处罚的事实、理由及有关依据，并告知当事人有陈述和申辩等权利，同时还要听取当事人的陈述与申辩。
3. 制作处罚决定书以及备案。处罚决定书应由有权机关统一制作预定格式，并编有号码，由当场作出处罚的人员进行填写。执法人员当场出具的行政处罚决定书，除应当载明当事人的违法行为、处罚依据、罚款数额和作出处罚决定的时间、地点以及行政机关名称外，还应当载明处罚种类以及当事人申请行政复议、提起行政诉讼的途径和期限。当事人拒绝签收行政处罚决定书的，执法人员应当在行政处罚决定书上注明有关情况。执法人员当场作出的行政处罚决定，应当报所属行政机关备案。

二、普通程序

普通程序是除简易程序以外做出处罚所适用的程序。普通程序包括以下具体步骤：

1. 立案。主要是实施处罚主体通过各种渠道所知悉的相对人的违法行为，首先予以立案,作为查处违法行为的基础工作。符合立案标准的,行政机关应当及时立案。

2. 调查取证。调查取证的目的在于查明案件的真实情况,实际上是一个取得违法事实证据的过程。处罚实施主体必须客观公正地调查收集有关证据,才能准确地认定违法事实。行政机关工作人员在进行调查时,应当主动向当事人或相关人员出示执法证件,当事人有权要求执法人员出示执法证件,如执法人员不能提供证件的,当事人有权拒绝调查。在作出行政处罚决定的程序中,证据的采集十分重要。为进一步规范行政机关证据的取得,《行政处罚法》规定了八个证据种类,并强调了证据的"真实性""合法性"(非法证据排除)原则,此与《行政诉讼法》的要求是一致的。作出行政处罚可依据的证据主要有:(1)书证;(2)物证;(3)视听资料;(4)电子数据;(5)证人证言;(6)当事人的陈述;(7)鉴定意见;(8)勘验笔录、现场笔录。

3. 法制审核(非必需)。行政处罚涉及重大公共利益,直接关系当事人或者第三人重大权益并且经过听证程序,案件情况疑难复杂、涉及多个法律关系,或者存在法律、法规规定应当进行法制审核的其他情形的,应当在行政机关负责人作出行政处罚决定之前,由从事行政处罚决定法制审核的人员进行法制审核。未经法制审核或者审核未通过的,不得作出行政处罚决定。行政机关中初次从事行政处罚决定法制审核的人员,应当通过国家统一法律职业资格考试取得法律职业资格。行政机关中没有取得上述资格的人员的,应当安排曾经从事行政处罚决定法制审核的人员负责行政处罚决定的法制审核工作,防止因重大行政处罚决定法制审核制度落实不到位导致程序违法。

4. 处罚告知。调查结束后,实施处罚机关拟决定对当事人进行行政处罚时,要向被处罚人履行告知程序,告知当事人拟作出的行政处罚内容及事实、理由、依据,并告知当事人依法享有的陈述、申辩、要求听证等权利。

5. 作出处罚决定。处罚决定应采用书面方式,处罚决定书应当载明的事项包括:被处罚人的姓名或名称、地址;被处罚人的违法事实及有关证据;作出处罚的法定依据;给予处罚的种类和具体处罚的内容;当事人履行处罚所设定的义务的方式、期限;当事人不服处罚的救济途径;作出处罚决定的日期、处罚主体的名称以及印章,依照法定的程序与方式,将处罚决定书交付当事人。对情节复杂或者重大违法行为给予行政处罚,应当经行政机关负责人集体讨论决定。

三、听证程序

听证程序,指行政机关在作出处罚决定之前,公开举行由利害关系人参加的听证会,对特定事项进行质证、辩驳的程序。它是普通程序中的特殊程序,只适用于需要听证的案件。听证程序适用的条件为:一是符合法定处罚案件的种类,按《行政处罚法》的规定,行政机关拟作出较大数额的罚款、没收较大数额违法所得、没收较大价值非法财物、降低资质等级、吊销许可证件、责令停产停业、责令关闭、限制从业及其他较重的行政处罚,或者存在法律、法规、规章规定的其他情形的，应当告知当事人有要求听证的权利；二是必须有当事人听证的申请。听证是相对人的权利，只有相对人要求听证的，行政机关才能进行听证。

当事人在行政机关告知后五日内提出听证要求的，行政机关应当组织听证，并在举行听证的七日前通知当事人及有关人员举行听证的时间、地点。当事人及其代理人无正当理由拒不出席听证，或者未经许可中途退出听证的，视为放弃听证权利，行政机关可以终止听证。听证笔录应当交当事人或者其代理人核对无误后签字或者盖章，当事人或者其代理人拒绝签字或者盖章的，由听证主持人在笔录中注明。

需要说明的是，听证笔录的作用在新修订的《行政处罚法》中明显增强，要求在听证结束后，行政机关应当根据听证笔录、依照《行政处罚法》第 57 条的规定作出决定。

四、执行程序

行政处罚执行程序，是指确保行政处罚决定所确定的内容得以实现的程序。行政处罚决定一旦作出，就具有法律效力，处罚决定中所确定的义务必须得到履行。处罚执行程序有三项重要内容：

1. 处罚机关与收缴罚款机构相分离的原则。在行政处罚决定做出后，做出罚款决定的行政机关及其工作人员不能自行收缴罚款，由当事人 15 日内到指定的银行或者电子支付系统缴纳罚款。但在以下情况下，可以当场收缴罚款：（1）依法给予 100 元以下罚款的；（2）不当场收缴事后难以执行的；（3）在边远、水上、交通不便地区，当事人到指定的银行或通过电子支付系统缴纳罚款确有困难，经当事人提出，行政机关及其执法人员可当场收缴罚款。

2. 严格实行收支两条线。罚款必须全部上交财政。执法人员当场收缴的罚款应当按规定的期限上缴所在地行政机关，行政机关则应按规定的期限缴付给指定银行。行政机关实施罚款、没收非法所得等处罚所收缴的款项，必须全部上交国库，财政部门不得以任何形式向作出行政处罚的机关返还这些款项的全部或部分。

3. 行政处罚的强制执行。行政处罚决定作出之后，当事人应当在法定期限内自觉履行义务。到期不缴纳罚款的，行政机关可以自处罚决定书载明的缴纳罚款期限结束之日起，每日按罚款数额的百分之三加处罚款，但加处罚款的数额不得超出罚款的数额。行政机关可以将查封、扣押的财物依法拍卖、处理，或者将冻结的存款、汇款依法划拨，抵缴当事人逾期不缴纳的罚款。当事人逾期不履行处罚决定的，行政机关还可以根据法律规定采取其他行政强制执行方式，或者依照《中华人民共和国行政强制法》的规定申请人民法院强制执行。

第十章　行政强制法

第一节　行政强制概述

一、行政强制的概念和特征

行政强制是指具有法定职权的行政主体为了严格依法履行自身职责，维护公共利益和社会秩序，保护公民、法人和其他组织的合法权益，对行政管理相对人的人身或财产实施的具有强制性的具体行政行为，包括行政强制措施和行政强制执行。

行政强制具有以下特征：

1. 行政性。行政强制行为是在行政管理过程中，为了保障行政管理目的的实现，由行政机关实行的一种行政行为。行政强制具备行政行为的一切特征，主体是行政主体、对象是行政相对人、实施的基础是行政权力。

2. 强制性。强制性是行政强制最本质的特征之一。虽然许多行政行为都具有强制性，如行政命令、行政征收、行政征用、行政处罚等，但行政强制的强制性不同于其他行政行为。它表现为直接作用于相对人的人身、财产和行为的具有物理形态的强制性动作，具有直接限制或改变人身、财产和行为的效果。

3. 手段性。行政强制行为是保障行政权有效行使，保障行政管理目的顺利实现的辅助手段。强制本身并不是目的，而是手段。行政强制应从属或服务于实现特定行政管理目的，具有预防性或保障性的特点。作为手段行为，行政强制的实施应以目的实现为限，遵循比例原则。

二、《行政强制法》的性质地位与立法目的

（一）《行政强制法》的性质与地位

1. 《行政强制法》同时具有实体法和程序法的性质

《行政强制法》和《行政处罚法》《行政许可法》等行政法部门的单行法一样，同时具有实体法和程序法的双重性质。

《行政强制法》系统规定了行政强制措施和行政强制执行等不同种类的行政强制的实施程序。同时《行政强制法》也规定了行政强制的基本原则、种类和设定、法律责任等重要的实体法内容，是系统全面地规定行政强制的综合性单行法。

2. 《行政强制法》是行政强制的一般法

《行政强制法》是对行政强制行为的一般性规定，总括性地规定了行政强制的种类、原则、设定、实施程序和救济等基本问题。其他单行法律、法规对特定领域具体行政强制行为的特别规定在《行政强制法》出台后继续有效，这些法律法规没有明确规定的问题应当适用《行政强制法》的一般规定。其他法律对行政强制的规定与《行政强制法》不一致的，应当根据特别法优于一般法和新法优于旧法的原则确定应优先适用的法律。

（二）《行政强制法》的立法目的

《行政强制法》第1条规定："为了规范行政强制的设定和实施，保障和监督行政机关依法履行职责，维护公共利益和社会秩序，保护公民、法人和其他组织的合法权益，根据宪法，制定本法。"该条规定了行政强制的立法目的。

1. 规范行政强制的设定和实施

法无授权不可为，法有授权必须为。职权法定是依法行政原则的基本要求。行政机关的职权及其行使必须以法律为根本依据。《行政强制法》的制定首先就是要解决行政强制权设定和实施的法律依据，使得行政强制权的设定和行政强制行为的实施有法可依。《行政强制法》对行政强制的设定和实施进行规范，不仅是对行政强制权力任意行使和滥用的限制，也是对行政主体的明确赋权，为行政强制权的设定和实施提供了法律依据。规范本身同时体现了赋权和限权的要求，体现了赋权与规范的平衡。

2. 保障和监督行政机关依法履行职责

行政强制能够保障行政权有效行使，保障行政管理目的顺利实现。制定《行政强制法》，赋予行政机关强制权，就是要解决行政决定无法落实和执行难的问题。针对一些行政机关在行政管理中缺乏强制手段，管理执法软而无力的问题，《行政强制法》明确了行政机关可以根据其承担的行政管理职能，依法享有履行职责、实现职能所必须的行政强制权，从而实现职权和职责的统一。同时专章规定了申请人民法院强制执行的程序。

在现代行政法理论中，对行政权进行监督是行政法的重要任务。监督行政机关依法履行职责也是《行政强制法》的重要立法目的。但不能将监督简单理解为对行政强制权滥用的乱作为的约束和限制，监督也包含对行政机关消极执法，不依法及时采取行政强制的不作为行为的纠正和督促。

《行政强制法》的实施应当兼顾对行政强制权运行的保障和监督。监督缺位，固然容易导致行政机关及其工作人员滥用职权，但如果保障不到位，行政机关缺乏强制手段，不能依法履行职责，行政管理的目的同样会落空。

3. 平衡保护公共利益和个人合法权益

《行政强制法》的制定归根结底是为了实现行政执法活动的根本目的,即维护公共利益和社会秩序,保护公民、法人和其他组织的合法权益。进一步细分,"维护公共利益和社会秩序"以及"保护公民、法人和其他组织的合法权益"是两个不同的立法目的。

首先,维护公共利益和社会秩序是包括行政强制权在内的所有行政权设定和实施的正当性来源。行政强制作为一种典型的具有限权性和侵益性的行政行为,相对人必须服从或容忍强制对自身权利和自由的限制,其理由就在于行政强制的功能是为了保证体现公共利益的行政决定得到切实的履行,从而将法律法规规定的法律秩序落实到社会生活中,实现社会公共利益。可以说,实现公共利益和维护社会秩序的需要为行政强制的设定和实施提供了合法性和正当性基础。另一方面,公共利益和社会秩序也为行政强制的设定划定了内在的界限,它要求行政机关在行使行政强制权时只能基于维护公共利益和社会秩序的需要并在其限度内实施。行政机关及其工作人员在设定或实施行政强制时始终应从公共利益出发,不应有自身利益。

行政强制是具有限权性和侵益性的行政行为,其实施会限制甚至是剥夺公民、法人和其他组织的人身和财产权益。因此,《行政强制法》在维护公共利益和社会秩序的同时,也需要保护公民、法人和其他组织的合法权益。

实践中,需要避免两种错误的倾向。一是认为只要公民、法人和其他组织的行为构成违法,涉及违法的利益不是合法权益,就不受法律保护。法律保护的个人合法权益,既包括实体法上的合法权益,也包括正当程序的利益。公民、法人和其他组织的行为构成违法,但其仍然享有程序法上的合法利益,其人身与财产权益非经正当程序不受限制或剥夺。二是片面强调公民、法人和其他组织的个人利益,甚至将个人利益置于公共利益和社会秩序之上。公共利益和个人利益本质上是统一的。行政强制的设定和实施保障了行政权的行使,维护了公共利益和社会秩序,也从根本上保护了广大人民群众的合法利益。正确理解《行政强制法》的立法目的,不能将个人利益和公共利益对立起来,执其一端,而是要持中守正,实现维护公共利益和社会秩序与保护个人合法权益的平衡和统一。

三、行政强制的基本原则

行政强制的基本原则,也有学者称为行政强制法的基本原则,是指贯穿于行政强制的法律制度和法治运行之中,体现行政法治的内在精神和理念,相关主体在行政强制的设定和实施以及司法活动中必须坚持和遵循的基本要求和行为准则。

(一)行政强制法定原则

《行政强制法》第 4 条规定:"行政强制的设定和实施,应当依照法定的权限、范围、条件和程序。"该条规定了行政强制法定原则,也有学者称为行政强制合法原则。合法性原则是行政法的首要原则，是指行政权必须依法行使，行政职权必须有法律依据，行政行为必须受到法律约束。行政强制法定原则是行政合法原则在行政强制领域的具体体现，旨在强调行政强制权的设定和实施都应当依法进行，不得违反法定的权限、范围、条件和程序。可以进一步分为行政强制的依法设定原则和行政强制的依法实施原则。

1. 行政强制的依法设定原则

行政强制权来源于法律的设定，无法律授权则无强制。行政强制法定原则首先要求新政强制的设定要依据法定的权限、范围、条件和程序。

（1）行政强制的设定必须依据法定的权限。根据《行政强制法》的规定，有权设定行政强制的只有法律、行政法规和地方性法规，规章和其他规范性文件都没有设定行政强制的权限。因此，只有全国人大及其常委会、国务院和有地方性法规立法权的地方人大及其常委会具有设定行政强制的法定权限。

（2）行政强制的设定必须依据法定的范围。全国人大及其常委会在适当性原则的限制下通过制定法律可以设定各类行政强制措施。根据《行政强制法》第10条的规定，限制公民人身自由、冻结存款、汇款和其他应当由法律规定的行政强制措施只能由法律设定，属于全国人大及其常委会的专属立法权。行政法规和地方性法规可以设定的行政强制的范围受到相应的限制。行政法规只可以设定除限制人身自由、冻结存款、汇款和其他应当由法律规定的行政强制措施以外的强制措施；地方性法规只可以设定查封场所、设施或者财物和扣押财物的行政强制措施。行政强制执行只能由法律设定，行政法规和地方性法规均不得设定行政强制执行。

（3）行政强制的设定必须依据法定的条件。国务院、地方立法机关通过行政法规、地方性法规设定行政强制还需要符合法律规定的前提条件。

（4）行政强制的设定必须依据法定的程序。《行政强制法》第14条规定了行政强制设定前的听取意见和立法说明程序。起草法律草案、法规草案，拟设定行政强制的，起草单位应当采取听证会、论证会等形式听取意见，并向制定机关说明设定该行政强制的必要性、可能产生的影响以及听取和采纳意见的情况。《行政强制法》第15条规定了行政强制设定后的评价程序。行政强制的设定机关应当定期对其设定的行政强制进行评价，并对不适当的行政强制及时予以修改或者废止。

2. 行政强制的依法实施原则

行政强制权的实施同样应当以法律为依据。这是依法行政原则的体现。行政强制权应当由享有法定权限的主体在法定范围内，依据法定条件和程序实施。

首先，行政强制的实施必须依据法定的权限。（1）一般原则。行政强制原则上应当由行政机关根据法定权限实施，并且并非所有的行政机关都具有实施行政强制的权限。行政强制措施权必须由具有法定职权的行政机关自己实施，不得委托其他主体实施。不仅如此，《行政强制法》还规定，行政强制措施应当由行政机关具备资格的行政执法人员实施，其他人员不得实施。（2）特别规定。《行政强制法》第70条规定："法律、行政法规授权的具有管理公共事务职能的组织在法定授权范围内,以自己的名义实施行政强制,适用本法有关行政机关的规定。"根据该条规定,具有管理公共事务职能的组织在一定条件下也可以实施行政强制,但必须有法律、行政法规的授权,并在授权范围内以自己的名义实施。而法律和行政法规的授权也必须符合行政强制的依法设定原则。此外,依据《中华人民共和国行政处罚法》的规定行使相对集中行政处罚权的行政机关,可以实施法律、法规规定的与行政处罚权有关的行政强制措施。

其次,行政强制的实施必须依据法定的范围。依法具有行政强制权的行政机关也必须在法定职权范围内实施行政强制,不得越权,除非法律另有明文规定或授权,不得实施其他行政机关职权范围内的行政强制。

再次,行政强制的实施必须依据法定的条件。实施行政强制必须具备一定的事实依据和法律依据,这也是实施行政强制的必要条件。依法享有行政强制权的行政机关也不得在法律规定的实施行政强制的事实依据或法律依据欠缺的情况下随意实施行政强制。

最后,行政强制的实施必须依据法定的程序。行政机关实施行政强制不仅要依据实体规范,也必须符合法定程序。《行政强制法》第三章、第四章和第五章分别规定了行政强制措施实施程序、行政机关强制执行程序和申请人民法院强制执行的程序,为行政机关和授权组织实施行政强制的相关程序作出了明确和具体的规定。

(二) 行政强制适当原则

《行政强制法》第 5 条规定:"行政强制的设定和实施,应当适当。采用非强制手段可以达到行政管理目的的,不得设定和实施行政强制。"本条是行政合理原则在行政强制领域的具体化。合理原则是依法行政的基本原则,要求行政行为不仅要合法,同时也要合理、适当。行政强制的设定和实施也要遵循行政合理原则。行政强制作为行政管理的一种手段,应当必要、适当,符合行政管理的目的。

(三) 教育与强制相结合原则

《行政强制法》第 6 条规定:"实施行政强制,应当坚持教育与强制相结合。"该条是关于教育与惩处相结合原则的规定,要求行政主体在实施行政强制的过程中,应当贯彻并发挥教育功能,尽可能促使相对人主动地履行行政法上的义务。如果说强制体现的是行政执法的力度,那么教育则体现了行政执法的温度。

行政管理追求的理想状态是相对人的自觉守法和主动履行法定的义务。完全依靠强制当事人履行法定义务要付出较高的行政成本,无法真正实现行政管理的目的。因此,行政机关在实施行政强制时,应当将教育作为实现行政管理目的的必要手段,不能片面强调强制,而是应当两者并重,将教育和强制相结合的要求贯彻于行政强制过程的始终。《行政强制法》第 6 条的表述将教育置于强制之前,这表明了虽然两者应当并重,但教育的地位优先于强制。教育优先既是教育和强制相结合原则的要求,也是行政强制适当原则中的必要性原则的体现。如果通过说服教育的手段可以达到行政管理目的，就没有必要实施行政强制。

（四）不得谋取私利原则

行政强制不得谋取私利原则是行政强制适当原则中的正当性原则的具体体现。不得谋取私利是指行政强制权的设定和实施应当以实现行政管理目的，维护公共利益和社会秩序为其根本宗旨，不得利用行政强制权为单位或个人谋取集团或个人的私利。在我国行政执法的实践中存在着行政机关或个人将执法作为创收或谋取其他不正当利益的手段的现象，引起社会公众的广泛质疑。一旦行政强制等执法行为背离行政管理的目的，就会丧失其合法性和正当性的基础。因此《行政强制法》在总则部分特别规定了不得谋取私利原则。

不得谋取私利原则在我国行政强制的具体制度设计中多有体现。例如《行政强制法》第 26 条第 1 款规定，对查封、扣押的场所、设施或者财物，行政机关应当妥善保管，不得使用；第 49 条和第 60 条第 4 款规定，行政机关强制执行或申请人民法院强制执行，划拨的存款、汇款以及拍卖和依法处理所得的款项应当上缴国库或者划入财政专户，任何行政机关或者个人不得以任何形式截留、私分或者变相私分；第 51 条第 2 款规定，代履行的费用由当事人承担，但应当按照成本合理确定。

（五）权利救济原则

《行政强制法》第 8 条规定："公民、法人或者其他组织对行政机关实施行政强制，享有陈述权、申辩权；有权依法申请行政复议或者提起行政诉讼；因行政机关违法实施行政强制受到损害的，有权依法要求赔偿。公民、法人或者其他组织因人民法院在强制执行中有违法行为或者扩大强制执行范围受到损害的，有权依法要求赔偿。"

"无救济则无权利"。权利一旦受到损害应当获得有效的救济，这是权利保障的必要条件。《行政强制法》规定了陈述申辩权、复议诉讼权和赔偿请求权等三项重要的救济权利。

1. 陈述申辩权

陈述权是指行政强制的相对人针对实施行政强制的行政机关的事实认定和法律适用，陈述事实和自己意见的权利。申辩权是指行政强制的相对人针对实施行政强制的行政机关拟作出的强制决定或实施的强制行为，提出不同意见的权利。保障当事人陈述权和申辩权，是程序公正的要求，也是行政机关合法、适当地实施行政强制的必要条件。

2. 复议诉讼权

行政强制是可复议可诉讼的具体行政行为。相对人对行政机关实施行政强制不服的，有权申请行政复议或者提起行政诉讼。根据《行政复议法》第 6 条规定，公民、法人或者其他组织对行政机关作出的限制人身自由或者查封、扣押、冻结财产等行政强制措施决定不服的，或者认为行政机关实施行政强制措施或进行强制执行侵犯其合法权益的，可以依法申请行政复议。根据《行政诉讼法》第 12 条的规定，公民、法人或者其他组织对限制人身自由或者对财产的查封、扣押、冻结等行政强制措施不服，或者认为行政机关的行政强制侵犯其人身权、财产权的，可以依法提起行政诉讼。

3. 赔偿请求权

行政机关或者人民法院违法实施行政强制损害公民、法人或者其他组织的合法权益的，遭受损害的相对人有权依法要求赔偿。行政强制行为属于国家行为，因此《行政强制法》第8条规定的赔偿在性质上属于国家赔偿。根据《国家赔偿法》第3条和第4条的规定，行政机关及其工作人员违法采取限制公民人身自由的行政强制措施，违法对财产采取查封、扣押、冻结等行政强制措施的，或者因其他违法的行政强制行为造成公民身体伤害或者死亡或造成财产损害的，受害人有取得赔偿的权利。

四、行政强制的主要种类

我国《行政强制法》将行政强制分为行政强制措施和行政强制执行。行政机关在行政管理过程中，为制止违法行为、防止证据损毁、避免危害发生、控制危险扩大等情形，依法对公民的人身自由实施暂时性限制，或者对公民、法人或者其他组织的财物实施暂时性控制的行为属于行政强制措施。行政机关或者行政机关申请人民法院，对不履行行政决定的公民、法人或者其他组织，依法强制履行义务的行为属于行政强制执行。

（一）行政强制措施的主要种类

根据《行政强制法》第9条规定，行政强制措施的种类包括限制公民人身自由；查封场所、设施或者财物；扣押财物；冻结存款、汇款以及其他行政强制措施。

1. 限制公民人身自由

人身自由是宪法规定的重要的公民基本权利。限制公民人身自由是行政机关为了实现行政管理目的，依据法律对公民的人身自由在一定期限内进行限制的行政强制措施。根据《立法法》第11条规定的法律保留原则，限制公民人身自由的强制措施只能由法律设定。《行政强制法》第10条确认了限制人身自由措施的法律保留原则。目前我国规定限制人身自由的行政强制措施的法律主要有《人民警察法》《治安管理处罚法》《集会游行示威法》《戒严法》《禁毒法》《传染病防治法》等，"规定限制人身自由的方式有盘问、传唤、强制传唤、留置、约束、扣留、拘留、强制带离现场、强行驱散、禁闭、人身检查、强制检测、强制治疗等。"

2. 查封场所、设备或者财物

查封是行政强制机关限制相对人对其财产使用和处分的强制措施。主要是对不动产或者其他不便扣押的财物，由行政强制机关加贴封条，限制相对人对财产的使用和处分。

3. 扣押财物

扣押是行政强制机关暂时剥夺相对人对其财物的占有，并限制其处分的强制措施。和查封相比，扣押的财物要转由行政强制机关占有并保管。因此，扣押不适用于场所、不可移动的设备等不可移动或移动将严重贬损其价值的财物，主要针对动产。

4. 冻结存款、汇款

冻结是行政强制机关基于法律特别授权限制相对人的金融资产的流动的强制措施，包括冻结银行存款、汇款、邮政汇款、股票等有价证券。同限制公民人身自由措施一样，冻结措施的设定也适用法律保留原则，非法律不得设立，非依法律授权不得实施。相对于查封、扣押等强制措施，冻结需要金融机构或邮政企业的配合和协助才能完成。根据《商业银行法》规定，除非法律另有规定，商业银行有权拒绝任何单位或者个人冻结、扣划个人或单位的存款。《邮政法》也规定，除非法律另有规定，任何组织或者个人不得检查、扣留邮件、汇款。《行政强制法》第10条明确规定冻结措施和限制公民人身自由的措施一样，必须由法律设定。

5. 其他行政强制措施

除了《行政强制法》第9条明确列举的上述四种行政强制措施，还有许多未列举的行政强制措施。在行政管理执法过程中，行政强制主体依据法律法规的授权，为实现制止违法行为、防止证据损毁、避免危害发生、控制危险扩大等目的，依法对相对人人身或财产权利实施暂时性限制的措施都属于行政强制措施。

(二) 行政强制执行的主要种类

根据《行政强制法》第12条规定，行政强制执行的方式包括加处罚款或者滞纳金；划拨存款、汇款；拍卖或者依法处理查封、扣押的场所、设施或者财物；排除妨碍、恢复原状；代履行以及其他强制执行方式。

1. 加处罚款或者滞纳金

加处罚款或者滞纳金属于间接强制中的执行罚，是指行政机关在相对人逾期不履行行政主体依法作出的金钱给付义务的行政决定的情况下，为了促使相对人主动履行行政决定，依法每日按法律规定的标准加处罚款或加收滞纳金的行政强制行为。不同于行政处罚中的罚款，作为行政强制执行方式的罚款或滞纳金的性质并非行政处罚，而是行政强制，其目的是促使被处罚人积极主动履行行政决定。

2. 划拨存款、汇款

划拨存款、汇款属于直接强制执行的方式，是指行政机关在相对人逾期不履行行政主体依法作出的金钱给付义务的行政决定，且采取其他非强制或间接强制的措施无效的情况下，通过有关金融机构、邮政机构直接划拨其存款或汇款的行政强制行为。

3. 拍卖或者依法处理查封、扣押的场所、设施或者财物

拍卖或者依法处理查封、扣押的场所、设施或者财物也属于直接强制执行的方式，是指行政机关在相对人逾期不履行行政主体依法作出的金钱给付义务的行政决定，且采取其他非强制或间接强制的措施无效的情况下，依法以拍卖或法律规定的其他方式出售查封、扣押的相对人的财产，以所得价款清偿其金钱给付义务。

4. 排除妨碍、恢复原状

行政强制法上的排除妨碍、恢复原状是指当行政法所保护的公共利益或社会秩序的圆满状态受到行政相对人的违法行为妨害或状态发生改变时，违法行为人经行政机关责令仍拒绝停止或纠正妨害行为或积极作为恢复原有状态时，行政强制执行机关采取的强制排除妨碍或恢复原状的强制执行方式。排除妨碍、恢复原状属于直接强制执行的方式。实践中，排除妨碍、恢复原状有多种手段和方法，如强制拆除、强制清理、强制销毁等。需要指出的是，在行政机关直接强制排除妨碍、恢复原状前，应当首先责令相对人停止违法行为、排除妨碍或恢复原状。责令停止违法行为、排除妨碍或恢复原状的行为在性质上并不属于强制行为。

5. 代履行

代履行属于间接强制执行方式，是指相对人逾期不履行行政决定中可由他人代为履行的义务时，由行政机关或者行政机关委托的第三人代替相对人履行相关义务的强制执行制度。除非法律另有规定，代履行的费用按照成本合理确定，由当事人承担。

6. 其他强制执行方式

除了上述明确列举的强制执行方式，实践中还有其他强制执行方式，如强制拆除、强制停产、强制消除安全隐患等。根据行政强制的法律保留原则，行政强制执行必须由法律设定，除法律外，行政法规、地方性法规、部委规章、政府规章和其他规范性法律文件均不得设定行政强制执行。因此，只有法律规定的强制执行方式才属于《行政强制法》第12条规定的"其他强制执行方式"。

第二节　行政强制措施实施程序

行政强制措施的实施程序是指行政机关实施行政强制措施应当遵守的步骤、方式和时序和期限等要素构成的行政程序。为了防止行政强制措施被滥用，行政机关实施行政强制措施必须遵循法定程序。《行政强制法》第三章分三节明确了对行政强制措施实施的程序要求。

一、行政强制措施实施程序的一般规定

所谓行政强制措施实施的前置性条件是指行政机关启动或触发行政强制措施应当具备的前提和必要条件。《行政强制法》第16条规定："行政机关履行行政管理职责，依照法律、法规的规定，实施行政强制措施。违法行为情节显著轻微或者没有明显社会危害的，可以不采取行政强制措施。"根据该条规定，行政强制措施的实施应当具备以下三个前置性条件。

1. 履行行政管理职责

"履行行政管理职责"既是实施行政强制措施的正当目的，也是实施行政强制措施的

一个前置条件。行政机关只有在其履行法定的行政管理职责的过程中，为了实现行政管理的目的，才能行使行政强制权，实施行政强制措施。行政机关在从事非行政管理活动时，如以民事主体身份从事民事活动时，无权实施行政强制措施。《行政强制法》第 2 条将行政强制措施实施的目的归纳为制止违法行为、防止证据损毁、避免危害发生和控制危险扩大等四种情形。

2. 依照法律、法规的规定

"依照法律、法规的规定"既是实施行政强制措施的过程性要求，也是实施行政强制措施的前置条件之一。这是行政强制法定原则的要求，如果没有法律、法规的明确规定，行政强制措施实施程序的触发条件就不具备，行政机关就无权启动行政强制程序。

3. 没有或可以不采取行政强制措施的情形

行政强制措施的实施一般是针对相对人的违法行为。但并不是对所有违法行为都有必要启动行政强制措施。根据行政强制适当性原则的要求，是否采取强制措施应当考量违法行为的情节和社会危害性。根据《行政强制法》第 16 条第 2 款规定，违法行为情节显著轻微或者没有明显社会危害的，可以不采取行政强制措施。虽然该款中用了"可以"的表述，但根据行政强制适当性原则中的必要性要求以及教育与强制相结合原则中的教育优先的要求，这里的"可以"应当解释为"除非必要"，即对于违法行为情节显著轻微或者没有明显社会危害的违法行为，除非不采取行政强制措施就不能实现行政管理的目的，一般不应采取行政强制措施。换言之，在一般情况下，违法行为情节并非显著轻微且具有明显社会危害，是行政机关启动行政强制措施实施程序的又一前置条件。

二、行政强制措施实施的主体

《行政强制法》第 17 条规定："行政强制措施由法律、法规规定的行政机关在法定职权范围内实施。行政强制措施权不得委托。依据《中华人民共和国行政处罚法》的规定行使相对集中行政处罚权的行政机关，可以实施法律、法规规定的与行政处罚权有关的行政强制措施。行政强制措施应当由行政机关具备资格的行政执法人员实施，其他人员不得实施。"该条对行政强制措施实施主体作了严格规定。

1. 行政强制措施由行政机关实施，不得委托

行政强制措施属于行政执法行为。行政强制措施应由行政机关实施，不得委托其他主体实施。与行政处罚、行政许可等其他行政行为可以委托符合条件的其他行政机关或社会组织实施不同，行政强制措施应由行政机关实施，不得委托其他主体实施。对于一些专业技术性较强的领域，确实需要具有管理公共事务职能的组织实施行政强制措施的，必须要有法律、行政法规授权，并在法定授权范围内实施。这是由行政强制措施的特殊性质决定的。行政强制措施具有强制性和即时性，对于相对人的合法权益可能产生重大的不利影响，因此法律对行政机关的实施主体进行了严格限制。

2. 行政强制措施必须由法律、法规明确授权的行政机关实施

行政强制措施应由行政机关实施，但并不是所有的行政机关都享有实施所有行政强制措施的权力。《行政强制法》第 17 条并没有作出概括授权，而是规定行政强制措施由法律、法规规定的行政机关在法定职权范围内实施。为了配合和推进综合行政执法体制改革，《行政强制法》第 17 条第 2 款还特别授权依据行政处罚法的规定行使相对集中行政处罚权的行政机关，可以实施法律、法规规定的与行政处罚权有关的行政强制措施。

3. 行政强制措施应当由行政机关具备资格的行政执法人员实施

行政执法人员是代表法律、法规授权的行政机关及法律、行政法规授权的具有管理公共事务职能的组织实施行政强制措施的人员。《行政强制法》第 17 条第 3 款特别强调行政强制措施应当由行政机关具备资格的行政执法人员实施，其他人员不得实施。

三、行政强制措施实施的一般程序

《行政强制法》第 18 条规定了行政强制措施实施的一般程序。

1. 事先报告并经批准

行政机关实施行政强制措施前需要经过前置性的内部审批程序。行政机关的行政执法人员在执法中认为需要对相对人依法实施行政强制措施的，不能自行其是，必须在实施前事先向本机关的负责人报告，并得到批准后才能实施。虽然《行政强制法》并未规定行政机关负责人批准的法定形式，但实践中通常需要行政机关作出书面的行政决定。未经内部审批程序提出报告并经批准的，行政执法人员不得擅自实施行政强制措施。

2. 由两名以上行政执法人员实施

《行政强制法》规定实施行政强制措施的行政执法人员的人数不得少于两名，既是相互监督，防止怠于履职、权力滥用包括权力寻租等行为发生的需要，也是为了保护行政执法人员，防止出现相对人诬告、构陷和报复行政执法人员的情况。实施行政强制的执法人员都必须是行政机关具备资格的行政执法人员。《行政强制法》没有规定执法人员的回避制度，但根据行政程序正当原则。实施行政强制的执法人员应当与案件以及案件当事人不存在利害关系或其他可能影响行政强制措施公正实施的关系。

3. 出示执法身份证件

执法身份证件是证明行政执法人员身份的证明文件。行政执法人员在实施行政强制措施时必须主动向相对人出示执法身份证件，表明自己的身份。行政相对人也有权知晓行政执法人员的身份，要求行政执法人员出示证件证明自己的身份。

4. 通知当事人或邀请见证人到场

行政机关及其行政执法人员不得在当事人未到场的情况下对当事人的财产实施强制，应当通知当事人到场。通知当事人到场是保障和实现当事人知情权、陈述申辩权等程序性权利的前提和基础。如果当事人不到场，就无法实现法律赋予的各项程序权利。对当事人

而言,在行政强制措施实施时到场,既是其权利,也是义务。

在对相对人的财产实施行政强制措施时,很多情况下相对人并不在执法现场,虽经通知但拒不到场,或者无法联系到当事人,或者虽然联系到当事人但当事人不能及时到场而行政强制措施的实施又刻不容缓。为了保障行政强制措施实施的有效性和公正性,《行政强制法》规定当事人不到场的,应当邀请见证人到场,由见证人和行政执法人员在现场笔录上签名或者盖章。

5. 当场告知

实施行政强制措施的行政机关应当当场告知当事人采取行政强制措施的理由、依据以及当事人依法享有的权利、救济途径。告知应当在实施行政强制措施的当场进行。《行政强制法》虽然并未要求事先告知,但不宜在行政强制措施已经开始实施后告知,更不应在行政强制措施已经实施完毕后才告知。实践中,告知事项应在行政强制措施决定书中载明,并事先送达当事人。告知的事项应包括行政强制措施的理由、依据以及当事人依法享有的权利和救济途径。

6. 听取陈述和申辩

在行政机关告知行政强制措施的当事人依法享有的权利和救济途径中,陈述和申辩权是两项重要的权利。在逻辑上,行政机关依法告知→当事人陈述和申辩→行政机关听取当事人陈述和申辩的意见,构成了行政机关和当事人的对话和沟通机制。《行政强制法》规定行政机关在实施新政强制措施前应当听取当事人的陈述和申辩,是对相对人实质性参与行政程序的权利的尊重和保障。同时兼听则明,充分听取当事人的不同意见,有利于行政机关进一步全面了解案件的事实情况,确保行政强制措施的实施合法、合理。

7. 制作现场笔录

现场笔录是行政执法人员对行政强制措施实施活动过程所作的书面记录。《行政强制法》规定行政机关实施行政强制措施应当制作现场笔录;现场笔录由当事人和行政执法人员签名或者盖章,当事人拒绝的,在笔录中予以注明,不影响笔录的效力;当事人不到场的,邀请见证人到场,由见证人和行政执法人员在现场笔录上签名或者盖章。现场笔录是行政执法、行政复议和行政诉讼中的重要证据形式,有较高的证明力,其证明力优于其他书证、视听资料和证人证言。

8. 法律、法规规定的其他程序

行政机关实施行政强制措施,除了要遵守《行政强制法》规定的一般程序外,还应遵守法律、法规规定的其他程序。

四、行政强制措施实施的紧急程序

《行政强制法》第19条规定:"情况紧急,需要当场实施行政强制措施的,行政执法人员应当在二十四小时内向行政机关负责人报告,并补办批准手续。行政机关负责人认为不应当采取行政强制措施的,应当立即解除。"该条是对行政强制措施实施的紧急程序的规定。行政强制措施实施的紧急程序是指行政主体在紧急情况下,根据需要当场实施行政强制措施的特别程序,也可称为当场实施程序。因其特征与德国行政法上的行政即时强制制度相似,都不以行政决定的作出为前提,同时因形势紧迫,可以跳过一般程序中的某些前置环节径行实施,也有学者称之为即时强制。但我国《行政强制法》上的"紧急程序"和德国法上的即时强制存在明显的区别。后者不仅不需要先行作出决定,也无须履行事先告诫的程序。我国行政强制措施实施的紧急程序同一般程序相比只是在事前内部审批程序上有所变通,即在紧急情况,可以未经报告和批准程序而先行当场实施行政强制措施,但必须在 24 小时内报告,并补办批准手续。除此之外《行政强制法》第 18 条第(二)到(十)项规定的执法人员人数、出示执法身份证件以及通知、告知并听取意见等要求对紧急程序仍然适用。

五、行政强制措施程序与刑事程序的衔接

《行政强制法》第 21 条规定:"违法行为涉嫌犯罪应当移送司法机关的,行政机关应当将查封、扣押、冻结的财物一并移送,并书面告知当事人。"行政强制措施属于行政程序,当相对人的违法行为涉嫌犯罪时,就会出现行政强制措施程序和刑事程序的衔接问题。根据刑事优先原则,当行政违法行为涉嫌构成犯罪时,应当移送有管辖权的司法机关处理。在办案过程中,行政机关实施行政强制措施查封、扣押、冻结的财物应随案件一并移送。为了让当事人了解其财物的状态,以便依法维护自己权利和选择救济途径,行政机关在将查封、扣押、冻结的财物移送司法机关后,应当以书面方式告知当事人。移交后,查封、扣押、冻结的财物由司法机关根据刑事司法程序的规定依法处理。

第三节 行政强制执行程序

行政强制执行程序,是指行政机关或者行政机关申请人民法院,对不履行行政决定的公民、法人或者其他组织,依法强制履行义务所应遵循的程序。

一、行政机关强制执行程序的一般规定

(一)行政机关强制执行的法定条件

《行政强制法》第 34 条规定:"行政机关依法作出行政决定后,当事人在行政机关决定的期限内不履行义务的,具有行政强制执行权的行政机关依照本章规定强制执行。"该条规定了行政机关强制执行所应具备的四项条件:(1)行政决定依法作出。(2)当事人在

行政机关决定的期限内无正当理由不履行义务。履行期限届满当事人无正当理由不履行是行政机关实施强制执行程序的触发条件。行政决定的履行期限届满就具备强制执行力。（3）行政机关具有行政强制执行权。（4）依照《行政强制法》第四章规定的程序实施。

（二）事先催告当事人履行义务

《行政强制法》第35条规定，行政机关作出强制执行决定前，应当事先催告当事人履行义务。

1. 催告的法律效力

催告是指当事人不履行行政决定规定的义务，行政机关在实施行政强制执行前，应先督促当事人在一定期限内履行义务的程序。催告程序是行政机关作出强制执行决定的前置程序，是非强制手段优先原则的要求和体现。除立即实施代履行等无须催告的强制执行方式外，非经催告，行政机关不得径行作出强制执行决定。

2. 催告的法定形式和内容

催告应当以书面形式作出，并送达当事人。催告书应载明履行义务的期限、方式，涉及金钱给付的，应当有明确的金额和给付方式，使当事人明确自己应当履行的义务和履行义务的方式。催告书还应当告知当事人依法享有的陈述权和申辩权，以保障当事人发表意见和寻求救济的权利。

3. 催告期间

催告书中应载明的履行义务的期限，即催告期间，是指行政决定履行期限届满后行政机关为当事人重新指定的履行期限，类似于民法上义务履行的宽限期，期限应合理可行。在催告期间行政机关应暂缓作出强制执行决定。但根据《行政强制法》第37条第3款规定，在催告期间，有证据证明当事人有转移或者隐匿财物迹象的，行政机关可以作出立即强制执行决定。

4. 催告的送达

催告书和行政强制执行决定书应当直接送达当事人。当事人拒绝接收或者无法直接送达当事人的，应当依照《民事诉讼法》的有关规定送达。

（三）听取当事人陈述和申辩

《行政强制法》第36条规定，当事人收到催告书后有权进行陈述和申辩。行政机关应当充分听取当事人的意见，对当事人提出的事实、理由和证据，应当进行记录、复核。当事人提出的事实、理由或者证据成立的，行政机关应当采纳。为了充分发挥行政程序的商谈功能，对于当事人提出的事实和主张不成立的，行政机关也应当向当事人说明不予采纳的理由。

（四）作出强制执行决定

《行政强制法》第37条第1款规定，经催告，当事人逾期仍不履行行政决定，且无正当理由的,行政机关可以作出强制执行决定。

1. 行政强制执行决定的性质

所谓的强制执行决定属于行政执行决定。相对于为当事人设定具体权利和义务的行政基础决定而言,行政执行决定本身并不规定当事人的实体义务,是为了落实行政基础决定规定的权利和义务,在当事人经催告无正当理由逾期仍不履行行政基础决定的情况下作出的强制当事人履行义务的行政决定。强制执行决定是实施行政强制执行的依据,未作出强制执行决定的,不得实施行政强制执行。

2. 行政强制执行的法定形式和内容

根据《行政强制法》第37条第2款规定,强制执行决定应当以书面形式作出,并载明当事人的姓名或者名称、地址;强制执行的理由和依据;强制执行的方式和时间;申请行政复议或者提起行政诉讼的途径和期限以及行政机关的名称、印章和日期。

3. 行政强制执行书的送达

所谓送达,是行政机关按照法定程序和方法将行政文书或相关法律文书送交收件人的行为。法律文书未依法送达当事人的,不发生法律效力。送达文书必须有送达回证,由受送达人在送达回证上记明收到日期,签名或者盖章,否则视为未送达。当事人拒绝接收或者无法直接送达当事人的,应当依照《民事诉讼法》的有关规定,采取留置、委托、邮寄、转交、公告等方式送达。

(五)实施行政强制执行

行政强制执行书送达当事人后即发生法律效力,行政机关应尽快实施强制执行。

(六)行政强制执行的中止、终结和回转

1. 执行中止

执行中止是指因存在或出现影响执行的法定情形,行政机关暂时停止强制执行的实施,待法定情形消除后恢复继续执行的制度。《行政强制法》第39条规定,有下列情形之一的,中止执行:(1)当事人履行行政决定确有困难或者暂无履行能力的;(2)第三人对执行标的主张权利,确有理由的;(3)执行可能造成难以弥补的损失,且中止执行不损害公共利益的;(4)行政机关认为需要中止执行的其他情形。中止执行的情形消失后,行政机关应当恢复执行。对没有明显社会危害,当事人确无能力履行,中止执行满三年未恢复执行的,行政机关不再执行。

2. 执行终结

执行终结是指实施行政强制执行的过程中,因出现使得继续执行已无必要或者已无可能的法定情形,行政机关终止执行程序,不再继续执行的制度。《行政强制法》第40条规定,有下列情形之一的,终结执行:(1)公民死亡,无遗产可供执行,又无义务承受人的;(2)法人或者其他组织终止,无财产可供执行,又无义务承受人的;(3)执行标的灭失的;(4)据以执行的行政决定被撤销的;(5)行政机关认为需要终结执行的其他情形。

3. 执行回转及行政赔偿

《行政强制法》第41条规定:"在执行中或者执行完毕后,据以执行的行政决定被撤销、变更,或者执行错误的,应当恢复原状或者退还财物;不能恢复原状或者退还财物的,依法给予赔偿。"

行政强制执行是具有终局性的行政行为,但如果在执行过程中发现执行依据或执行行为本身确有错误,根据有错必纠的原则,应当及时采取措施纠正错误,将受到影响的相对人的权利义务恢复到执行前的原有状态。执行回转就是补救执行错误的一种救济制度。对于执行确有错误,但不能回转的,有关行政机关应依法给予赔偿。

(七)执行和解

《行政强制法》第42条规定:"实施行政强制执行,行政机关可以在不损害公共利益和他人合法权益的情况下,与当事人达成执行协议。执行协议可以约定分阶段履行;当事人采取补救措施的,可以减免加处的罚款或者滞纳金。执行协议应当履行。当事人不履行执行协议的,行政机关应当恢复强制执行。"该条规定了行政机关强制执行的执行和解制度。

1. 执行和解适用的限制

和解是民事法律制度中常见的纠纷处理方式。和解要求双方处在平等的地位,以协议的方式自愿达成,并且通常需要双方作出一定让步,对自己的权利作出处分。一方面,行政机关与相对人之间并非完全平等的关系,在执行和解中行政机关仍是处于主导性的地位。另一方面,行政机关是公共利益的代表,其无权对公共利益作出让步。《行政强制法》第42条对执行和解的前提和内容都作出了明确的限制。

2. 执行和解的前提

执行和解的前提是不损害公共利益和他人的合法权益,行政管理的目的是维护公共利益和社会秩序,保障相对人的合法权益。执行和解虽然是行政机关与当事人之间的协议,但会涉及公共利益和第三人的合法权益。行政机关与当事人达成执行协议,不应放弃行政机关的职责,豁免当事人原本应当履行的义务,也不能损害公共利益和第三人的合法权益。

3. 执行和解的内容

执行和解的内容应限于法律规定的范围。一是可以约定分阶段履行。在不损害公共利益和他人合法权益的前提下,行政机关可以在履行时间上作出一定的让步,约定一定的期限,允许当事人在期限内分阶段履行义务。二是可以减免加处的罚款或者滞纳金。前期是当事人采取了补救措施,减免范围限于加处的罚款或者滞纳金,对于原本应当执行的罚款和滞纳金则无权予以减免。

4. 执行和解的效力

执行协议对于行政机关和被执行人都有约束力。但执行协议的效力类似于民法上的实践合同，应从当事人履行执行协议约定的义务时生效。如果当事人不履行执行协议的，则不发生宽限或减免当事人履行义务的效力，行政机关应当按照当事人原本应当履行的义务和承担的责任恢复强制执行。

（八）对执行时间和执行方式的特别限制

《行政强制法》第43条第1款规定："行政机关不得在夜间或者法定节假日实施行政强制执行。但是，情况紧急的除外。"第2款规定："行政机关不得对居民生活采取停止供水、供电、供热、供燃气等方式迫使当事人履行相关行政决定。"该条对行政机关强制执行时间和方式的特别限制，是相当性原则和最小损害原则的要求，体现了《行政强制法》对行政强制权的规范和对当事人合法权益的尊重和保护。

1. 行政机关强制执行的时间限制

行政机关实施强制执行的行为难免会对相对人的休息权和生活安宁权产生影响，很多情况下还会波及周边居民。为了充分尊重和保障公民的正常休息和生活安宁，最大限度地将强制执行行为对居民生活的干扰限制在合理范围内，实现损害最小化，《行政强制法》规定行政机关不得在夜间或者法定节假日实施行政强制执行。夜间一般是指晚22点至凌晨6点之间的期间。法定节假日是指根据各国、各民族的风俗习惯或纪念要求，由国家法律统一规定的用以进行庆祝及度假的休息时间。根据最高人民法院《关于行政机关在星期六实施强制拆除是否违反〈行政强制法〉第四十三条第一款规定的请示的答复》（〔2016〕最高法行他81号）的答复精神，周六、周日也属于《行政强制法》规定的法定节假日。但是在紧急情况下，如果不立即执行将无法实现行政管理的目的，行政机关可以在夜间或者法定节假日实施行政强制执行。

2. 行政机关强制执行的方式限制

实践中，运用停止供水、供电、供热、供燃气等方式迫使当事人履行相关行政决定是行之有效的强制执行方式。但对于居民生活来说，水、电、热和燃气都是必要的基本生活资料，涉及生存权的保障。生存权属于不得克减的基本权利，即便是为了公共利益，也不能对居民的基本生活资料进行限制。此类限制仅针对居民生活，在不影响居民生活的情况下，行政机关仍然可以依法运用停止供水、供电、供热、供燃气等方式强制当事人履行其义务。

二、强制拆除的执行程序

《行政强制法》第44条规定了拆除建筑物、构筑物、设施的强制执行程序。

强制拆除的法律性质

强制拆除是指行政机关对违法的建筑物、构筑物、设施等，责令相对人自行拆除，但相对人逾期拒不拆除的，由行政机关直接予以拆除的行为。强制拆除的执行不仅要遵循《行政强制法》第 34 条至第 43 条有关行政机关强制执行程序的一般规定，还必须满足第 44 条规定的特别要求，包括公告程序和复议诉讼停止执行的规定。

但实践中，强制拆除并不都是强制执行行为，也有可能属于行政强制措施，《最高人民法院第一巡回法庭关于行政审判法律适用若干问题的会议纪要》指出，有关部门对在建违法建筑物、构筑物、设施等采取查封或强制拆除行政强制措施的，不受《行政强制法》第 44 条规定的复议或起诉期限届满限制。例如《城乡规划法》第 68 条规定："城乡规划主管部门作出责令停止建设或者限期拆除的决定后，当事人不停止建设或者逾期不拆除的，建设工程所在地县级以上人民政府可以责成有关部门采取查封施工现场、强制拆除等措施。"对本条规定，《最高人民法院第一巡回法庭关于行政审判法律适用若干问题的会议纪要》指出，规划部门对在建违法建筑物、构筑物、设施等作出责令停止建设或者限期拆除，实质是为制止违法行为、避免危害发生、控制危险扩大，对公民、法人或者其他组织的财物实施的暂时性控制行为，应当属于行政强制措施行为，不是行政强制执行措施，不受《行政强制法》第 44 条规定的复议或起诉期限届满限制。只有规划部门对已建成的违法建筑物、构筑物、设施等作出的限期拆除决定，当事人逾期不自行拆除，县级以上人民政府责成有关部门强制拆除的行为，才属于行政强制执行行为，受《行政强制法》第 44 条的限制。

1. 公告程序

通过行政强制执行程序对违法的建筑物、构筑物、设施等实施拆除前，行政机关应当公告，限期当事人自行拆除。公告是具有强制执行权的行政机关向社会公众公布的行政执行文书。公告中应当规定限令当事人自行拆除的期限，督促其主动履行义务，拆除违法的建筑物、构筑物或设施。但公告的功能不止于督促当事人及时履行义务，还有广而告之的作用。首先，强制拆除的行为可能会对违法的建筑物、构筑物或设施周边居民的利益产生的影响，通过公告，让周边居民知悉强制拆除的事项，有助于获得周边居民对执行行为的理解、支持和配合，也能起到警示作用。其次，通过公告，让周边居民了解情况，有助于消除执法过程中公众可能产生的误会，树立规范文明的执法形象，也有助于周边居民对执法行为进行监督。

2. 复议、诉讼停止执行程序

通过行政强制执行程序对违法的建筑物、构筑物、设施等实施拆除，不适用复议、诉讼不停止执行的一般原则，只有在当事人在法定期限内不申请行政复议或者提起行政诉讼，又不拆除的，行政机关才可以依法强制拆除。这是法律对强制拆除执行程序的特别规定。违法的建筑物、构筑物、设施往往具有较大价值，实施强制拆除也会耗费较大的行政成本，一旦拆除，不能恢复，无法执行回转，因此应当更加慎重。特别是对建筑物、构筑物和设施是否违法是否应当拆除存在争议的情况下，法律将审查权交给了复议机关和人民法院，在得出最终审查结论前，行政机关应暂时停止强制执行的实施。经过申请行政复议的法定期限为60日,法律规定的申请期限超过60日的除外。提起行政诉讼的法定期限为6个月法律另有规定的除外。如果当事人在法定期限内申请行政复议或提起行政诉讼,强制拆除的执行程序依法中止。

三、金钱给付义务的执行程序

《行政强制法》第四章第二节规定了金钱给付义务的执行程序。金钱给付义务的执行是行政强制执行的重要种类,因此我国法律在行政机关强制执行的一般程序外,特别规定了金钱给付义务执行的特别程序。金钱给付义务的执行有直接执行和间接执行两种方式。直接执行主要是行政机关通过银行等金融机构直接划拨当事人的存款、汇款,或者通过拍卖、依法处理财物所得的款项抵缴相应款项。间接执行则是通过加处罚款或者滞纳金的强制方式督促当事人主动履行金钱给付义务。

(一)金钱给付义务的间接执行方式

金钱给付义务的间接执行方式主要是加处罚款或者滞纳金。加处罚款或者滞纳金的标准应当告知当事人。加处罚款或者滞纳金的数额不得超出金钱给付义务的数额。

1. 加处罚款或者滞纳金的条件和标准

加处罚款或者滞纳金的条件是当事人逾期不履行金钱给付义务的行政决定。加处罚款或滞纳金属于执行罚,其目的是促使当事人主动缴纳拖欠的税费以及罚款或滞纳金。

加处罚款或者滞纳金的标准不得超出金钱给付义务的本数,即不得超过拖欠的税费以及罚款或滞纳金的数额。

2. 加处罚款或者滞纳金的程序

行政机关作出行政处理决定,指定当事人限期履行金钱给付义务,履行期限届满后,当事人无正当理由拒不履行义务的,行政机关作出催告通知书,要求当事人限期履行,否则强制执行,同时对当事人作出加处罚款或滞纳金的决定,从行政决定指定的履行期限届满或者法律规定的期限开始计算加处罚款或者滞纳金。在实施加处罚款或者滞纳金超过30日后,行政机关应当再次催告当事人履行义务,当事人无正当理由仍不履行的,具有行政强制执行权的行政机关可以强制执行。

《行政强制法》第45条明确规定行政机关加处罚款或者滞纳金,应当将加处罚款或者滞纳金的标准告知当事人。至于告知的方式,行政机关应当作出加处罚款或者滞纳金的强制执行决定并送达当事人。在决定中除按照《行政强制法》第37条规定,应载明当事人的姓名或者名称、地址;强制执行的理由和依据;强制执行的方式和时间;申请行政复议或者提起行政诉讼的途径和期限以及行政机关的名称、印章和日期外,还应载明加处罚款或者滞纳金的标准。

当事人未在法定期限内缴纳加处的罚款或者滞纳金,加处的罚款和滞纳金和拖欠的税费以及罚款或滞纳金的本数一并强制执行。

(二) 金钱给付义务的直接强制执行

《行政强制法》第46～49条规定了金钱给付义务的直接强制执行的条件及其程序。

1. 金钱给付义务直接强制执行的先决条件

《行政强制法》第46条第1款规定，行政机关依照本法第四十五条规定实施加处罚款或者滞纳金超过三十日，经催告当事人仍不履行的，具有行政强制执行权的行政机关可以强制执行。根据该条规定，行政机关对金钱给付义务直接强制执行需要具备以下三个先决条件：(1) 行政机关具有行政强制执行权。在《行政强制法》第46条第3款规定的情况下，行政机关无需法律另行特别授权，就可以采取拍卖查封、扣押财物抵缴罚款的强制执行方式。(2) 实施加处罚款或者滞纳金超过30日。(3) 经催告当事人仍不履行。加处罚款或者滞纳金超过30日，当事人还是未履行的，行政机关还应经过催告程序，制作催告书并送达当事人，经催告当事人仍不履行的，才可以实施强制执行。

2. 金钱给付义务执行的保障措施

《行政强制法》第46条第2款规定，行政机关实施强制执行前，需要采取查封、扣押、冻结措施的，依照行政强制措施程序的相关规定办理。本条中所规定的查封、扣押、冻结措施是为了保障金钱给付义务执行，其性质属于行政强制措施，适用《行政强制法》第三章有关行政强制措施的程序规定。

3. 拍卖查封、扣押财物强制执行权的特别规定

《行政强制法》第46条第3款规定，没有行政强制执行权的行政机关应当申请人民法院强制执行。但是，当事人在法定期限内不申请行政复议或者提起行政诉讼，经催告仍不履行的，在实施行政管理过程中已经采取查封、扣押措施的行政机关，可以将查封、扣押的财物依法拍卖抵缴罚款。本条规定了行政机关对本机关查封、扣押的财物的强制执行权，其构成要件包括：(1) 当事人在法定期限内不申请行政复议或者提起行政诉讼。这表明当事人对应履行义务不存在争议或者争议不大；(2) 经过催告程序；(3) 事先采取了查封、扣押措施；(4) 执行机关和查封扣押机关是同一机关；(5) 行政强制执行的实施限于拍卖的方式。

4. 划拨、拍卖的程序

划拨存款、汇款应当由法律规定的行政机关决定，并书面通知金融机构。金融机构接到行政机关依法作出划拨存款、汇款的决定后，应当立即划拨。法律规定以外的行政机关或者组织要求划拨当事人存款、汇款的，金融机构应当拒绝。

《行政强制法》第48条规定依法拍卖财物，由行政机关委托拍卖机构依照《中华人民共和国拍卖法》的规定办理。《拍卖法》第9条规定，国家行政机关依法没收的物品，充抵税款、罚款的物品和其他物品，按照国务院规定应当委托拍卖的，由财产所在地的省、自治区、直辖市的人民政府和设区的市的人民政府指定的拍卖人进行拍卖。违反规定擅自

处理的，对负有直接责任的主管人员和其他直接责任人员依法给予行政处分，给国家造成损失的，还应当承担赔偿责任。

5. 执行款的处理

《行政强制法》第49条规定，划拨的存款、汇款以及拍卖和依法处理所得的款项应当上缴国库或者划入财政专户。任何行政机关或者个人不得以任何形式截留、私分或者变相私分。行政机关及其工作人员应当依法处理执行款项，不得违反国家财政管理制度，更不能以任何形式截留、私分或者变相私分执行款项，为单位或者个人谋取利益。

行政机关将查封、扣押的财物或者划拨的存款、汇款以及拍卖和依法处理所得的款项，截留、私分或者变相私分的，由财政部门或者有关部门予以追缴；对直接负责的主管人员和其他直接责任人员依法给予记大过、降级、撤职或者开除的处分。行政机关工作人员利用职务上的便利，将查封、扣押的场所、设施或者财物据为己有的，由上级行政机关或者有关部门责令改正，依法给予记大过、降级、撤职或者开除的处分。

四、代履行

《行政强制法》第四章第三节规定了代履行的程序。和执行罚一样，代履行也是典型的间接行政强制执行方式。执行罚主要适用于金钱给付义务的强制执行，而代履行则是针对可以由当事人以外的人代为履行的排除妨碍、恢复原状等义务的强制执行，人身自由和金钱给付义务不适用代履行。《行政强制法》规定了两类代履行的方式，分别是一般代履行和立即代履行。

（一）代履行的一般规定

1. 代履行的实施条件

《行政强制法》第50条规定："行政机关依法作出要求当事人履行排除妨碍、恢复原状等义务的行政决定，当事人逾期不履行，经催告仍不履行，其后果已经或者将危害交通安全、造成环境污染或者破坏自然资源的，行政机关可以代履行，或者委托没有利害关系的第三人代履行。"该条为代履行的实施设定了适用范围、前置程序、行为要件和后果要件四个先决条件。

（1）适用范围限于当事人因履行排除妨碍、恢复原状等可替代的行为义务。限制人身自由和金钱给付义务不适用代履行。

（2）前置程序是行政机关依法作出要求当事人履行义务的基础行政决定，并依法实施了催告程序，依法作出的行政决定和催告书均依法送达当事人。

（3）行为要件是当事人存在逾期不履行基础行政决定，且经催告仍不履行的行为。

（4）后果要件是当事人不履行义务的后果已经或者将危害交通安全、造成环境污染或者破坏自然资源的。

《行政强制法》第 50 条是对代履行方式的概括授权，符合本条规定的条件的行政机关无需其他法律的特别授权，就有权实施代履行。但必须同时满足以上四个条件，行政机关才可以启动代履行程序。行政机关代履行的，可以自行实施代履行，也可以委托没有利害关系的第三人代履行。我国法律规定的代履行的条件比一般行为义务的直接强制执行的条件更严格，因此并非所有行为义务的强制执行都遵循间接执行优先于直接强制执行的原则，只有在符合代履行实施条件的情况下，才优先适用代履行的执行方式。

2. 代履行的实施程序和要求

根据《行政强制法》第 51 条第 1 款规定，行政机关实施代履行除了遵循行政机关强制执行程序的一般规定外，还应当遵守下列程序规定：

（1）作出代履行决定书。行政机关在实施代履行前应依法作出代履行决定书并送达当事人。代履行决定书应当载明当事人的姓名或者名称、地址，代履行的理由和依据、方式和时间、标的、费用预算以及代履行人。

（2）催告当事人履行。行政机关在实施代履行三日前，应催告当事人履行，当事人履行的，停止代履行。催告一般应以书面形式作出，并送达当事人。

（3）派员到场监督。代履行，特别是委托第三人代履行时，作出决定的行政机关应当派员到场监督。

（4）在执行文书上签名或者盖章。代履行完毕，行政机关到场监督的工作人员、代履行人和当事人或者见证人应当在执行文书上签名或者盖章。

法律还规定了代履行费用的承担以及对代履行方式的限制。代履行的费用按照成本合理确定，由当事人承担。但是，法律另有规定的除外。代履行不得采用暴力、胁迫以及其他非法方式。

（二）立即代履行的特别规定

《行政强制法》第 52 条规定："需要立即清除道路、河道、航道或者公共场所的遗洒物、障碍物或者污染物，当事人不能清除的，行政机关可以决定立即实施代履行；当事人不在场，行政机关应当在事后立即通知当事人，并依法作出处理。"该条是我国法律对立即代履行的特别规定。

1. 立即代履行的法律性质

立即代履行属于代履行的特别方式，是在紧急情况下，为了保证行政效率，迅速完成代履行，对代履行的一般程序进行了必要的简化。不同于正常情况下的行政执行程序，行政机关实施立即代履行的目的并不是简单地执行已经作出的基础行政决定，而是包含应对紧急情况的行政管理目的。立即代履行和当场强制都属于行政强制的紧急程序。区别在于立即代履行属于行政强制执行程序，是对先行作出的基础行政决定的执行，而当场强制属于行政强制措施，无需以先行作出的行政决定为基础。

2. 立即代履行的适用对象

立即代履行只适用于需要立即清除道路、河道、航道或者公共场所的遗洒物、障碍物或者污染物，当事人不能清除的情形。道路、河道、航道或者公共场所的遗洒物、障碍物或者污染物如果不能立即清除，会威胁人民群众的生命财产安全，影响道路、河道、航道或公共场所的正常使用秩序，因此需要立即实施代履行以迅速纠正违法行为，消除对人民群众生命财产安全的威胁，恢复公共场所的正常使用秩序。

3. 立即代履行的简易程序

一方面，立即代履行适用场景的紧急性对其程序的效率提出了要求。另一方面，道路、河道、航道或者公共场所的遗洒物、障碍物或者污染物，其违法性质非常明显，争议较少，执行实施也在公共空间，不会深入到当事人的私人领域，适当弱化程序以追求行政效率不会对当事人的合法权益造成较大的不利影响。因此，法律对立即代履行的程序进行了简化。实施立即代履行无需事前催告。当事人在场的，行政机关可以责令当事人自行清除，当事人不同意清除的，行政机关可以决定立即实施代履行，通常立即代履行的决定也应以书面形式作出。当事人不在场的，行政机关可以先立即实施代履行，但在事后应当立即通知当事人，并依法作出处理。

五、申请人民法院强制执行的程序

申请人民法院强制执行是我国行政强制执行制度的重要组成部分。行政机关实施强制执行必须有法律的明确授权。依法不享有行政强制执行权的行政机关需要申请人民法院强制执行。《行政强制法》第五章规定了申请人民法院强制执行的程序和要求。

（一）申请人民法院强制执行的适用条件

《行政强制法》第53条规定："当事人在法定期限内不申请行政复议或者提起行政诉讼，又不履行行政决定的，没有行政强制执行权的行政机关可以自期限届满之日起三个月内，依照本章规定申请人民法院强制执行。"根据该条规定，申请人民法院强制执行必须具备以下条件：

1. 当事人在法定期限内未申请行政复议或者提起行政诉讼，又不履行行政决定

申请人民法院强制执行属于非讼执行。根据行政诉讼法规定，人民法院审查执行的行政案件主要有两类，一类是诉讼执行，另一类一般叫非诉执行。所谓诉讼执行是指人民法院对经人民法院依法审理作出判决的行政案件的执行。行政诉讼执行的依据包括行政判决书、行政裁定书、行政赔偿判决书和行政赔偿调解书。

非讼执行是指人民法院对未经人民法院依法审理作出判决的行政案件的执行。当事人在法定期限内未申请行政复议或者提起行政诉讼的情况下，行政机关申请人民法院强制执行属于非讼执行，执行的依据是行政机关作出的行政决定。

2. 行政机关没有行政强制执行权

除非法律另有特别规定，行政机关有行政强制执行权的，应当依法强制执行，不应再申请人民法院强制执行。法律授权行政机关强制执行的目的在于提高行政效率。根据权责统一的原则，法律授予的职权同时也是应当依法履行的职责。如果被授权的行政机关不积极履行行政强制执行权，而是申请人民法院强制执行，会降低行政效率，与法律授予行政强制执行权的目的相悖，同时也会导致行政机关怠于履责，过于依赖法院执行的情况，也会给法院增加额外负担。但如果法律规定有行政强制执行权可以选择自己执行或申请人民法院强制执行，应按特别规定处理。

3. 自法定期限届满之日起三个月内申请人民法院强制执行

行政机关申请人民法院强制执行，应当自法定期限届满之日起三个月内提出。2018年最高人民法院《关于适用〈中华人民共和国行政诉讼法〉的解释》第156条规定，没有强制执行权的行政机关申请人民法院强制执行其行政行为，应当自被执行人的法定起诉期限届满之日起三个月内提出。逾期申请的，除有正当理由外，人民法院不予受理。

（二）申请人民法院强制执行的一般程序

1. 申请前催告程序

《行政强制法》第54条规定，行政机关申请人民法院强制执行前，应当催告当事人履行义务。催告书送达十日后当事人仍未履行义务的，行政机关可以向有管辖权的人民法院申请强制执行。催告当事人履行义务应出具的书面形式的催告书，催告书应载明催告履行义务的期限、履行方式、涉及金钱给付义务的，应明确金额和给付方式，并告知当事人依法享有的权利和救济方式。催告书应送达当事人。

2. 人民法院非讼强制执行的管辖权

《行政强制法》第54条规定了非讼强制执行的地域管辖原则。一般情况下，非讼强制执行案件应由申请强制执行的行政机关所在地有管辖权的人民法院管辖。执行对象是不动产的，应由不动产所在地有管辖权的人民法院管辖。该条未规定级别管辖。根据2018年最高人民法院《关于适用〈中华人民共和国行政诉讼法〉的解释》第157条规定：行政机关申请人民法院强制执行其行政行为的，由申请人所在地的基层人民法院受理；执行对象为不动产的，由不动产所在地的基层人民法院受理。基层人民法院认为执行确有困难的，可以报请上级人民法院执行；上级人民法院可以决定由其执行，也可以决定由下级人民法院执行。

3. 提交强制执行申请书及相关材料

《行政强制法》第55条规定，行政机关向人民法院申请强制执行，应当提供的材料包括：（1）强制执行申请书；（2）行政决定书及作出决定的事实、理由和依据；（3）当事人的意见及行政机关催告情况；（4）申请强制执行标的情况；（5）法律、行政法规规定的其他材料。强制执行申请书应当由行政机关负责人签名，加盖行政机关的印章，并注明日期。

4. 人民法院的受理与审查

(1) 受理

《行政强制法》第 56 条规定,人民法院接到行政机关强制执行的申请,应当在 5 日内受理。行政机关对人民法院不予受理的裁定有异议的,可以在十五日内向上一级人民法院申请复议,上一级人民法院应当自收到复议申请之日起十五日内作出是否受理的裁定。

(2) 书面审查

《行政强制法》第 57 条规定,人民法院对行政机关强制执行的申请进行书面审查,对应当提供的材料齐备,且行政决定具备法定执行效力的,除存在明显缺乏事实根据、明显缺乏法律、法规依据或其他明显违法并损害被执行人合法权益的情形外,人民法院应当自受理之日起 7 日内作出执行裁定。审查的形式是书面审查,主要依据行政机关提供的材料进行审查。审查的内容包括:(1) 申请是否在三个月的法定期限内提出;(2) 强制执行申请书等应当提供的材料是否齐备;(3) 行政决定具备法定执行效力;(4) 是否存在明显缺乏事实根据、明显缺乏法律、法规依据或其他明显违法并损害被执行人合法权益的情形。审查通过的,人民法院应当自受理之日起 7 日内作出执行裁定。

(3) 实质审查

一般情况下,人民法院对行政机关强制执行的申请以书面审查为原则,无需开庭审理或进行听证。但为了充分保护被执行人的合法权益,《行政强制法》第 58 条规定了人民法院有进一步对申请的具体行政行为的合法性作实质审查的权力。人民法院发现强制执行申请明显缺乏事实根据、明显缺乏法律、法规依据,或存在其他明显违法并损害被执行人合法权益的情形的,有权对行政行为的合法性进行实质审查,实质审查的方式是进一步听取被执行人和行政机关的意见。

人民法院对行政机关强制执行的申请进行实质性审查的,应当自受理之日起 30 日内作出是否执行的裁定。裁定不予执行的,应当说明理由,并在 5 日内将不予执行的裁定送达行政机关。

5. 行政机关申请复议的权利

《行政强制法》第 58 条规定,行政机关对人民法院不予执行的裁定有异议的,可以自收到裁定之日起十五日内向上一级人民法院申请复议,上一级人民法院应当自收到复议申请之日起三十日内作出是否执行的裁定。

(三) 申请人民法院立即执行

为了保证紧急情况下行政管理能够高效运行,行政强制措施、行政机关强制执行程序中都有应对紧急情况的特别规定。人民法院的非讼行政执行也规定了紧急情况下的申请立即执行程序。《行政强制法》第 59 条规定,因情况紧急,为保障公共安全,行政机关可以申请人民法院立即执行。经人民法院院长批准,人民法院应当自作出执行裁定之日起五日内执行。

1. 申请人民法院立即执行的条件

申请人民法院立即执行必须具备两个实体条件：一是情况比较紧急；二是出于保障公共安全的目的。虽然情况紧急，但不是为了保障公共安全的目的，或者虽然是出于保障公共安全的目的，但情况并不紧急，都不能申请立即执行。对于如何定义情况紧急和公共安全，应由人民法院依法进行裁断。

2. 申请人民法院立即执行的特别程序

申请人民法院立即执行除了提交强制执行申请书和相关材料外，还要提供证明存在紧急情况和强制执行是为了保障公共安全的目的。人民法院在审查时，也对情况是否紧急和是否是保障公共安全的需要进行认定。立即执行必须经受理案件的人民法院的院长批准。经审查和批准后，人民法院及时作出执行裁定，并应自作出裁定之日起5日内执行。

（四）执行费用的承担和执行款项处理

《行政强制法》第60条规定，行政机关申请人民法院强制执行，不缴纳申请费。强制执行的费用由被执行人承担。人民法院以划拨、拍卖方式强制执行的，可以在划拨、拍卖后将强制执行的费用扣除。

第十一章 行政复议法

第一节 行政复议概述

一、行政复议的概念、特征和性质

行政复议是行政法上的救济和监督制度，系指公民、法人或其他组织认为行政主体作出的行政行为侵犯其合法权益时，依法向该行政主体的直接上级行政机关或主管行政机关提出申请，由该上级行政机关或者主管行政机关对行政行为的合法性和合理性予以审查，并作出复议决定的法律制度。

行政复议具有下列特征：

1. 行政复议制度的目的是防止和纠正违法的或者不当的具体行政行为，保护公民、法人和其他组织的合法权益，保障和监督行政机关依法行使职权。

2. 行政复议以行政相对人的申请为程序启动前提。没有相对人的申请，行政机关不能依职权启动复议程序。

3. 行政复议的实质是行政审查制度，不同于一般的行政监督制度，行政复议的审查受到法律限制。

4. 行政复议是针对外部行政法律关系中行政相对人和行政第三人提供的申诉和救济管道，不适用于内部行政法律关系中发生的争议。对于后者，只能通过行政申诉等其他渠道予以解决。

5. 行政复议审查行政行为的合法性和合理性或适当性。

二、行政复议的基本原则

行政复议的基本原则，是指由《行政复议法》确立的、贯穿行政复议全过程、规范行政复议的法律原则。一般认为，行政复议基本原则有以下四项：

1. 行政复议合法原则

行政复议的合法原则要求行政复议机关的复议活动必须严格按照法律规定的职责权限，以事实为根据，以法律、法规和规章为准绳，遵循法定程序，履行审查职责。

2. 行政复议公正公开原则

行政复议公正原则要求复议机关和复议人员保持中立，公平正直，平等对待行政复议参加人。行政复议公开原则：一是要求行政复议的依据、程序要向社会公开，二是指在个案中，复议机关应当依法告知相对人案件相关信息和权利。

3. 行政复议及时便民原则

行政复议制度的重要目的在于提高行政救济的便捷性，及时便民原则正是体现了这一目的。及时原则要求行政复议机关应当在法定许可的期限内，迅速审结复议案件并作出复议决定；便民原则要求行政复议机关要尽量方便复议参加人，无正当理由不得增加参加人的负担，最大限度节省他们的时间、精力和费用。

4. 复议期间被申请行政行为不停止执行原则

行政行为具有公定力，一经作出，即被推定为合法有效。被申请行政行为进入复议之后，在复议决定作出之前，其效力未受影响，具有执行内容的行政行为仍应被执行，除非法律排除其执行力。《行政复议法》第21条规定，行政复议期间具体行政行为不停止执行；但是，有下列情形之一的，可以停止执行：（1）被申请人认为需要停止执行的；（2）行政复议机关认为需要停止执行的；（3）申请人申请停止执行，行政复议机关认为其要求合理，决定停止执行的；（4）法律规定停止执行的。

三、行政复议法律制度的基本要素

（一）行政复议范围

行政复议范围是法律规定的可由行政复议予以审查的行政行为的范围。行政复议范围决定了相对人申请行政复议和复议机关受理复议案件的范围。

《行政复议法》对这一问题的规定集中在该法第二章之"行政复议范围"，其中第6条采用列举和概括相结合的方式，规定了行政复议的肯定范围，第7条规定了可附带复议的范围，第8条规定了行政复议的排除范围。此外，《住房城乡建设行政复议办法》第9条和第10条分别规定了住建领域的行政复议的肯定范围和排除范围。以下分别从行政复议的肯定范围、附带范围和排除范围三个层面加以论述。

1. 行政复议的肯定范围，包括：（1）行政处罚行为；（2）行政强制措施；（3）行政许可、审批和登记有关行为，包括两类：1）许可证、执照、资质证、资格证等证书变更、中止、撤销行为，2）行政机关没有依法办理行政许可、审批和登记事项；（4）自然资源的确权行为；（5）侵犯合法的经营自主权；（6）变更或者废止农业承包合同；（7）违法要求履行义务；（8）未履行保护人身权利、财产权利、受教育权利的法定职责；（9）未依法发放抚恤金、社会保险金或者最低生活保障费。

除前述列举行为外，根据《行政复议法》第2条第11项规定，行政相对人"认为行政机关的其他具体行政行为侵犯其合法权益的",也可提起行政复议。这是兜底条款,据此,只要是行政行为,只要被认为侵害相对人合法权益的,都可以申请行政复议,这极大地扩大了行政复议的认定范围。

2. 行政复议的附带范围

根据《行政复议法》第7条规定,公民、法人或者其他组织认为行政机关的具体行政行为所依据的规定不合法,对具体行政行为申请行政复议的同时,可以一并向行政复议机关提出对该规定的审查申请,行政复议机关据此进行附带审查。

需要注意的是:第一,附带审查必须以对行政行为的复议申请为前提;第二,可附带审查的行政规定包括国务院部门的规定、县级以上地方各级人民政府及其工作部门的规定和乡、镇人民政府的规定。第三,对行政规定的附带审查仅限于合法性审查,不包括合理性问题。

3. 行政复议的排除范围

(1) 行政机关作出的行政处分或者其他人事处理决定。行政机关对公务人员作出的行政处分和人事管理等决定,学理上称为"内部行政行为",不符合行政复议处理外部行政行为的主旨。

(2) 行政机关对民事纠纷作出的调解或者其他处理。行政机关以中间人身份对民事纠纷作出调解或其他处理,对双方当事人的约束力取决于其是否自愿接受,一方或双方当事人如不服,可以向法院提起民事诉讼或申请仲裁,但不能申请行政复议。

(3) 对国防、外交等具有高度政治性的国家行为,不宜由法院进行合法性和合理性审查。

(4) 对公民、法人和其他组织不产生权益影响的行为。

(5) 行政法规、行政规章以及国务院作出的行政规定,不在行政复议附带审查的范围之内。

(二) 行政复议机关和行政复议机构

行政复议机关是依照法律规定,享有行政复议职权,受理行政复议案件,主持行政复议程序,以自己的名义作出行政复议决定、并承担复议决定法律后果的行政主体。根据《行政复议法》第3条规定,行政复议机关主要履行下列职责:(1) 受理行政复议申请;(2) 向有关组织和人员调查取证,查阅文件和资料;(3) 审查申请行政复议的具体行政行为是否合法与适当,拟订行政复议决定;(4) 处理或者转送对本法第七条所列有关规定的审查申请;(5) 对行政机关违反本法规定的行为依照规定的权限和程序提出处理建议;(6) 办理因不服行政复议决定提起行政诉讼的应诉事项;(7) 法律、法规规定的其他职责。

行政复议机构不同行政复议机关,它是指有行政复议权的行政机关内部设立的一种专门负责行政复议案件的受理、审查和裁决工作的办事机构。按照行政复议法的规定,行政复议机关中负责法制工作的机构一般是行政复议机构。

2008年，国务院法制办公室在哈尔滨市和北京市先后探索建立行政复议委员会制度的基础上，发布《关于在部分省、直辖市开展行政复议委员会试点工作的通知》（国法〔2008〕71号），确定在北京市、黑龙江省、江苏省、山东省、河南省、广东省、海南省、贵州省作为试点推行行政复议委员会制度。实践中，复议委员会主要有两种模式：一种是以北京为代表的咨询型行政复议委员会，主要审理重大疑难的行政复议案件，对行政复议工作和发展中的重大问题进行研究。另一种是以哈尔滨为代表的案件决议型行政复议委员会，直接审议行政复议案件。目前，行政复议委员会制度及案件审理范围，都还在试点和探索中。

（三）行政复议管辖

行政复议管辖是指行政复议机关受理复议申请的权限和分工。行政复议管辖规则决定了行政复议机关的管辖权。由于行政复议立足于行政层级间的领导监督权，因此，行政复议管辖的基本规则是：由作出行政行为的行政主体的上级行政机关或者主管部门来审查，但也有一些例外。对此，《行政复议法》第12～15条，根据我国行政管理体制的各种情况，作了如下规定：

1. 被复议机关是地方人民政府的工作部门，复议管辖机关由复议申请人选择，可以向该部门的本级人民政府申请行政复议，也可以向上一级主管部门申请行政复议。但是，对海关、金融、国税、外汇管理等实行垂直领导的行政机关和国家安全机关的具体行政行为不服的，只能向上一级主管部门申请行政复议。

2. 被复议机关为地方各级人民政府，复议管辖机关是上一级地方人民政府。对省、自治区人民政府依法设立的派出机关所属的县级地方人民政府的具体行政行为不服的，向该派出机关申请行政复议。

3. 被复议机关是国务院部门或者省、自治区、直辖市人民政府，复议管辖机关是作出该具体行政行为的国务院部门或者省、自治区、直辖市人民政府，即原机关复议。如果对原机关的行政复议决定不服的，可以向人民法院提起诉讼；也可以向国务院申请行政复议，国务院作出的行政复议决定为最终裁决。

4. 对县级以上地方人民政府依法设立的派出机关作出的行政行为提起复议的，该派出机关是被复议机关，复议管辖机关是设立该派出机关的人民政府；政府工作部门依法设立的派出机构依据法律、法规或者规章规定，以自己的名义作出行政行为的，对此类行为提出复议的，被复议机关是该派出机构，复议管辖机关是设立该派出机构的部门或者该部门的本级地方人民政府。

5. 被复议机关是法律法规规章授权组织的，复议管辖机关是直接管理该组织的地方人民政府、地方人民政府工作部门或者国务院部门。

6. 对两个以上行政机关以共同的名义作出的具体行政行为不服的，向其共同上一级行政机关申请行政复议。

7. 对被撤销的行政机关在撤销前所作出的具体行政行为不服的,向继续行使其职权的行政机关的上一级行政机关申请行政复议。

需要说明的是,本教材如无特别说明,所涉依据均为现行《行政复议法》《行政复议法实施条例》等法律规范。需要注意的是,中央全面依法治国委员会于2020年4月印发了《行政复议体制改革方案》(中法委发〔2020〕5号),要求"整合地方行政复议职责。除实行垂直领导的行政机关、税务和国家安全机关外,县级以上一级地方人民政府只保留一个行政复议机关,由本级人民政府统一行使行政复议职责。改革后,县级以上地方人民政府统一管辖以本级人民政府派出机关、本级人民政府部门及其派出机构、下一级人民政府以及有关法律、法规授权的组织为被申请人的行政复议案件,并以本级人民政府名义作出行政复议决定。改革后,县级以上地方人民政府司法行政部门依法办理本级人民政府行政复议事项;省、自治区人民政府依法设立的派出机关参照设区的市级人民政府,统一行使行政复议职责。"2020年11月,司法部就《中华人民共和国行政复议法(修订)(征求意见稿)》公开征求意见,征求意见稿第二章第五节对行政复议的管辖作出了相应规定。有的地方已经按照《行政复议体制改革方案》的要求进行了改革。目前,《行政复议法》正在修订过程中。

(四)行政复议参加人

行政复议参加人是指与所争议的行政行为有利害关系,以自己的名义参加行政复议,并受行政复议决定约束的当事人及与当事人地位相似的人,包括申请人、被申请人和第三人。

1. 复议申请人

行政复议申请人一般是认为行政行为侵害了其合法权益,并以自己的名义提起行政复议申请的公民、法人和其他组织。行政复议申请人必须与具体行政行为有利害关系。

在特殊情况下,复议申请人的资格会发生转移。《行政复议法》第10条规定,有权申请行政复议的公民死亡的,其近亲属可以申请行政复议。有权申请行政复议的公民为无民事行为能力人或者限制民事行为能力人的,其法定代理人可以代为申请行政复议。有权申请行政复议的法人或者其他组织终止的,承受其权利的法人或者其他组织可以申请行政复议。复议申请人资格转移的效果是:继受人以自己名义申请和参加复议。

2. 被申请人

被申请人系指作出被申请复议的行政行为的行政主体。确定被申请人资格的一般规则是:首先必须具有行政主体资格,其次必须作出了被申请复议的行政行为。因此,行政机关、法律法规规章授权的组织和派出机关具有被申请人资格。行政委托中的受托组织、行政主体的内设机构和无法律法规规章授权的派出机构不具有被申请人资格。

此外,有三种特殊情况:

(1)行政机关与其他行政机关或与法律法规规章授权的组织以共同的名义作出具体行

政行为的，各行政主体为共同被申请人。

（2）下级行政机关依照法律、法规、规章规定，经上级行政机关批准作出具体行政行为的，批准机关为被申请人。

（3）作出行政行为的行政机关被撤销的，被申请人有三种情况：该行政机关被合并，被申请人是合并后的行政机关；该行政机关被分解的，被申请人是接管其职权的行政机关；未确定接管该职权的行政机关或原职权不再存在的，被申请人是撤销该行政机关的行政机关。

3. 第三人

行政复议第三人就是同申请行政复议的具体行政行为有利害关系，经行政复议机关批准，以自己名义参加行政复议的公民、法人或者其他组织。

从行政程序的角度看，第三人与申请人同为行政行为的相对人，区别仅在后者先提起了行政复议，前者只能作为第三人参加。因此，第三人的资格与复议申请人的资格相同，即须与本申请复议的行政行为具有利害关系。同时，第三人之于被申请复议的行政行为的利害关系具有相对独立性，否则不能作为第三人，而是与申请人一起列为必要的共同复议人。

（五）审查依据和审查标准

行政复议审查依据是复议机关据以进行判断被申请复议的行政行为合法适当的法律文件和行政规定。根据行政复议法的有关规定，复议机关审理复议案件，以法律、行政法规、地方性法规、规章，以及上级行政机关依法制定和发布的具有普遍性约束力的决定、命令为依据。涉及民族自治地方案件的，并以该民族自治地方的自治条例、单行条例为依据。此外，被申请人制定的行政规范文件，符合法律法规规章和上级行政规定，基于行政自我拘束的行政原理，也应当作为审查依据。

审查标准由审查要点和审查强度组成，前者是指具体的审查点，例如权限、程序、内容等；后者是指审查对象要达到的尺度，例如行政行为的内容应达到合法或合理等程度。根据《行政复议法》的规定，复议机关对行政行为的审查标准包括合法性标准和合理性标准，对行政规定的审查标准是合法性标准。

1. 行政行为的行政复议审查标准

根据行政复议法的相关规定，复议机关对行政行为的审查标准包括：（1）作出行政行为的主体是否具有行政主体资格；（2）行政行为是否超越权限；（3）行政行为所依据的事实是否清楚、证据是否确凿；（4）行政行为适用依据是否正确；（5）行政行为的程序和形式是否合法；（6）行政行为的内容是否符合依据，是否适当。

2. 行政规定的行政复议审查标准

《行政复议法》对此未作规定。根据《国务院办公厅关于全面推行行政规范性文件合法性审核机制的指导意见》（国办发〔2018〕115号），对行政规范性文件合法性审核的标准包括：（1）制定主体是否合法；（2）是否超越制定机关法定职权；（3）内容是否符合宪法、法律、法规、规章和国家政策规定；（4）是否违法设立行政许可、行政处罚、行政强制、行政征收、行政收费等事项；（5）是否存在没有法律、法规依据作出减损公民、法人和其他组织合法权益或者增加其义务的情形；（6）是否存在没有法律、法规依据作出增加本单位权力或者减少本单位法定职责的情形；（7）是否违反规范性文件制定程序。

（六）审查方式

《行政复议法》第22条规定："行政复议原则上采取书面审查的办法，但是申请人提出要求或者行政复议机关负责法制工作的机构认为有必要时，可以向有关组织和人员调查情况，听取申请人、被申请人和第三人的意见。"所谓书面审查，即不做公开审理，也无须双方当事人到复议机关辩论，由复议机关审核申请人的复议申请书、被申请人提交的行政行为的材料、证据、答辩书等材料，并作出书面复议决定。书面审理简便、高效，有利于复议案件及时审结。当然，复议机关认为有必要，也可以采取非书面审理的方式。

（七）举证责任

行政复议法对复议中的举证责任没有作出规定。根据行政复议重在审查行政行为的制度功能，应参照行政诉讼法关于举证责任的分配规定，即被申请人承担行政行为合法适当的证据，提供当初作出行政行为的事实依据和规范依据，并证明行政行为的合法适当。对于其他事项，一般按照谁主张、谁举证的规则分配相应的举证责任。

第二节　行政复议程序

行政复议程序是行政复议申请人向行政复议机关申请行政复议至行政复议机关作出复议决定的各项步骤、形式、顺序和时限的总和。根据《行政复议法》《行政复议法实施条例》的规定，行政复议程序由申请、受理、审理、决定四大步骤组成。以下分别讨论各步骤具体的程序要求。

一、行政复议基本程序

（一）行政复议申请

行政复议申请是公民、法人和其他组织依法向复议机关提出请求审查行政行为的意思表示。行政复议是依申请行政行为，没有申请，不能启动复议程序，但申请必须符合一定的要求，以保障行政复议程序有序进行。

1. 申请期限

申请期限是申请人申请行政复议的时限，超过该时限，复议机关不予受理。《行政复议法》第9条规定："公民、法人或者其他组织认为具体行政行为侵犯其合法权益的，可以自知道该具体行政行为之日起六十日内提出行政复议申请；但是法律规定的申请期限超过六十日的除外。因不可抗力或者其他正当理由耽误法定申请期限的，申请期限自障碍消除之日起继续计算。"

申请附带审查行政规定的，可以在对具体行政行为申请行政复议的同时一并提出，申请人在对具体行政行为提出行政复议申请时尚不知道该具体行政行为所依据的规定的，也可以在行政复议机关作出行政复议决定前向行政复议机关提出对该规定的审查申请。

2. 申请条件

申请人提出的申请，要符合以下条件：(1) 申请人是认为行政行为侵犯其合法权益的相对人；(2) 有明确的被申请人；(3) 有具体的复议请求和事实根据；(4) 属于依法可申请行政复议的范围；(5) 相应行政复议申请属于受理行政复议机关管辖；(6) 符合法律法规规定的其他条件。

3. 申请方式

申请人申请行政复议，可以书面申请，也可以口头申请；口头申请的，行政复议机关应当当场记录申请人的基本情况、行政复议请求、申请行政复议的主要事实、理由和时间。当场制作行政复议申请笔录交申请人核对或者向申请人宣读，并由申请人签字确认。

4. 行政复议申请书

申请人采取书面方式向行政复议机关申请行政复议时，所递交的行政复议申请书应当载明下列内容：(1) 申请人如为公民，则为公民的姓名、性别、年龄、职业、住址等。申请人如为法人或者其他组织，则为法人或者组织的名称、地址、法定代表人的姓名；(2) 被申请人的名称、地址；(3) 申请行政复议的主要事实、理由和具体的复议要求；(4) 申请人的签名或者盖章；(5) 提出复议申请的日期。

(二) 受理

行政复议机关收到行政复议申请后，应当在5日内进行审查，作出是否受理的决定。

1. 复议机关对申请的审查

复议机关对复议申请主要进行四方面的审查：(1) 申请是否符合法律、法规的条件，包括申请人是否具有申请人资格、被申请人是否明确，复议请求是否具体明确、有无相应的事实根据，是否属于复议范围，是否为复议机关管辖，是否超出复议期限。(2) 申请是否属于重复申请。对于已经终局决定的行政行为，或者为其他复议机关受理的案件，复议机关不应受理。(3) 案件是否已由人民法院受理。《行政复议法》第16条第2款规定，同一申请人已经就同一行政行为提起行政诉讼，且法院已受理的，不得再申请行政复议。(4) 其他申请手续是否完备，例如，法定代理人代为申请行政复议时，法定代理人与被代理人之间的身份关系是否清楚。

审查中如果发现申请材料不齐全或者表述不清楚的，行政复议机构可以自收到该行政复议申请之日起5日内书面通知申请人补正。补正通知应当载明需要补正的事项和合理的补正期限。无正当理由逾期不补正的，视为申请人放弃行政复议申请。补正申请材料所用时间不计入行政复议审理期限。申请人补正材料后，复议机关继续审查申请材料。

2. 审查后的处理

复议机关对复议申请进行审查后，视审查情况，分别作出如下处理：（1）符合法定条件的，作出受理决定；（2）对不符合申请条件的，决定不予受理，并书面告知申请人；（3）对符合行政复议申请条件，但是不属于本机关受理的行政复议申请，应当告知申请人向有关行政复议机关提出。

为加快行政复议受理审核，行政复议法及其实施条例对以下两种情况作了特别规定：（1）公民、法人或者其他组织依法提出行政复议申请，行政复议机关无正当理由不予受理的，上级行政机关应当责令其受理；必要时，上级行政机关也可以直接受理。（2）对派出机关、派出机构、法律法规规章授权组织、共同行政行为、被撤销行政机关的行政行为不服的，申请人可以向行政行为发生地的县级人民政府提出申请，接受申请的县人民政府应当自接到该行政复议申请之日起七日内，转送有关行政复议机关，并告知申请人。

（三）行政复议审理

1. 审理行政复议案件的准备

具体包括：（1）送达行政复议书副本，并限期提出书面答复。行政复议机构应当自行政复议申请受理之日起7日内，将行政复议申请书副本或者行政复议申请笔录复印件发送被申请人。被申请人应当自收到申请书副本或者行政复议申请笔录复印件之日起10日内，向行政复议机关提出书面答复，并提交当初作出具体行政行为的证据、依据和其他有关材料。（2）审阅复议案件有关材料。行政复议机构应当着重审阅复议申请书、被申请人作出具体行政行为的书面材料、被申请人作出具体行政行为所依据的事实和证据、被申请人的书面答复。（3）调查取证，收集证据。（4）通知符合条件的人参加复议活动。（5）确定复议案件的审理方式。

2. 决定是否停止执行被申请具体行政行为

根据《行政复议法》第21条规定，行政复议期间被申请具体行政行为不停止执行。但是，本章第一节已经指出，为了防止因具体行政行为违法给相对人造成不可挽回的损失，《行政复议法》规定若干可以停止执行的情形。对此，复议机关要作出相应决定。

3. 行政复议机构进行审理

行政复议机关对被申请的行政行为以及附带提起的行政规定进行合法性和适当性审查过程。行政复议机关应当自受理申请之日起六十日内作出行政复议决定，但是法律规定的行政复议期限少于六十日的除外。情况复杂、不能在规定期限内作出行政复议决定的，经行政复议机关的负责人批准，可以适当延长，并告知申请人和被申请人，但是延长期限最多不超过三十日。

4. 作出复议决定。

行政复议机关作出行政复议决定,应当制作行政复议决定书,并加盖印章。行政复议决定书一经送达,即发生法律效力。

二、行政复议的中止和终止

行政复议的中止是由于出现了法定事由致使复议程序不能进行下去时,由复议机关决定中止复议程序,待法定事由消失之后再启动复议程序。《行政复议法实施条例》第41条规定了八种行政复议应中止的情形,包括:(1)作为申请人的自然人死亡,其近亲属尚未确定是否参加行政复议的;(2)作为申请人的自然人丧失参加行政复议的能力,尚未确定法定代理人参加行政复议的;(3)作为申请人的法人或者其他组织终止,尚未确定权利义务承受人的;(4)作为申请人的自然人下落不明或者被宣告失踪的;(5)申请人、被申请人因不可抗力,不能参加行政复议的;(6)案件涉及法律适用问题,需要有权机关作出解释或者确认的;(7)案件审理需要以其他案件的审理结果为依据,而其他案件尚未审结的;(8)其他需要中止行政复议的情形。行政复议中止的原因消除后,应当及时恢复行政复议案件的审理。行政复议机构中止、恢复行政复议案件的审理,应当告知有关当事人。

行政复议终止是因法定事由出现,行政复议机关不再继续审理有关行政复议案件,从而终结行政复议的活动。《行政复议法实施条例》第42条规定了五种引起行政复议终止的情形,包括:(1)申请人要求撤回行政复议申请,行政复议机构准予撤回的;(2)作为申请人的自然人死亡,没有近亲属或者其近亲属放弃行政复议权利的;(3)作为申请人的法人或者其他组织终止,其权利义务的承受人放弃行政复议权利的;(4)申请人与被申请人依照本条例第四十条的规定,经行政复议机构准许达成和解的;(5)申请人对行政拘留或者限制人身自由的行政强制措施不服申请行政复议后,因申请人同一违法行为涉嫌犯罪,该行政拘留或者限制人身自由的行政强制措施变更为刑事拘留的。此外,针对引起行政复议中止的前述(1)、(2)和(3)三种情况,如果满60日行政复议中止的原因仍未消除的,也将导致行政复议终止。

三、行政复议中的和解和调解

行政复议和解是指公民、法人或者其他组织对行政机关行使法律、行政法规或者行政规章规定的自由裁量权作出的具体行政行为不服申请行政复议,在行政复议机关作出行政复议决定之前,申请人和被申请人双方在自愿、合法基础上达成和解协议。行政复议中达成行政和解协议的,申请人和被申请人必须向行政复议机构提交书面和解协议,由复议机构进行审查。和解内容不损害社会公共利益和他人合法权益的,行政复议机构应当准许,对行政复议案件不再继续审理,复议程序终止。

行政复议调解是在复议机关主持下，申请人与被申请人之间达成解决争议的协议。根据《行政复议法实施条例》第50条的规定，有下列情形之一的，行政复议机关可以按照自愿、合法的原则进行调解：（1）公民、法人或者其他组织对行政机关行使法律、法规规定的自由裁量权作出的具体行政行为不服申请行政复议的；（2）当事人之间的行政赔偿或者行政补偿纠纷。当事人经调解达成协议的，行政复议机关应当制作行政复议调解书。调解书应当载明行政复议请求、事实、理由和调解结果，并加盖行政复议机关印章。行政复议调解书经双方当事人签字，即具有法律效力。调解未达成协议或者调解书生效前一方反悔的，行政复议机关应当及时作出行政复议决定。

第三节　行政复议决定的效力和执行

行政复议决定是指行政复议机关在查明事实的基础上，依照法律、法规和规章以及其他规范性文件，对有争议的具体行政行为是否合法、适当作出的判断和处理。

一、行政复议的决定类型

（一）维持决定

维持是行政复议机关维护支持被申请的行政行为的决定，使该行政行为保持法律效力。具体行政行为同时满足认定事实清楚、证据确凿、适用依据正确、程序合法、内容适当的五个要求的，复议机关应当作出维持决定。

（二）履行决定

被申请人有履行能力而不履行法定职责，且无正当理由的，复议机关责令其规定期限内履行法定职责的决定。

（三）撤销决定

被申请行政行为存在下列情形之一的：（1）主要事实不清、证据不足的；（2）适用依据错误的；（3）违反法定程序的；（4）超越或者滥用职权的；（5）具体行政行为明显不当的，复议机关全部或部分撤销被申请行政行为的决定，使该行政行为溯及既往地丧失法律效力。

（四）变更决定

变更决定是行政复议机关全部或部分改变原具体行政行为的内容，用复议机关的决定替代原具体行政行为。根据《行政复议法实施条例》的规定，变更决定适用于以下两种情形：一是具体行政行为认定事实清楚，证据确凿，程序合法，但是明显不当或者适用依据错误的；二是具体行政行为认定事实不清，证据不足，但是经行政复议机关审理查明事实清楚，证据确凿的。需要注意的是，在适用变更决定时，行政复议机关在申请人的行政复议请求范围内，不得作出对申请人更为不利的行政复议决定。

（五）确认违法决定

确认违法决定是对被申请行政行为违法性质和违法状态的确定或者认定的决定。确认违法决定适用于被申请行政行为构成违法，但是由于客观情况变化使撤销或者变更已经没有实际意义。

（六）重作决定

复议机关作出被申请行政行为撤销决定或确认违法决定的同时，认为仍然需要被申请人作出行政行为的，可以责令被申请人重新作出行政行为的决定。行政复议机关责令被申请人重新作出具体行政行为的，被申请人不得以同一事实和理由作出与原具体行政行为相同或者基本相同的具体行政行为。

（七）驳回申请决定

驳回申请决定是《行政复议法实施条例》适应实践要求而新规定的决定形式，适用于以下两种情形：一是申请人认为行政机关不履行法定职责申请行政复议，行政复议机关受理后发现该行政机关没有相应法定职责或者在受理前已经履行法定职责的；二是受理行政复议申请后，发现该行政复议申请不符合行政复议法及其实施条例规定的受理条件的。不过，如果上级行政机关认为行政复议机关驳回行政复议申请的理由不成立的，应当责令其恢复审理。

（八）行政赔偿决定

行政复议机关作出行政复议决定，可以依法同时作出行政赔偿决定。包括两种情形：

（1）依申请作出的赔偿决定，是申请人在申请行政复议时一并提出了行政赔偿请求，行政复议机关对符合《国家赔偿法》的有关规定应当给予赔偿的，在决定撤销、变更具体行政行为或者确认具体行政行为违法时，应当同时决定被申请人依法给予赔偿。根据《国家赔偿法》第9条第2款，申请国家赔偿可以先向赔偿义务机关提出，也可以在申请行政复议时一并提出。如果对不予赔偿或者赔偿数额有异议，申请人可以依法提起行政诉讼。

（2）依职权作出的赔偿决定，是申请人在申请行政复议时没有提出行政赔偿损失请求，但是行政复议机关可以在法定情形下直接作出有赔偿效果的决定。法定情形是指行政复议机关依法决定撤销或者变更罚款、撤销违法集资、没收财物、征收财物、摊派费用以及对财产的查封、扣押、冻结等具体行政行为时，同时责令被申请人返还财产，解除对财产的查封、扣押、冻结措施，或者赔偿相应的价款。

二、行政复议决定的执行

行政复议决定的执行是有关国家机关依法采取措施强制实现行政复议决定内容的行为。执行行政复议决定的主要条件有：第一，行政复议决定开始生效；第二，有关义务人没有履行行政复议决定规定的义务，包括被申请人和申请人不履行相关义务。

（一）被申请人不履行义务及其执行措施

被申请人不履行有两种情形：一种是完全不履行；另一种是无正当理由不及时履行。有权采取执行措施的是行政复议机关或者有关上级机关，采取的执行措施是责令被申请人限期履行。如果复议机关或上一级行政机关对被申请人没有采取责令限期履行措施的，申请人也可以依照《中华人民共和国行政诉讼法》和最高人民法院有关执行的司法解释向人民法院申请强制执行。

（二）申请人不履行义务及其执行措施

申请人不履行义务及其执行措施，比被申请人的情形要复杂一些。对申请人不履行义务采取执行措施的条件是：申请人逾期不起诉又不履行行政复议决定，或者不履行最终裁决的行政复议决定。

对申请人采取的执行措施有两种：第一，维持具体行政行为的行政复议决定，由作出具体行政行为的行政机关依法强制执行，或者申请人民法院强制执行；第二，变更具体行政行为的行政复议决定，由行政复议机关依法强制执行，或者申请人民法院强制执行。

第十二章 行政诉讼法

第一节 行政诉讼概述

一、行政诉讼的概念

行政诉讼,简言之,就是法院审判行政法律争议的活动。我国行政诉讼审理的案件包括两大类:(1)公民、法人和其他组织提起行政诉讼;(2)人民检察院提起的行政公益诉讼。此外,还包括行政赔偿诉讼,本编第八章予以专门介绍。

总结起来,这两类行政诉讼具有以下共同特点:

1. 司法主导性。在行政诉讼中,人民法院是整个诉讼程序的指挥者、诉讼秩序的维护者和裁判决定的作出者,行政权不得以任何理由对抗审判权。

2. 行政诉讼的中心任务是人民法院对行政行为进行合法性审查。人民法院在行政诉讼中的主要作用,即审查行政行为是否依法而为,是否依法履行法定职责。合法性审查体现了行政诉讼制度"监督行政机关依法行使职权"的目的。

3. 被告恒定为享有行政职权的行政机关或授权组织。一般行政诉讼一审原告只能是公民、法人和其他组织,被告只能是作出行政行为的行政机关或法律法规规章授权组织,体现了行政诉讼"保护公民、法人和其他组织的合法权益"的目的。行政公益诉讼是人民检察院作为起诉人,被告是负有作为义务的行政机关或授权组织,以维护公共利益。

二、行政诉讼法的原则

行政诉讼法基本原则是行政诉讼法规定,反映行政诉讼基本规律,约束和指导整个行政诉讼活动的基本准则。

我国行政诉讼法基本原则包括诉讼法共有原则和行政诉讼特有原则。前者是民事诉讼、刑事诉讼和行政诉讼应共同遵循的基本原则,包括:(1)人民法院依法独立行使审判权原则;(2)以事实为根据、以法律为准绳原则;(3)合议、回避、公开审判和两审终审原则;(4)当事人诉讼地位平等原则;(5)使用本民族语言进行诉讼原则;(6)辩论原则;(7)人民检察院实施法律监督原则。本教材对此不作赘述。

行政诉讼法特有原则仅仅适用行政诉讼。根据《行政诉讼法》的规定，行政诉讼法特有原则有以下 4 项。

（一）保障诉权原则

诉权是公民、法人和其他组织请求法院作出司法裁判、保障其合法权益的权利。鉴于行政诉讼实践中一定程度存在着行政干预并导致行政诉讼受理难、立案难、审判难等现象，《行政诉讼法》第 3 条特别规定："人民法院应当保障公民、法人和其他组织的起诉权利，对应当受理的行政案件依法受理""行政机关及其工作人员不得干预、阻碍人民法院受理行政案件。"

（二）行政行为合法性审查原则

《行政诉讼法》第 6 条规定："人民法院审理行政案件，对行政行为是否合法进行审查。"根据本条，行政诉讼的审查对象是行政行为，不是相对人的行为；审查标准是合法性，不包括适当性。

（三）行政机关负责人出庭应诉原则

《行政诉讼法》第 6 条第 3 款规定："被诉行政机关负责人应当出庭应诉。不能出庭的，应当委托行政机关相应的工作人员出庭。"行政负责人出庭应诉有助于真正解决行政争议和监督行政机关依法行使职权，实现行政诉讼法的目的。2018 年《关于适用〈中华人民共和国行政诉讼法的解释〉》（以下简称《司法解释》）和 2020 年《最高人民法院关于行政机关负责人出庭应诉若干问题的规定》都进一步作了专门规定。

行政机关负责人包括行政机关的正职、副职负责人、参与分管被诉行政行为实施工作的副职级别的负责人以及其他参与分管的负责人；出庭范围包括第一审、第二审、再审等诉讼程序；出庭的任务是代表所属行政主体行使诉讼权利，履行诉讼义务。

行政机关负责人出庭应诉的行政案件包括两类：（1）食品药品安全、生态环境和资源保护、公共卫生安全等重大公共利益，社会高度关注或者可能引发群体性事件等的案件。对这一类案件，人民法院都应当通知行政机关负责人出庭应诉；（2）被诉行政行为涉及公民、法人或者其他组织重大人身、财产权益的、行政公益诉讼、被诉行政机关的上级机关规范性文件要求行政机关负责人出庭应诉的等案件。对这一类案件，人民法院认为需要的，通知行政机关负责人出庭应诉。

（四）诉讼不停止行政行为执行原则

《行政诉讼法》第 56 条规定："诉讼期间，不停止行政行为的执行。"行政行为具有公定力，一经作出，除非属于重大而明显的违法，都被推定合法有效，在撤销之前，其法律效力始终维持。行政行为的执行力要求行政行为即使诉讼期间也要执行，以保障行政行为所承载的公共利益得以实现。但是考虑到有些行政行为一旦执行，其后果难以挽回，《行政诉讼法》设定了四种情形，法院可以裁定停止执行：（1）被告认为需要停止执行的；（2）原告或者利害关系人申请停止执行，人民法院认为该行政行为的执行会造成难以弥补的损失，并且停止执行不损害国家利益、社会公共利益的；（3）人民法院认为该行政行为的执行会给国家利益、社会公共利益造成重大损害的；（4）法律、法规规定停止执行的。

三、行政诉讼的受案范围

行政诉讼受案范围，是指人民法院受理行政诉讼案件的范围。《行政诉讼法》以第二章之"受案范围"进行专门规定，总结如下：

首先，凡是侵犯公民、法人和其他组织合法权益的，除非法律法规予以排除，概属行政诉讼受案范围。《行政诉讼法》第12条第1款第1~11项列举了行政诉讼受案范围的具体情形，第12项进一步规定："认为行政机关侵犯其他人身权、财产权等合法权益的"，被概括性地纳入行政诉讼受案范围之中。

若这一条款未能穷尽其他行政行为，根据《行政诉讼法》第12条第2款的规定，由单行法律、法规作出补充规定。

再次，行政诉讼法明确规定了不属于行政诉讼受案范围的情形。总结起来，主要是六种情形：

（1）行政诉讼是对行政行为的审查，行政机关作出的行政行为之外的行为，如行政机关的民事行为、刑事司法行为、调解仲裁行为、立法行为等被排除。

（2）行政诉讼是为了救济相对人的权益，对相对人没有权益影响的行为，如行政机关驳回相对人对行政行为提起申诉的重复处理行为、对相对人不产生法律效力的行为，内部检查监督等行为，一般都不属于受案范围。

（3）侵犯公民政治权利的行政行为被排除。对此，《民事诉讼法》第151条、182条已经明确规定，选民资格案件适用民事诉讼程序。根据《集会游行示威法》第13条的规定，公民举行集会、游行、示威必须申请许可，对行政机关不予许可的，可以申请复议，但不适用行政诉讼。

（4）行政诉讼是合法性审查，因此，排除政治色彩突出的国防、外交行为，涉及行政机关的宪法案件也在排除之列。

（5）内部行政行为被排除，行政诉讼是保护公民、法人和其他组织的合法权益，因此，行政机关人事管理行为、内部层级监督行为、行政机关之间的权限争议和行政机关对国有企业及资产监督管理等不影响公民、法人和其他组织权益的行为一般也被排除。

（6）法律规定由行政机关最终裁决的行政行为，即行政终局行为。这里的法律必须严格限制为全国人大及其常委会制定的法律。例如《行政复议法》第14条规定，对国务院各部门或者省、自治区、直辖市人民政府的具体行政行为不服的，向作出该具体行为的国务院部门或者省、自治区、直辖市人民政府申请复议，对行政复议不服的，可以向人民法院提起行政诉讼，也可以向国务院申请裁决，国务院依照本法的规定所作的裁决为最终裁决。

此外，根据《行政诉讼法》第 53 条的规定，公民、法人或者其他组织认为行政行为所依据的国务院部门和地方人民政府及其部门制定的规范性文件不合法，在对行政行为提起诉讼时，可以一并请求对该规范性文件进行审查。

四、行政诉讼的管辖

行政诉讼管辖是人民法院之间受理一审案件的权限分工。其中，上下级人民法院之间一审案件管辖权的分配称为"级别管辖"，同级人民法院之间一审案件管辖权的分配，称为"地域管辖"。确定管辖法院，需要同时在纵向（级别管辖）和横向（地域管辖）两个维度展开。

（一）级别管辖

1. 基层人民法院管辖权

《行政诉讼法》第 14 条规定："基层人民法院管辖第一审行政案件。"本条确立了行政案件归基层法院管辖的一般规则，即除法律规定归上级人民法院管辖外，其他行政案件都由基层人民法院管辖。

根据 2021 年 9 月 27 日最高人民法院印发的《关于完善四级法院审级职能定位改革试点的实施办法》第 2 条的规定，下列以县级、地市级人民政府为被告的第一审行政案件，由基层人民法院管辖：（1）政府信息公开案件；（2）不履行法定职责的案件；（3）行政复议机关不予受理或者程序性驳回复议申请的案件；（4）土地、山林等自然资源权属争议行政裁决案件。

2. 中级人民法院管辖权

根据《行政诉讼法》第 15 条规定，中级人民法院管辖下列第一审行政案件：（1）对国务院部门或者县级以上地方人民政府所作的行政行为提起诉讼的案件；（2）海关处理的案件。我国虽设有海事法院，但不管辖行政案件；（3）本辖区内重大、复杂的案件；（4）其他法律规定由中级人民法院管辖的案件。根据《司法解释》第 5 条规定，"本辖区内重大、复杂的案件"主要指的是：（1）社会影响重大的共同诉讼案件；（2）涉外或者涉及香港特别行政区、澳门特别行政区、台湾地区的案件；（3）其他重大、复杂案件。此外，根据最高人民法院《关于审理国际贸易行政案件若干问题的规定》第 5 条的规定，第一审国际贸易行政案件由具有管辖权的中级以上人民法院管辖。

3. 高级人民法院管辖权

《行政诉讼法》第 16 条规定："高级人民法院管辖本辖区内重大、复杂的第一审行政案件。"此外，2002 年最高人民法院《关于审理反倾销行政案件应用法律若干问题的规定》第五条的规定，第一审反倾销行政案件由被告所在地高级人民法院管辖，或者被告所在地高级人民法院指定的中级人民法院管辖。

4. 最高人民法院的管辖权

《行政诉讼法》第 17 条规定："最高人民法院管辖全国范围内重大、复杂的第一审行政案件。"

（二）地域管辖

1. 地域管辖的一般规则

所谓地域管辖的一般规则，即除非法律法规对地域管辖另有规定的，否则一律依此确定地域管辖。《行政诉讼法》第 18 条第 1 款规定："行政案件由最初作出行政行为的行政机关所在地人民法院管辖。"

2. 特殊地域管辖规则

特殊地域管辖规则对一般管辖规则有所改变或者有所补充。对此，《行政诉讼法》明确规定了四种情况：

（1）经复议的案件，也可以由复议机关所在地人民法院管辖。

（2）对限制人身自由的行政强制措施不服提起的诉讼，由被告所在地或者原告所在地人民法院管辖。按照 2018 年《司法解释》第 8 条的解释，原告所在地包括原告户籍地、经常居住地和被限制人身自由地。

（3）经最高人民法院批准，高级人民法院可以根据审判工作的实际情况，确定若干人民法院跨行政区域管辖行政案件。

（4）因不动产提起的行政诉讼，由不动产所在地人民法院管辖。通常认为这一管辖是"专属管辖"，即该类案件只能由不动产所在地法院管辖。

在（1）和（2）情况中，两个以上人民法院都有管辖权的案件，原告可以选择其中一个人民法院提起诉讼。原告向两个以上有管辖权的人民法院提起诉讼的，由最先立案的人民法院管辖。

（三）裁定管辖

考虑到法院在确定管辖时可能遇到的特殊情况，《行政诉讼法》授权人民法院通过裁定方式调整或确定案件管辖。

1. 移送管辖。人民法院发现受理的案件不属于本院管辖的，应当移送有管辖权的人民法院，受移送的人民法院应当受理。受移送的人民法院认为受移送的案件按照规定不属于本院管辖的，应当报请上级人民法院指定管辖，不得再自行移送。

2. 指定管辖。有管辖权的人民法院由于特殊原因不能行使管辖权的，由上级人民法院指定管辖。人民法院对管辖权发生争议，由争议双方协商解决。协商不成的，报它们的共同上级人民法院指定管辖。

3. 管辖转移。由上级人民法院决定或同意,将下级人民法院管辖的第一审行政案件移交给上级人民法院管辖。为了更好地保护当事人的上诉权,防止地方保护主义对案件公正审理的影响,2014年之后,移送管辖仅限于"上移",不得"下放"。

五、行政诉讼参加人

(一) 行政诉讼参加人的概念

行政诉讼参加人是指参加行政诉讼活动,享有诉讼权利、承担诉讼义务的人,其基本特征是与案件的审理结果具有利害关系,包括原告、被告、共同诉讼人、第三人和诉讼代理人。

行政诉讼参加人不同于行政诉讼参与人。后者除了诉讼参加人外,还包括证人、鉴定人、勘验人、翻译人员等,他们在法律上与案件没有利害关系。诉讼参与人的诉讼活动要受《行政诉讼法》的调整,其他诉讼参与人的诉讼活动适用《民事诉讼法》的相关规定。

(二) 行政诉讼原告及原告资格

行政诉讼原告是认为自己的合法权益受到行政主体的行政行为侵害或实质影响而向人民法院提起诉讼的公民、法人或其他组织。不过,成为行政诉讼原告,除了要具备这一定义所规定的条件外,还必须具备"行政诉讼原告资格"。

行政诉讼原告资格是确定公民、法人和其他组织在实体上能否充当行政诉讼原告的法律资格。《行政诉讼法》第25条规定:"行政行为的相对人以及其他与行政行为有利害关系的公民、法人或者其他组织,有权提起诉讼。"根据这一规定,公民、法人和其他组织必须与被诉的行政行为具有"利害关系",才具有行政诉讼原告资格。对"利害关系",《司法解释》第12条作了具体解释,包括:(1) 被诉的行政行为涉及其相邻权或者公平竞争权的;(2) 在行政复议等行政程序中被追加为第三人的;(3) 要求行政机关依法追究加害人法律责任的;(4) 撤销或者变更行政行为涉及其合法权益的;(5) 为维护自身合法权益向行政机关投诉,具有处理投诉职责的行政机关作出或者未作出处理的;(6) 其他与行政行为有利害关系的情形。

行政原告资格在一定条件可以发生转移。有权提起诉讼的公民死亡,其近亲属可以提起诉讼。有权提起诉讼的法人或者其他组织终止,承受其权利的法人或者其他组织可以提起诉讼。

(三) 行政公益诉讼起诉人

根据《行政诉讼法》规定,人民检察院具有行政公益诉讼起诉权。行政公益诉讼起诉人具有以下特征:

(1) 现阶段行政公益诉讼的起诉人必须是人民检察机关。根据宪法，人民检察院是法律监督机关，《行政诉讼法》赋予检察机关对行政机关是否履行法定职责进行监督，这一赋权符合宪法对检察机关的职能定位。

(2) 现阶段能提起行政公益诉讼的领域只能集中在生态环境和资源保护、食品药品安全、国有财产保护、国有土地使用权出让、未成年人保护等领域。

(3) 人民检察院必须是以"公共利益代表"的身份提起诉讼。在行政公益诉讼中，人民检察院本身与行政行为没有利害关系，提起行政公益诉讼的目的是维护国家利益或社会公共利益。

(4) 人民检察院提起行政公益诉讼必须以履行诉前程序为前提，即人民检察必须先行向行政机关提出检察建议，督促其依法履行职责。

（四）行政诉讼被告及被告资格

行政诉讼被告是原告或行政公益诉讼人指控其行政行为违法，侵害原告合法权益或国家、社会公共利益，并经法院通知应诉的具有国家行政职权的行政机关和法律法规规章授权组织。

具体实践中行政诉讼被告情况较为复杂，《行政诉讼法》作了类型化规定。

(1) 未经复议或上级审批而直接作出行政行为的，作出该行为的行政主体即具行政诉讼被告资格，如果是多个行政主体共同作出，则都具被告资格，列为共同被告。

(2) 经过复议机关的行政行为。复议维持的行政行为，或者复议机关未改变原行政行为结果，复议机关和原行政主体都具有被告资格，列为共同被告；复议机关改变原行政行为的结果的，复议机关具有被告资格，原行政主体不具有被告资格；复议机关不受理复议申请或者规定期限内不做出复议决定，如果对原行政行为提起诉讼，则原行政机关是作出机关，具有被告资格。如果对复议机关的不作为起诉，则复议机关具有被告资格。

(3) 经上级行政机关批准的行政行为，在对外发生法律效力的文书上署名的行政机关具有被告资格。

(4) 国务院、省级人民政府批准设立的开发区管理机构及其所属职能部门所作出行政行为的，开发区管理机构和职能部门具备行政诉讼被告资格。

（五）行政诉讼第三人

行政诉讼第三人是指虽非行政诉讼的原告或者被告，但与被诉行政行为或审判结果有利害关系的，经申请或法院通知，参加到已经进行的行政诉讼，并受法院裁判约束的组织和个人。在审判实践中，行政诉讼第三人可以分成三类：

(1) 具有行政诉讼原告资格的公民、法人和其他组织，未提起行政诉讼，以第三人身份参加行政诉讼；

(2) 具有行政诉讼被告资格的行政机关或授权组织。《司法解释》第 26 条第 2 款规定，应当追加被告而原告不同意追加的，人民法院应当通知其以第三人的身份参加诉讼，但行政复议机关作共同被告的除外。

（3）虽然不具有原告资格或者被告资格，但是与被诉行政行为的审判结果有利害关系的，也可作为第三人参加诉讼。例如行政主体与不具有行政主体资格的个人和组织联合作出行政行为，后者不具有被告资格，但可以作为第三人参加诉讼。

六、行政诉讼证据

（一）行政诉讼证据的概念和种类

行政诉讼证据是在行政诉讼中，人民法院用于证明案件事实的材料。

诉讼证据遵循证据形式法定主义，即作为证据的材料必须符合法律规定的形式，才能取得证据资格。《行政诉讼法》第33条规定了8种证据形式，包括：

（1）书证，即以文字、符号、图案等所记载的内容证明案件事实的证据。

（2）物证，即以物品、痕迹等客观物质实体的外形、性状、质地、规格等证明案件事实的证据。如肇事交通工具、现场留下的物品和痕迹等。

（3）视听资料，即以录音、录像、扫描等技术手段记录下来的与案件相关的事实和材料。

（4）电子数据，指基于计算机应用、通信和现代管理技术等电子化技术手段形成的客观资料。

（5）证人证言，即直接或者间接了解案件情况的证人向人民法院所作的用以证明案件事实的陈述。

（6）当事人的陈述，即本案当事人在诉讼中就案件事实向人民法院所作的陈述和承认。

（7）鉴定意见，即具有专业技术特长的鉴定人利用专门的仪器、设备，就与案件有关的专门问题所作的技术性结论。

（8）勘验笔录、现场笔录，勘验笔录是指行政机关工作人员或者人民法院审判人员对与行政案件有关的现场或者物品进行勘察、检验、测量、绘图、拍照等所作的记录。现场笔录是指行政机关工作人员在行政管理过程中对与行政案件有关的现场情况及其处理所做的书面记录。

基于证据种类法定主义，不属于上述8种证据种类的材料，不能作为诉讼证据。

（二）行政诉讼中的非法证据排除

作为法院定案根据的证据必须具有合法性。非法证据不具有可采性。《行政诉讼法》第43条第3款规定："以非法手段取得的证据，不得作为认定案件事实的根据。"对此，

《行诉法解释》第 43 条规定了三种情形：（1）严重违反法定程序收集的证据材料；（2）以违反法律强制性规定的手段获取且侵害他人合法权益的证据材料；（3）以利诱、欺诈、胁迫、暴力等手段获取的证据材料。

（三）行政诉讼举证责任分配

举证责任是法律规定由特定当事人提供证据证明的义务，若该当事人不履行此项义务，使该事实无法证明，当事人将为此承担败诉或其他不利后果。举证责任包含有两层含义：一是提供证据证明的法律义务；二是指举证人无法履行前述义务而承担的败诉风险的法律后果。

基于行政诉讼审查行政行为合法性的目的，我国行政诉讼法规定，被告行政主体承担主要的举证责任，但原告对特定事项也承担举证责任。《行政诉讼法》第 34 条规定："被告对作出的行政行为负有举证责任，应当提供作出该行政行为的证据和所依据的规范性文件。"根据依法行政的基本要求，行政行为必须遵循"先取证后裁决"的基本程序，因此，由被告承担举证责任。

要注意的是，《行政诉讼法》第 34 条所规定的被告举证责任限于行政行为的合法性的证明问题上。在其他领域，举证责任的分配遵循"谁主张、谁举证"的一般规则。无论是原告还是被告，对自己的主张承担相应的举证责任。

（四）法院调取证据

鉴于行政诉讼中当事人隐瞒不利证据或部分证据相对人为行政主体保存，相对人不易直接取得等问题，《行政诉讼法》第 40 条专门规定了人民法院调取证据的权力，具体分为依职权调取证据和基于当事人申请调取证据。

根据 2002 年《最高人民法院关于行政诉讼证据若干问题的规定》第 22 条的规定，出现下列情形，人民法院应依职权向有关行政机关以及其他组织、公民调取证据：涉及国家利益、公共利益或者他人合法权益的事实认定的；依职权追加当事人、中止诉讼、终结诉讼、回避等程序性事项的。根据同规定第 23 条，下列情形中原告可以申请人民法院调取下列证据材料：在由国家有关部门保存而须由人民法院调取的证据材料；涉及国家秘密、商业秘密、个人隐私的证据材料；确因客观原因不能自行收集的其他证据材料等情形中，原告或者第三人能够提供确切线索的。人民法院不得为证明被诉具体行政行为的合法性，调取被告在作出具体行政行为时未收集的证据。

七、行政诉讼审判依据

行政诉讼的核心任务是对行政行为进行合法性审查。审判依据即是法院据以判断行政行为是否合法的根据。

根据《行政诉讼法》第 63 条、第 64 条的规定，我国行政诉讼审判依据包括：

1. 以法律、行政法规、地方性法规、自治条例、单行条例为依据。

2. 参照规章。法院应当对规章的规定是否合法有效进行审查、组织、甄别，对于合法有效的规章应当适用。规章制定机关作出的与规章具有同等效力的规章解释，人民法院审理行政案件时亦参照适用。

第二节　行政诉讼程序

行政诉讼程序是行政诉讼展开的步骤和环节，主要包括起诉与受理、一审程序、二审程序和审判监督程序构成。行政公益诉讼基本依照一般行政诉讼程序进行，因此，本节主要介绍一般行政诉讼的基本程序，补充介绍行政公益诉讼的特殊规定。

一、起诉与受理

(一) 起诉和起诉条件

1. 起诉

起诉是指公民、法人和其他组织认为行政行为违法且侵害其合法权益或者行政公益诉讼的起诉人认为行政主体不依法履行法定职责，而依法要求人民法院对行政行为或者履职行为的合法性进行审查的法律行为。诉讼遵循"不告不理"原则，必须先有相关主体提起诉讼，才能启动行政诉讼程序。

起诉应当向人民法院递交起诉状，并按照被告人数提出副本。书写起诉状确有困难的，可以口头起诉，由人民法院记入笔录，出具注明日期的书面凭证，并告知对方当事人。

2. 起诉的条件

起诉必须要符合一定的条件，只有符合条件，才能通过法院的起诉审查，从而受理起诉。对于公民、法人和其他组织提起的一般行政诉讼，起诉条件包括：

(1) 起诉须与行政复议相衔接

法律法规规定复议前置的，必须先行复议，否则不予受理。有两种情况要注意：

1) 如果法律规定复议终局裁决的，则不能提起行政复议。但是，复议机关拒绝复议或超过法定期间不作出复议决定或者不予答复的，可以起诉。

2) 如果当事人可以选择复议或诉讼的，由当事人选择，如果选择复议，则不能再向人民法院起诉，对复议决定不服的，再向人民法院提起诉讼。若当事人既申请复议又起诉的，以先收到有关材料的机关而定。同时收到的，当事人自行选择。

(2) 在起诉期限内起诉

经过复议的，起诉期限是自收到复议决定书之日起十五日内向人民法院提起诉讼。复议机关逾期不作决定的，申请人可以在复议期满之日起十五日内向人民法院提起诉讼。法律另有规定的除外。

未经复议直接起诉的，起诉期限从自知道或者应当知道作出行政行为之日起的六个月。对这个期限，有三个补充性规定。

第一，如果法律对起诉期限另有规定，则依此规定。

第二，如果当事人不知道而且不应当知道，因不动产提起诉讼的案件自行政行为作出之日起超过二十年，其他案件自行政行为作出之日起超过五年提起诉讼的，人民法院不予受理。

第三，公民、法人或者其他组织申请行政机关履行保护其人身权、财产权等合法权益的法定职责，行政机关自接到申请之日起两个月内不履行的，公民、法人或者其他组织可以向人民法院提起诉讼。法律、法规对行政机关履行职责的期限另有规定的，从其规定。

（3）起诉人必须是认为自己的合法权益受到被诉行政行为的侵犯

起诉人必须是为了保护自己的权益，而不是别人或者公共利益，且起诉人必须认为这一合法权益受到被诉行政行为侵犯，才可以提起诉讼。

（4）有明确的被告

起诉人在起诉中必须明确指出被告是谁，谁侵犯了其合法权益。否则，人民法院无法开展行政审判活动。

（5）有具体的诉讼请求和事实根据

诉讼请求是指原告请求人民法院通过行政审判保护自己的合法权益的具体内容。事实根据是起诉人向法院起诉时提出诉讼请求所依据的事实和理由，包括争议事实的全部经过，以及能够证明案情事实存在的必要证据。

（6）属于人民法院受案范围和受诉法院的管辖权

被诉行政行为必须是属于行政诉讼法规定的受案范围，否则不能起诉；受诉法院必须符合行政诉讼法关于管辖的规定，受诉法院具有管辖权，否则受诉法院不能受理。

（7）起诉材料内容完整

公民、法人或者其他组织提起诉讼时应当提交以下起诉材料：①原告的身份证明材料以及有效联系方式；②被诉行政行为或者不作为存在的材料；③原告与被诉行政行为具有利害关系的材料；④人民法院认为需要提交的其他材料；⑤法定代理人或者委托代理人的身份证明和代理权限证明等材料。

根据《最高人民法院最高人民检察院关于检察公益诉讼案件适用法律若干问题的解释》《人民检察院公益诉讼办案规则》，行政公益诉讼的起诉条件包括：①生态环境和资源保护、食品药品安全、国有财产保护、国有土地使用权出让、未成年人保护等领域负有监督管理职责的行政机关违法行使职权或者不作为，国家利益、公共利益受到侵害。②行政机关经检察建议督促仍然没有依法履行职责，国家利益或者社会公共利益处于受侵害状态。③有明确的被告。④有具体的诉讼请求和事实根据。其他起诉条件事项适用行政诉讼法以及相关司法解释的规定。

(二) 起诉审查与受理

原告的起诉行为必须符合前述起诉条件。为此,法院自接到起诉状之后,应当就起诉状内容和材料是否完备以及是否符合行政诉讼法规定的起诉条件进行审查。法院对起诉的审查只是形式上的或者程序上的,不是实体性审查。

经过审查,法院应当分别作出以下处理:

1. 符合前列起诉条件,法院应当当场登记立案,制作"受理通知书",并送达原告或公益诉讼起诉人。

2. 对当场不能判定是否符合本法规定的起诉条件的,应当接收起诉状,出具注明收到日期的书面凭证,并在七日内决定是否立案。

3. 经过审查,法院认为起诉不符合起诉条件的,作出不予立案的裁定。裁定书应当载明不予立案的理由。起诉人对裁定不服的,可以提起上诉。

起诉状内容或者材料欠缺的,人民法院应当给予指导和释明,并一次性全面告知当事人需要补正的内容、补充的材料及期限。补正后交人民法院起诉材料之日的次日起的 7 日内,法院再行进行起诉审查并作出相应处理。

二、行政诉讼第一审程序

行政诉讼第一审程序是人民法院对行政案件进行初次审理的程序,是所有行政案件必经的程序。根据《行政诉讼法》的规定,一审程序分为普通程序和简易程序。

(一) 普通程序

普通程序是人民法院审理和裁判第一审行政案件通常适用的程序,包括以下主要环节:

1. 审前准备工作,其任务是掌握案情基本情况,弄清双方当事人争议焦点,通知诉讼参加人参加诉讼,为开庭做好各项准备。具体工作包括:

(1) 人民法院应当在立案之日起五日内,将起诉状副本发送被告,并要求被告在收到起诉状副本之日起十五日内提交作出具体行政行为的有关材料和答辩状。人民法院应当在收到答辩状之日起五日内,将答辩状副本发送原告。

(2) 依法组成合议庭。行政诉讼普通程序必须组成合议庭,合议庭成员,应当是三人以上的单数。

(3) 审查诉讼材料,必要时,要求当事人提供或补充证据,或者依法调取证据。

(4) 审查当事人资格,发现不适当的当事人,通知其退出或更换;应该参加诉讼的当事人，如果没有参加诉讼，应通过其参加诉讼。经原告同意后，可以追加或更换被告。原告不同意的，裁定驳回起诉。

（5）先行给付。审理给付类行政案件时，考虑到原告经济困难，可裁定被诉行政主体先行给付一定款项或财物，并立即交付执行。

（6）决定其他事项，如是否需要回避、是否合并审理、是否不公开审理、是否停止执行被诉行政行为。

（7）开庭通知，法院应当在开庭3天前将开庭时间、地点通知当事人和其他诉讼参加人。

2. 开庭审理

（1）开庭预备。开庭前由书记员查明当事人和其他诉讼参与人是否到庭，并宣布法庭纪律。

（2）宣布开庭。由审判长宣布开庭，并宣布案由、审判人员和书记员名单；告知当事人的诉讼权利和义务；询问当事人是否申请审判人员、书记员、翻译人员和鉴定人员回避。

（3）当事人陈述和答辩。①原告陈述诉讼请求，阐述诉讼事实和理由；②被告答辩；③如果有第三人，由第三人陈述意见。

（4）事实调查和质证。由于行政诉讼的特殊性，先由被告提交证据，并说明证明事项。接着由原告和第三人提交证据，并说明证明事项。之后，当事人围绕证据的客观性、相关性和合法性进行质证。

（5）法庭辩论。辩论的顺序按原告及诉讼代理人，被告及诉讼代理人，第三人及诉讼代理人进行。辩论终结，当事人作最后意见陈述。

（6）休庭评议。休庭后，诉讼进入评议环节，合议庭基于该案事实和法律进行讨论，最后按照少数服从多数原则形成裁判意见。

（7）宣判。人民法院应当在立案之日起六个月内作出第一审判决。有特殊情况需要延长的，由高级人民法院批准；高级人民法院审理第一审案件需要延长的，由最高人民法院批准。判决一律公开宣告。

（二）简易程序

根据《行政诉讼法》的规定，简易程序适用的案件主要分为两大类：第一类是事实清楚、权利义务关系明确、争议不大的，限于下列案件：（1）被诉行政行为是依法当场作出的；（2）案件涉及金额两千元以下的；（3）属于政府信息公开案件的。第二类是虽不是前述行政案件，但当事人各方同意适用简易程序的案件。值得注意的是，凡是发回重审、按照审判监督程序再审的案件不适用简易程序。

简易程序的简易性，一是审判组织的简易，由审判员一人独任审理；二是审限的缩短，要在立案之日起四十五日内审结；三是庭审某些环节的简省。人民法院在审理过程中，发现案件不宜适用简易程序的，裁定转为普通程序。

（三）撤诉

撤诉是原告起诉后，在宣告判决或裁定之前，原告主动申请撤回或取消诉讼请求的行为。为保障原告诉权，保障行政诉讼法立法目的的实现，人民法院对原告申请撤诉要进行审查，原告出于合法原因的自愿撤诉，法院应裁定准许，否则应裁定不准许。

此外，根据《行政诉讼法》第58条的规定，经人民法院传票传唤，原告无正当理由拒不到庭，或者未经法庭许可中途退庭的，可以按照撤诉处理，也可以缺席判决。

三、行政诉讼二审程序

（一）行政诉讼二审程序的概念

行政诉讼第二审程序，是指上级人民法院对下级人民法院所作的第一审案件的裁判，在其发生法律效力之前，基于当事人的上诉，依据事实和法律，对案件进行审理和裁判的活动。

（二）二审程序的基本环节

1. 上诉的提起

上诉是行政诉讼当事人不服一审人民法院的判决或裁定，要求二审人民法院对一审判决或裁定重新审理的请求。上诉要提交上诉状及其副本和有关证据材料，同时要符合下列条件：

（1）必须是一审当事人，包括原告、被告和行政公益诉讼起诉人都具有上诉权，法院判决第三人承担义务或者减损第三人权益的，第三人有权依法提起上诉。这里要注意的是，被诉行政行为的作出主体不具有起诉权，但具有二审上诉权。

（2）只能针对法律允许提起上诉的对象。最高人民法院的裁判和裁定一律不能上诉。其他法院的一审判决一律可以上诉，一审中不予立案、驳回起诉和管辖异议三种裁定可以上诉，其他裁定不能上诉。

（3）必须是在上诉期限内上诉。对判决的上诉期是15日，对裁定的上诉期是10日。逾期不提起上诉的，第一审判决或者裁定发生法律效力，不能对此提起上诉。

2. 上诉的审查与受理

上诉人如果向原审法院提起上诉，原审法院在接到上诉状后5日内将上诉状副本发送其他当事人。其他当事人在15日递交答辩状，法院5日内将副本发到上诉人，同时将上诉状、答辩状连同全部案卷和证据，报送第二审人民法院。上诉人也可以直接向二审法院提交上诉状，二审法院在5日将起诉状移交给原审法院，原审法院按照前述程序办理。

二审法院接到原审法院报送的前述材料后,应对当事人的上诉行为进行审查,认为符合上诉条件的,应当在收到前述材料后的5日立案。不符合条件的,应当驳回上诉。

3. 二审审理

二审法院审理上诉案件的具体程序,基本参照一审普通程序进行,包括开庭前准备、开庭审理和宣判三个基本环节。本教材对此不再赘述,但要特别交代几个关键点。

(1) 人民法院对上诉案件应当组成合议庭,不适用简易程序。

(2) 二审的审理期限,应当在收到上诉状之日起三个月内作出终审判决。

(3) 与民事诉讼二审仅审查范围限于当事人提出的问题不同,人民法院审理行政上诉案件,应当对原审人民法院的判决、裁定对被诉行政行为进行全面审查,不受当事人上诉范围的限制。

四、行政诉讼再审程序

(一) 行政诉讼再审程序概念和范围

行政诉讼再审程序,又称行政诉讼审判监督程序,是指人民法院对于已经发生法律效力的判决、裁定,发现确有错误的,或者违反法律法规规定的,依法进行再次审理的程序。行政诉讼再审程序的设置,体现了我国审判活动的实事求是、有错必究的原则,有助于保障案件正确裁判、保护当事人权益、维护法律尊严。

(二) 行政诉讼再审程序的提起

1. 提起行政诉讼再审程序的条件

根据《行政诉讼法》第91条规定,符合下列情形之一,人民法院应当再审:(1) 不予立案或者驳回起诉确有错误的;(2) 有新的证据,足以推翻原判决、裁定的;(3) 原判决、裁定认定事实的主要证据不足、未经质证或者系伪造的;(4) 原判决、裁定适用法律、法规确有错误的;(5) 违反法律规定的诉讼程序,可能影响公正审判的;(6) 原判决、裁定遗漏诉讼请求的;(7) 据以作出原判决、裁定的法律文书被撤销或者变更的;(8) 审判人员在审理该案件时有贪污受贿、徇私舞弊、枉法裁判行为的。此外,根据同法第92、93条的规定,调解违反自愿原则,调解书内容违法、调解书损害国家利益、社会公共利益,也可以适用再审。

2. 行政诉讼再审程序的提起方式

(1) 当事人申请再审。当事人认为已经生效的判决、裁定确有错误的,向上一级法院申请再审。人民法院再审申请审查后,符合再审条件的,作出再审决定。

(2) 人民法院提起再审。各级人民法院院长对本院已经发生法律效力的判决、裁定或调解协议发现确有错误,认为需要再审的,应提交审判委员会讨论决定。最高人民法院对地方各级人民法院、上级人民法院以下级人民法院已经发生法律效力的裁判，发现确有错误的，有权提起再审或指令下级法院再审。

（3）人民检察院监督再审。最高人民检察院对各级人民法院、上级人民检察院对下级人民法院已发生法律效力的裁判确有错误的，按审判监督程序提出抗诉。检察院提出抗诉的，该上级人民法院必须提审或者指令再审。

（三）再审案件的审理

再审案件的审理，无论是原审法院、上级法院或者其他法院审理，都按照原案件审理程序进行，即一审存在瑕疵的，依照一审程序再审，若二审程序存在瑕疵的，则按照二审程序来。如果原审法院再审的，应当另行组成合议庭，更换全部合议庭成员。

第三节 行政诉讼裁判与执行

一、行政诉讼裁判概述

行政诉讼裁判是人民法院在审理行政案件的过程中，根据查明的事实和法律规定，对案件的实体性问题和程序性问题，作出的具有强制力的结论性判定。裁判分为判决、裁定和决定三种形式。其中，判决是法院对行政案件实体性问题作出的结论性判定，裁定是法院对审判中的程序性问题的判定，决定是法院对诉讼中某些特定问题的判定。

二、行政诉讼判决及其类型

由于一审、二审和行政公益诉讼的审理对象有所不同，判决类型也有所区分。

（一）一审判决

1. 驳回诉讼请求判决

这是法院对原告的诉讼请求直接予以否定的判决。行政行为证据确凿，适用法律、法规正确，符合法定程序的，或者原告申请被告履行法定职责或者给付义务理由不成立的，人民法院判决驳回原告的诉讼请求。

2. 撤销判决

撤销判决是指被诉行政行为经法院审查后被确认部分或全部违法，从而部分或全部撤销被诉行政行为的判决形式。撤销判决适用条件为：（1）主要证据不足；（2）适用法律、法规错误；（3）违反法定程序；（4）超越职权；（5）滥用职权；（6）明显不当。具备行政行为只要具备上述情形之一，人民法院即可作出全部撤销或部分判决。

人民法院在作出撤销判决的同时可以责令被告重新作出新的具体行政行为，被告不得以同一事实和理由作出与原具体行政行为基本相同的具体行政行为。但人民法院以违反法定程序为由，判决撤销被诉具体行政行为的，被告重新作出的具体行政行为不受该条限制。

3. 履行判决

人民法院经过对行政案件的审理，认定被告具有不履行或者拖延履行法定职责的情形，判决被告在一定期限内履行其法定职责。履行判决主要针对被告的行为义务。

4. 给付判决

原告申请被告依法履行支付抚恤金、最低生活保障待遇或者社会保险待遇等给付义务的理由成立，被告依法负有给付义务而拒绝或者拖延履行义务的，人民法院可以判决被告在一定期限内履行相应的给付义务。

5. 确认判决

人民法院通过对具体行政行为的审查，确认相应行为违法或者无效的判决，确认判决分为确认违法判决和确认无效判决两类。

确认违法判决适用的情形包括：（1）行政行为依法应当撤销，但撤销会给国家利益、社会公共利益造成重大损害的；（2）行政行为程序轻微违法，但对原告权利不产生实际影响的；（3）行政行为违法，但不具有可撤销内容的；（4）被告改变原违法行政行为，原告仍要求确认原行政行为违法的；（5）被告不履行或者拖延履行法定职责，判决履行没有意义的。

确认无效判决适用的情形是：行政行为有实施主体不具有行政主体资格或者没有依据等重大且明显违法情形，原告申请确认行政行为无效的，人民法院判决确认无效。人民法院判决确认违法或者无效的，可以同时判决责令被告采取补救措施；给原告造成损失的，依法判决被告承担赔偿责任。

6. 变更判决

变更判决是人民法院直接改变被诉行政行为的判决。根据《行政诉讼法》第77条的规定，只有行政处罚明显不当，或者其他行政行为涉及款额的确定、认定确有错误的，人民法院可以判决变更。人民法院判决变更，不得加重原告的义务或者减损原告的权益。但利害关系人同为原告，且诉讼请求相反的除外。

7. 其他判决

根据《行政诉讼法》第78条的规定，被告不依法履行、未按照约定履行或者违法变更、解除行政协议的，人民法院判决被告承担继续履行、采取补救措施或者赔偿损失等责任。被告变更、解除行政协议合法，但未依法给予补偿的，人民法院判决给予补偿。

（二）二审判决类型

1. 原判决、裁定认定事实清楚，适用法律、法规正确的，判决或者裁定驳回上诉，维持原判决、裁定；

2. 二审法院认为一审不予立案或者驳回起诉的裁定错误且当事人的起诉符合条件的，应当裁定撤销原审裁定，指令原审法院立案或者继续审理。

3. 原判决、裁定认定事实错误或者适用法律、法规错误的，依法改判、撤销或者变更原判决、裁定。

4. 原判决认定基本事实不清、证据不足的，判决发回原审人民法院重审，或者查清事实后改判。

5. 原判决遗漏当事人或者违法缺席判决等严重违反法定程序的，裁定撤销原判决，发回原审人民法院重审。

(三) 行政公益诉讼判决类型

根据《最高人民法院最高人民检察院关于检察公益诉讼案件适用法律若干问题的解释》第25条的规定，人民法院区分下列情形作出行政公益诉讼判决：

1. 对被诉行政行为判决确认违法或者确认无效，并可以同时判决责令行政机关采取补救措施；

2. 对被诉行政行为判决撤销或者部分撤销，并可以判决被诉行政机关重新作出行政行为；

3. 被诉行政机关不履行法定职责的，判决在一定期限内履行；

4. 被诉行政机关作出的行政处罚明显不当，或者其他行政行为涉及对款额的确定、认定确有错误的，判决予以变更；

5. 被诉行政行为证据确凿，适用法律、法规正确，符合法定程序，未超越职权，未滥用职权，无明显不当，或者人民检察院诉请被诉行政机关履行法定职责理由不成立的，判决驳回诉讼请求。

三、裁定和决定

行政诉讼中的裁定主要适用于下列事项：(1) 起诉不予受理；(2) 驳回起诉；(3) 驳回管辖异议或移送、指定管辖；(4) 中止、终结诉讼；(5) 诉讼期间停止具体行政行为的执行或者驳回停止执行的申请；(6) 财产保全和先予执行；(7) 准许或者不准许撤诉；(8) 补正裁判文书中的笔误；(9) 中止或者终结执行；(10) 提审、指令再审或者发回重审；(11) 准许或者不准许执行行政机关的具体行政行为；(12) 其他需要裁定的事项。

行政诉讼的决定是指人民法院为了保证行政诉讼的顺利进行，对诉讼过程中发生的就判决、裁定以外的涉及诉讼的某些特定事项作出的判定。主要适用：(1) 有关回避问题的决定；(2) 有关妨害行政诉讼的强制措施的决定；(3) 有关诉讼期限问题的决定；(4) 有关人民法院审判组织内部工作的决定。

当事人对决定不服,不能提出上诉,只能申请人民法院复议一次,复议期间不停止决定的执行。

四、行政诉讼执行程序

人民法院的执行程序包括两类,一类是对由人民法院作出的生效判决、裁定和调解书的执行,另一类是对行政机关作出的行政行为,相对人既不起诉又不履行的,由行政机关申请人民法院强制执行。前者称"行政诉讼执行",后者称"行政非诉执行"。行政非诉执行,属于"行政强制执行"的一种,本教材"行政强制"一章已有专论,本部分介绍行政诉讼执行及其程序。

(一)行政诉讼执行的概念

行政诉讼执行是指在一方当事人拒绝履行发生法律效力的行政判决书、行政裁定书、行政赔偿判决书和行政赔偿调解书时,基于对方当事人的申请,或者审判庭的移送,人民法院采取行政诉讼法规定的强制执行措施,或者由行政机关依法采取强制执行措施,以实现生效判决、裁定和调解书所确定的义务。

(二)行政诉讼执行主体和执行管辖

行政裁判和调解书的执行主体主要是人民法院,全国人大及其常委会制定的"法律"明确授权时,行政机关也具有对生效裁判和调解书的强制执行权。对此类案件,人民法院也具有强制执行权。

执行管辖是具体确定由哪一个法院负责处理的制度,一般根据下列规则确定执行管辖权:(1)在普通法院与专门法院之间,行政诉讼执行由普通法院执行,专门法院一般不具有执行管辖权,除非法律另有规定。(2)行政诉讼执行案件由一审人民法院管辖。第一审人民法院认为情况特殊,需要由第二审人民法院执行的,可以报请第二审人民法院执行;第二审人民法院可以决定由其执行,也可以决定由第一审人民法院执行。(3)对专属案件的执行,不动产的执行,由不动产所在地的一审法院管辖;专利管理机关依法作出的处理决定和处罚决定,由被执行人住所地或财产所在地的省、自治区、直辖市有权受理专利纠纷案件的中级人民法院执行;国务院各部门、各省、自治区、直辖市人民政府和海关依照法律、法规作出的处理决定和处罚决定,由被执行人住所地或财产所在地的中级人民法院执行。

(三)行政诉讼执行对象和执行措施

行政诉讼执行对象包括拒不履行行政裁判、裁定和调解书的公民、法人和其他组织,也包括拒不履行行政裁判、裁定和调解书的行政机关和授权组织。

1. 对行政相对人的执行措施

《行政诉讼法》和相关司法解释没有规定对行政相对人的执行措施，不过，据《行政诉讼法》第101条的规定，对执行等问题未规定的，适用《民事诉讼法》的相关规定。《民事诉讼法》规定了如下强制措施：（1）扣押、冻结、划拨、变价被执行人的财产；（2）扣留、提取被执行人应当履行义务部分的收入；（3）查封、扣押、冻结、拍卖、变卖被执行人应当履行义务部分的财产；（4）强制交付财物或者票证，强制办理有关财产权证照转移手续；（5）强制迁出房屋或者强制退出土地，强制搬出房屋内财物；（6）加倍支付迟延履行期间的债务利息，支付迟延履行金；（7）对被执行人及其住所或者财产隐匿地进行搜查；（8）对被执行人或者其法定代理人、有关单位的主要负责人或者直接责任人予以罚款、拘留；（9）限制出境，在征信系统记录、通过媒体公布不履行义务信息；（10）法律规定的其他措施。

2. 对行政主体的执行措施

行政机关拒绝履行判决、裁定、调解书的，第一审人民法院可以采取下列措施：（1）对应当归还的罚款或者应当给付的款额，通知银行从该行政机关的账户内划拨；（2）在规定期限内不履行的，从期满之日起，对该行政机关负责人按日处五十元至一百元的罚款；（3）将行政机关拒绝履行的情况予以公告；（4）向监察机关或者该行政机关的上一级行政机关提出司法建议。接受司法建议的机关，根据有关规定进行处理，并将处理情况告知人民法院；（5）拒不履行判决、裁定、调解书，社会影响恶劣的，可以对该行政机关直接负责的主管人员和其他直接责任人员予以拘留；情节严重，构成犯罪的，依法追究刑事责任。

（四）行政诉讼执行基本流程

1. 执行程序的启动

执行程序的启动依申请执行为主，职权移送执行为辅。一般情况下必须先由当事人申请，人民法院方可启动强制执行程序。申请要具备一定的条件：（1）申请或移送执行的法律文书已经生效；（2）申请执行人是生效法律文书确定的权利人或其继承人、权利承受人；（3）申请执行的法律文书有给付内容，且执行标的和被执行人明确；（4）义务人在生效法律文书确定的期限内未履行义务；（5）属于受申请执行的人民法院管辖。申请执行的期限是2年，从履行期间最后一日起计算。

对于发生法律效力的具有给付赡养费、扶养费、抚育费内容的法律文书、民事制裁决定书，以及刑事附带民事判决、裁定、调解书，由审判庭移送执行机构执行。

2. 立案审查

人民法院对当事人申请进行审查，符合上述条件，在七日内予以立案；不符合上述条件之一的，在七日内裁定不予受理。

3. 发出执行通知

人民法院在收到申请执行书或者移交执行书后十日内发出执行通知。执行通知中除应责令被执行人履行法律文书确定的义务外，还应通知其承担相应的迟延履行利息或者迟延履行金。必要时可以采取查封、扣押、冻结、划拨等财产保全措施。

4. 采取强制执行措施

被执行人未按执行通知书履行生效法律文书确定的义务的，应当及时采取执行措施。人民法院依法采取强制执行措施。

5. 执行结案

执行完结的方式有执行和解、执行终结、执行完毕。双方当事人自行和解达成协议，并履行完毕。人民法院做执行结案。执行过程中，由于发生某种特殊情况，使得执行没有必要或不可能继续执行，法院裁定执行终结。执行完毕即执行全部生效法律文书所确定的内容。人民法院执行生效法律文书，一般应当在立案之日起六个月内执行结案，但中止执行的期间应当扣除。确有特殊情况需要延长的，由执行的人民法院院长批准。

（五）执行中止和执行回转

执行中止是执行程序开始后，由于发生了某种特殊情况，如申请人表示可以延期执行的，案外人对执行标的提出确有理由的异议的，或者作为一方当事人的公民死亡，需要等待继承人继承权利或者承担义务的等情况，法院裁定中止执行，执行程序暂时停止。中止执行的情形消失后，执行法院可以根据当事人的申请或依职权恢复执行。

执行回转是指执行完毕后，据以执行的判决、裁定和其他法律文书确有错误，被人民法院撤销的，对已被执行的财产，人民法院应当作出裁定，责令取得财产的人返还；拒不返还的，强制执行。

第十三章　行政赔偿

第一节　行政赔偿概述

一、行政赔偿的概念、性质和特征

行政赔偿是指行政主体及其工作人员违法行使行政职权,侵犯公民、法人或其他组织的合法权益并造成损害,而依法必须承担的赔偿责任。行政赔偿具有如下特征:

1. 行政赔偿以行政违法为前提。在我国现阶段,行政赔偿作为一种行政法律责任,遵循"无违法,无责任"的法律责任的通常逻辑,以行政违法为必要前提,没有这一前提,一般不发生行政赔偿。

2. 行政赔偿是对行政侵权的救济。引起行政赔偿的行政违法必须造成了相对人合法权益的实际损害,无合法权益的损害则无赔偿。

3. 行政赔偿遵循依法赔偿原则。行政机关是否承担赔偿责任、承担何种赔偿责任以及如何承担赔偿责任,以《国家赔偿法》《行政诉讼法》等相关法律法规为依据。

4. 行政赔偿是国家责任。行政机关和法律法规规章授权的组织是代表国家授权履行行政职能,其法律效果归属于国家。相应地,当代表国家的机关和人员的职务行为出现侵权行为之时,也由国家来承担相应的法律责任。

二、行政赔偿与相关概念的区别

(一) 行政赔偿与国家赔偿

国家赔偿是指国家机关及其工作人员违法行使职权或者侵权行为,造成公民、法人及其他组织的人身权或财产权造成损害,由国家通过赔偿义务机关依法赔偿受害人损害的法律责任。根据《国家赔偿法》的规定,我国现阶段国家赔偿包括"行政赔偿""刑事赔偿"和"司法赔偿"三类,行政赔偿是国家赔偿的组成部分。

(二) 行政赔偿与行政追偿

行政赔偿是国家责任,由作出行政违法行为的行政主体作为赔偿义务机关。行政追偿是指行政赔偿义务机关代表国家向行政赔偿请求人支付赔偿费用后，依法责令有故意或重大过失的公务员、受委托的组织和个人承担部分或全部赔偿费用的法律制度。

（三）行政赔偿与行政补偿

行政赔偿是国家对违法行政行为所引起的相对人合法权益损害的赔偿；行政补偿则是指行政主体合法行使行政权力的行为损害了行政相对人的合法权益，或行政相对人为公共利益而使自己的合法权益受到损害时，国家弥补行政相对人损失的一种给付救济。

三、行政赔偿归责原则、构成要件和具体范围

（一）行政赔偿的归责原则

归责原则是责任的基础或者依据，指损害事实发生之后，用以确定侵权行为人是否应当承担赔偿责任的法律原则。

一般认为，《国家赔偿法》确立了以违法责任原则为主，过错及无过错原则为补充的多元化归责原则体系。这意味着国家机关的行为，即使并不违法，根据《国家赔偿法》的规定，也会引起国家赔偿责任，例如《国家赔偿法》第17、18条规定，在"对公民采取逮捕措施后，决定撤销案件、不起诉或者判决宣告无罪终止追究刑事责任的""依照审判监督程序再审改判无罪，原判刑罚已经执行的""依照审判监督程序再审改判无罪，原判罚金、没收财产已经执行的"等情形，受害人都有取得赔偿的权利，不以国家机关行为的违法为要件。但是，《国家赔偿法》关于行政赔偿的归责原则没有变化。《国家赔偿法》第3、4条所列举的引起行政赔偿的各种具体情形，都必须以"违法"为其要件，包括两个"其他违法行为"的兜底性规定。因此，我国现阶段关于行政赔偿的归责原则主要是违法责任原则。

（二）行政赔偿责任构成要件

构成要件是法律规定的国家承担行政赔偿责任的条件，一般包括主体、行为、违法性、损害和因果关系五个要件。

1. 主体要件

主体要件是指国家对哪些主体之间发生的侵权行为承担行政赔偿责任。包括：（1）作出违法行为的主体是行政主体及其工作人员。行政主体包括行政机关和法律法规规章授权组织，受委托行政行为在法律上是委托行政主体的行为；工作人员包括具有公务员身份的工作人员，也包括受行政机关委托执行公务的一般公民。（2）被侵害人是在行政职权行为中处于行政相对人地位的公民、法人和其他组织。

2. 行为要件

行为要件是指国家需要对侵权主体实施的何种行为承担赔偿责任。一般包括行政职权

行为和行政职权相关行为,前者是直接行使职权的行政行为,后者虽非行使行政职权,但在行政职权行使过程中发生、与行政职权行使有直接关联性的行为。

要注意的是,这里的行为既包括行政作为,也包括行政不作为,即行政主体依法负有现实的特定行政作为义务,并且能够履行而不予履行其作为义务。

3. 违法性要件

行政赔偿领域中关于行政违法行为的认定标准适用《行政诉讼法》第 70 条关于行政行为违法的判断标准,包括:(1)主要证据不足的;(2)适用法律、法规错误的;(3)违反法定程序的;(4)超越职权的;(5)滥用职权的;(6)明显不当的。

4. 实际损害要件

违法行政行为必须客观上侵害了相对人的合法权益,并产生了实际损害。《国家赔偿法》对构成行政赔偿要件的"损害"有一定的限制:(1)必须是合法权益所受之损害,现阶段行政赔偿之损害仅包括人身权和财产权所受之损害。(2)以物质损害为主,2010 年修订的《国家赔偿法》扩展到侵害人身权对受害人造成的精神损害。(3)限于直接损失,不包括间接损失。

5. 因果关系要件

违法行政行为与损害事实之间必须存在因果关系,即前者是后者发生的事实条件。如果损害事实不是违法行政行为所导致的,便不能引起行政赔偿责任。一般认为,《国家赔偿法》违法行政行为与损害事实之间只要存在"相当因果关系",即只要行政行为是损害结果发生的必要条件且该行为实质上增加了损害发生的客观可能性就可认定存在因果关系。

(三)行政赔偿的范围

行政赔偿遵循依法赔偿原则,国家对哪些行政行为承担何种赔偿责任,限制在法律规定的范围中。根据《国家赔偿法》第 3、4、5 条的规定,我国现阶段行政赔偿的范围包括:

1. 侵犯人身权的赔偿范围

对此,《国家赔偿法》第 3 条明确列举了四种情形:(1)违法拘留或者违法采取限制公民人身自由的行政强制措施的;(2)非法拘禁或者以其他方法非法剥夺公民人身自由的;(3)以殴打、虐待等行为或者唆使、放纵他人以殴打、虐待等行为造成公民身体伤害或者死亡的;(4)违法使用武器、警械造成公民身体伤害或者死亡的。此外,还有一个兜底规定:"造成公民身体伤害或者死亡的其他违法行为"。

2. 侵犯财产权的赔偿范围

对此,《国家赔偿法》第 4 条明确列举了三种情形:(1)违法实施罚款、吊销许可证和执照、责令停产停业、没收财物等行政处罚的;(2)违法对财产采取查封、扣押、冻结等行政强制措施的;(3)违法征收、征用财产的;此外,还有一个兜底规定:"造成财产损害的其他违法行为"。

《国家赔偿法》第3、4条规定的"其他违法行为",根据最高人民法院2022年发布的《关于审理行政赔偿案件若干问题的规定》第1条的规定,包括以下情形:(一)不履行法定职责行为;(二)行政机关及其工作人员在履行行政职责过程中作出的不产生法律效果,但事实上损害公民、法人或者其他组织人身权、财产权等合法权益的行为。此外,前述《司法解释》第2条规定,公民、法人或者其他组织认为行政机关及其工作人员违法行使行政职权对其劳动权、相邻权等合法权益造成人身、财产损害的,可以依法提起行政赔偿诉讼。

3. 不予行政赔偿的范围

根据《国家赔偿法》第5条的规定,对下列情形,国家不承担赔偿责任:(1)行政机关工作人员与行使职权无关的个人行为;(2)因公民、法人和其他组织自己的行为致使损害发生的;(3)法律规定的其他情形。

四、行政赔偿关系当事人

行政赔偿关系当事人系指行政赔偿法律关系中权利享有者或者义务承担者,包括赔偿请求人、行政赔偿义务机关和行政赔偿第三人。

(一)行政赔偿请求人

行政赔偿请求人是其合法权益受到行政机关及其工作人员行政违法行为侵犯并遭受实际损害的公民、法人和其他组织。根据《国家赔偿法》和《关于审理行政赔偿案件若干问题的规定》的规定,如果受害的公民死亡,其继承人和其他有扶养关系的亲属有权要求赔偿。受害的公民死亡,支付受害公民医疗费、丧葬费等合理费用的人可以依法提起行政赔偿诉讼。有权提起行政赔偿诉讼的法人或者其他组织分立、合并、终止,承受其权利的法人或者其他组织可以依法提起行政赔偿诉讼。

(二)行政赔偿义务机关

行政赔偿属于国家责任,即最终在法律上承担赔偿责任的主体是国家。赔偿义务机关是代表国家接受行政赔偿请求,参加行政赔偿诉讼,代替国家履行赔偿义务的行政机关或法律法规规章授权的组织。

确定行政赔偿义务机关的一般规则是,作出行政行为的行政主体,包括行政机关或者法律法规规章的授权组织,为行政赔偿义务机关。同时,《国家赔偿法》对下列情况作了专门规定:(1)共同行政行为引起行政侵权的,共同行使行政职权的行政主体为共同赔偿义务机关;(2)受行政机关委托的组织或者个人在行使受委托的行政权力时行政侵权的,委托的行政机关为赔偿义务机关;(3)赔偿义务机关被撤销的,继续行使其职权的行政机关为赔偿义务机关;没有继续行使其职权的行政机关的,撤销该赔偿义务机关的行政机关为赔偿义务机关；（4）经复议机关复议的，最初造成侵权行为的行政机关为赔偿义务机关，但复议机关的复议决定加重损害的，复议机关对加重的部分履行赔偿义务。

（三）行政赔偿第三人

行政赔偿第三人一般指的是赔偿请求人和赔偿义务机关之外、与行政赔偿案件处理结果有法律上的利害关系的主体。对此，根据最高人民法院《关于审理行政赔偿案件若干问题的规定》第8、9条规定的两种情况，都属于行政赔偿诉讼中原被告之外的第三人。

1. 两个以上行政主体共同实施侵权行政行为造成损害的，共同侵权行政机关为共同被告。赔偿请求人坚持对其中一个或者几个侵权机关提起行政赔偿诉讼，以被起诉的机关为被告，未被起诉的机关追加为第三人。

2. 原行政行为造成赔偿请求人损害，复议决定加重损害的，复议机关与原行政行为机关为共同被告。赔偿请求人坚持对作出原行政行为机关或者复议机关提起行政赔偿诉讼，以被起诉的机关为被告，未被起诉的机关追加为第三人。

五、行政赔偿方式和计算标准

（一）行政赔偿方式

《国家赔偿法》第32条规定："国家赔偿以支付赔偿金为主要方式。能够返还财产或者恢复原状的，予以返还财产或者恢复原状。"具体而言，我国行政赔偿的方式主要有三种：支付赔偿金、返还财产和恢复原状。

支付赔偿金指赔偿义务机关以本国货币赔偿受害人损失的方式。返还财产指赔偿义务机关将违法取得的财产返还受害人的赔偿方式，包括返还违法收取的罚款或费用和返还原物。恢复原状是赔偿义务机关对受害人权益恢复到损害之前的状态的赔偿方式，包括修复被损害财产和恢复职位、户口、住房等。

在行政赔偿方式的采用上，根据《国家赔偿法》第33、34、36条的规定，损害公民人身自由权、生命健康权的，行政赔偿方式是支付赔偿金；损害财产权的，能够返还财产、恢复原状的，以返还财产、恢复原状承担行政赔偿责任，不能返还财产、恢复原状的，支付赔偿金。根据《国家赔偿法》第35条的规定，侵犯人身权的违法行政行为致受害人精神损害的，赔偿义务机关应当在侵权行为影响的范围内，为受害人消除影响，恢复名誉，赔礼道歉；造成严重后果的，应当支付相应的精神损害抚慰金。

（二）行政赔偿的计算标准

采用支付赔偿金方式需要确定赔偿标准。赔偿标准法定化是国家赔偿法定原则的体现，《国家赔偿法》做了分类规定。

1. 人身自由权损害赔偿的计算标准

《国家赔偿法》第33条规定："侵犯公民人身自由的，每日赔偿金按照国家上年度职工日平均工资计算。"这里要特别注意，根据最高人民法院《关于人民法院执行〈中华人民共和国国家赔偿法〉几个问题的解释》（法发〔1996〕15号）的规定，"上年度"是指赔偿义务机关、复议机关或者人民法院赔偿委员会首次作出赔偿决定时的上年度，而不是损害行为发生时的上年度。国家职工平均工资以国家统计机关公布的数据为准。

2. 生命健康权损害赔偿的计算标准

（1）造成身体伤害的，应当支付医疗费、护理费，以及赔偿因误工减少的收入。减少的收入每日的赔偿金按照国家上年度职工日平均工资计算，最高额为国家上年度职工年平均工资的五倍。

（2）造成部分或者全部丧失劳动能力的，应当支付医疗费、护理费、残疾生活辅助具费、康复费等因残疾而增加的必要支出和继续治疗所必需的费用，以及残疾赔偿金。残疾赔偿金根据丧失劳动能力的程度，按照国家规定的伤残等级确定，最高不超过国家上年度职工年平均工资的二十倍。造成全部丧失劳动能力的，对其扶养的无劳动能力的人，还应当支付生活费。

（3）造成死亡的，应当支付死亡赔偿金、丧葬费，总额为国家上年度职工年平均工资的二十倍。对死者生前扶养的无劳动能力的人，还应当支付生活费。

其中，生活费的发放标准，参照当地最低生活保障标准执行。被扶养的人是未成年人的，生活费给付至十八周岁止；其他无劳动能力的人，生活费给付至死亡时止。

3. 精神损害抚慰金的赔偿标准

2010年《国家赔偿法》修改时首次将精神损害赔偿纳入国家赔偿的范围，并设置了多种赔偿方式。其中，引发精神损害抚慰金还存在两个限制性条件：一是违法行政行为侵犯的必须是人身权，二是违法行政行为必须"造成严重后果"。最高人民法院《关于审理行政赔偿案件若干问题的规定》第26条规定，有下列情形之一的，属于国家赔偿法第三十五条规定的"造成严重后果"：（1）受害人被非法限制人身自由超过六个月；（2）受害人经鉴定为轻伤以上或者残疾；（3）受害人经诊断、鉴定为精神障碍或者精神残疾，且与违法行政行为存在关联；（4）受害人名誉、荣誉、家庭、职业、教育等方面遭受严重损害，且与违法行政行为存在关联。有下列情形之一的，可以认定为后果特别严重：（1）受害人被限制人身自由十年以上；（2）受害人死亡；（3）受害人经鉴定为重伤或者残疾一至四级，且生活不能自理；（4）受害人经诊断、鉴定为严重精神障碍或者精神残疾一至二级，生活不能自理，且与违法行政行为存在关联。

对于精神损害抚慰金的计算标准，《最高人民法院关于审理国家赔偿案件确定精神损害赔偿责任适用法律若干问题的解释》（法释〔2021〕3号）第8条规定，致人精神损害，造成严重后果的，精神损害抚慰金一般应当在《国家赔偿法》第33、34条规定的人身自由赔偿金、生命健康赔偿金总额的百分之五十以下（包括本数）酌定；后果特别严重，或者虽然不具有该解释第7条第2款规定情形,但是确有证据证明前述标准不足以抚慰的,可以在百分之五十以上酌定。该解释第9条规定,精神损害抚慰金的具体数额,应当在兼顾社会发展整体水平的同时,参考下列因素合理确定:(1)精神受到损害以及造成严重后果的情况;(2)侵权行为的目的、手段、方式等具体情节;(3)侵权机关及其工作人员的违法、过错程度、原因力比例;(4)原错判罪名、刑罚轻重、羁押时间;(5)受害人的职业、影响范围;(6)纠错的事由以及过程;(7)其他应当考虑的因素。

4. 财产权损害的赔偿标准

对此,《国家赔偿法》第36条规定:(1)处罚款、罚金、追缴、没收财产或者违法征收、征用财产的,返还财产;(2)查封、扣押、冻结财产的,解除对财产的查封、扣押、冻结,造成财产损坏或者灭失的,依照本条第3项、第4项的规定赔偿;(3)应当返还的财产损坏的,能够恢复原状的恢复原状,不能恢复原状的,按照损害程度给付相应的赔偿金;(4)应当返还的财产灭失的,给付相应的赔偿金;(5)财产已经拍卖或者变卖的,给付拍卖或者变卖所得的价款;变卖的价款明显低于财产价值的,应当支付相应的赔偿金;(6)吊销许可证和执照、责令停产停业的,赔偿停产停业期间必要的经常性费用开支;(7)返还执行的罚款或者罚金、追缴或者没收的金钱,解除冻结的存款或者汇款的,应当支付银行同期存款利息;(8)对财产权造成其他损害的,按照直接损失给予赔偿。

第二节　行政赔偿程序

根据我国现行法律规定,行政赔偿的程序实际上可以分成三种:一是赔偿义务机关的先行处理程序;二是一并申请中的行政复议程序;三是行政赔偿诉讼程序。

一、赔偿义务机关的先行处理程序

行政赔偿请求人单独提起行政赔偿时,应当先向行政赔偿义务机关提出,由赔偿义务机关作出赔偿决定。这被视为《国家赔偿法》为行政机关提供了自我纠正错误的机会,并减少受害人诉讼负担。其程序包括两个基本环节:

(一) 行政赔偿申请的提出

行政赔偿请求人先提出行政赔偿申请,启动行政赔偿程序。赔偿请求人应当递交赔偿申请书,申请书应当载明下列事项:(1)受害人的姓名、性别、年龄、工作单位和住所,法人或者其他组织的名称、住所和法定代表人或者主要负责人的姓名、职务;(2)具体的要求、事实根据和理由;(3)申请的年、月、日。赔偿请求人书写申请书确有困难的,可以委托他人代书;也可以口头申请,由赔偿义务机关记入笔录。赔偿请求人不是受害人本人的,应当说明与受害人的关系,并提供相应证明。

赔偿请求人当面递交申请书的，赔偿义务机关应当当场出具加盖本行政机关专用印章并注明收讫日期的书面凭证。申请材料不齐全的，赔偿义务机关应当当场或者在五日内一次性告知赔偿请求人需要补正的全部内容。

(二) 赔偿义务机关的处理

赔偿义务机关应当自收到申请之日起两个月内，作出是否赔偿的决定。赔偿义务机关作出赔偿决定，应当充分听取赔偿请求人的意见，并可以与赔偿请求人就赔偿方式、赔偿项目和赔偿数额进行协商。

赔偿义务机关作出行政赔偿处理决定时，应当制作《行政赔偿决定书》，列明下列内容：(1) 赔偿请求人及其赔偿要求；(2) 认定的事实、理由和依据；(3) 是否给予赔偿的结论；(4) 不服该决定的诉权。《行政赔偿决定书》应当自作出决定之日起十日内送达赔偿请求人。

赔偿义务机关在规定期限内未作出是否赔偿的决定，赔偿请求人可以自期限届满之日起 3 个月内，向人民法院提起诉讼。赔偿请求人对赔偿的方式、项目、数额有异议的，或者赔偿义务机关作出不予赔偿决定以及其他有关行政赔偿的行为，赔偿请求人可以自赔偿义务机关作出赔偿或者不予赔偿决定之日起 3 个月内，向人民法院提起诉讼。

行政赔偿请求人对赔偿义务机关处理不服的，能否复议？《行政复议法》未作规定。不过，根据《国家赔偿法》第 9 条和第 14 条规定，显然单独的行政赔偿案件不适用行政复议。

二、一并申请行政复议中的行政赔偿程序

如果赔偿请求人借助行政复议途径寻求行政赔偿，必须在申请行政复议的同时，一并提出行政赔偿的请求。

由于行政赔偿附带在行政行为的复议程序当中，因此，也就无需专门的行政赔偿复议程序。《行政复议法实施条例》第 50 条第 1 款规定了行政赔偿的复议调解程序，即对行政赔偿，行政复议机关可以按照自愿、合法的原则进行调解。经调解达成协议的，行政复议机关应当制作行政复议调解书，经双方当事人签字，即具有法律效力。调解未达成协议或者调解书生效前一方反悔的，行政复议机关应当及时作出行政复议决定。赔偿请求人不服复议机关行政赔偿决定的，可以向人民法院起诉。

三、行政赔偿诉讼程序

(一) 起诉条件

单独提起行政赔偿诉讼的，根据《关于审理行政赔偿案件若干问题的规定》第 13 条

第2款规定：行政行为已被确认为违法，并符合下列条件的，公民、法人或者其他组织可以单独提起行政赔偿诉讼：(1)原告具有行政赔偿请求资格；(2)有明确的被告；(3)有具体的赔偿请求和受损害的事实根据；(4)赔偿义务机关已先行处理或者超过法定期限不予处理；(5)属于人民法院行政赔偿诉讼的受案范围和受诉人民法院管辖；(6)在法律规定的起诉期限内提起诉讼。

特别要指出的是，法律规定由行政机关最终裁决的行政行为被确认违法后，赔偿请求人可以就赔偿事项，单独提起行政赔偿诉讼。

附带提起行政赔偿请求的，其起诉条件与一般的行政诉讼起诉条件相同。根据《关于审理行政赔偿案件若干问题的规定》第13条第1款的规定，行政行为未被确认为违法，公民、法人或者其他组织提起行政赔偿诉讼的，人民法院应当视为提起行政诉讼时一并提起行政赔偿诉讼。

(二) 行政赔偿诉讼的管辖和受理

附带赔偿诉讼的管辖依照行政诉讼的管辖规则；单独赔偿之诉由被告住所地的基层人民法院管辖。

人民法院接到原告单独提起的行政赔偿起诉状，应当进行审查，并在七日内立案或者作出不予受理的裁定。人民法院接到行政赔偿起诉状后，在七日内不能确定可否受理的，应当先予受理。审理中发现不符合受理条件的，裁定驳回起诉。当事人对不予受理或者驳回起诉的裁定不服的，可以在裁定书送达之日起十日内向上一级人民法院提起上诉。

(三) 行政赔偿案件的审理

当事人在提起行政诉讼的同时一并提出行政赔偿请求，或者因具体行政行为和与行使行政职权有关的其他行为侵权造成损害一并提出行政赔偿请求的，人民法院应当分别立案，并根据具体情况可以合并审理，也可以单独审理。这里的"合并审理"和"单独审理"指的是庭审环节，其程序仍然是行政诉讼程序，适用行政诉讼程序的通行规则。其特别之处在于，人民法院审理行政赔偿案件在坚持合法、自愿的前提下，可以就赔偿范围、赔偿方式和赔偿数额进行调解。调解成立的，应当制作行政赔偿调解书。调解书与判决书具有同等法律效力。

行政赔偿诉讼中，实行"谁主张谁举证"的举证责任规则，赔偿请求人和赔偿义务机关对自己提出的主张，应当提供证据。但也有例外，一是根据《行政诉讼法》第38条第2款和《关于审理行政赔偿案件若干问题的规定》第11条第1款的规定，原告应当对行政行为造成的损害提供证据。因被告的原因导致原告无法举证的，由被告承担举证责任。二是根据《关于审理行政赔偿案件若干问题的规定》第11条第2款的规定，人民法院对于原告主张的生产和生活所必需物品的合理损失，应当予以支持；对于原告提出的超出生和生活所必需的其他贵重物品、现金损失，可以结合案件相关证据予以认定。三是根据《国家赔偿法》第15条第2款和《关于审理行政赔偿案件若干问题的规定》第12条的规定，原告主张其被限制人身自由期间受到身体伤害，被告否认相关损害事实或者损害与违法行政行为存在因果关系的，被告应当提供相应的证据证明。

被告的具体行政行为违法但尚未对原告合法权益造成损害的，或者原告的请求没有事实根据或法律根据的，人民法院应当判决驳回原告的赔偿请求。

人民法院对单独提起行政赔偿案件作出判决的法律文书的名称为行政赔偿判决书、行政赔偿裁定书或者行政赔偿调解书。

第三节 行政追偿

一、行政追偿的概念

公职人员、受托组织和个人履职行为应当符合一定标准的注意和勤勉义务。违反前述义务的，国家要根据公务员惩戒的相关法律和规定，施以相应的政务处分予以惩罚。同时，国家赔偿法规定赔偿义务机关赔偿损失后，应当责令有故意或者重大过失的工作人员或者受委托的组织或者个人承担部分或者全部赔偿费用的法律制度。行政追偿和政务处分同为国家对存在过错责任的公职人员的所追究的行政责任，但是前者目的在"警诫"，兼顾填补财政损失作用，后者目的在"惩罚"，二者相互独立，不可相互替代。

二、行政追偿人和被追偿人

按照法律规定，行政追偿人是行政赔偿中的赔偿义务机关，被追偿人是实施造成公民、法人和其他组织合法权益受损的组织和个人。具体有以下几种情形：

1. 因行政机关的工作人员行使职权引起国家赔偿的，该工作人员所在的行政机关为追偿人，该工作人员是被追偿人。

2. 法律法规规章授权的组织的工作人员行使职权引起国家赔偿的，该组织是追偿人，该工作人员是被追偿人。

3. 受行政机关委托的组织行使所委托之行政职权引起国家赔偿的，委托的行政机关是追偿人，受委托的组织是被追偿人。受委托组织在承担了追偿责任之后，可以根据其内部规定再追究直接责任人的责任。

4. 经合议的事项造成损害赔偿的，所有参加合议的人均为被追偿人，但对最终形成的决议明确表示反对的人除外。

三、行政追偿的条件

根据《国家赔偿法》的相关规定，赔偿义务机关要行使行政追偿权，必须具备下列条件：

1. 赔偿义务机关已经向赔偿请求人实际支付了赔偿金。赔偿义务机关不得提前要求被追偿人承担行政追偿责任，以保障赔偿请求人切实获得国家赔偿。

2. 行政赔偿请求人合法权益的损害与被追偿人的过错职务行为存有相当因果关系，即被追偿人行使行政职权的行为是受害人合法权益的损害的条件。

3. 被追偿人在职权行为中主观上存在故意或者重大过失。职务行为的一般过失，公职人员也难以完全避免，属于国家应承受的正当的"公务风险"。但故意或重大过失则超出这一限度。这里的"故意"，指的是被追偿人明知自己的职务行为违法且会发生危害他人合法权益的结果，希望或者放任这种结果发生的主观心态。"重大过失"一般指的是履行公职人员的注意义务未达到法律对普通公民的起码要求。

四、行政追偿的范围和标准

现行法律未明确规定行政追偿的具体范围和标准，而赋权于赔偿义务机关根据具体情况裁量决定。结合行政追偿的理论实践和实践，确定追偿金额时，一般应该遵循下列原则：

1. 追偿的范围，以赔偿义务机关实际支付的损害赔偿金额为限，包括赔偿金以及恢复原状、返还财产所需费用，不包括办案经费、诉讼费用等其他经费。因赔偿请求人放弃而减少支付的部分以及赔偿义务机关因过错超额支付部分，也不能追偿。

2. 具体追偿数额，要与被追偿人的过错程度相适应，同时，考虑被追偿人的薪资收入，酌情考虑被追偿者的家庭生活费用。追偿金的执行只能及于行政机关及接受委托的个人的薪金和津贴，不能涉及其他个人财产、家庭财产和家庭收入。

3. 追偿数额的确定通常与被追偿者进行一定的协商，协商不成的，赔偿义务机关有权作出处理决定。

4. 被追偿人为多人的，应根据各行为人在加害行为中的地位、作用以及过错的轻重，分别确定应追偿金额。

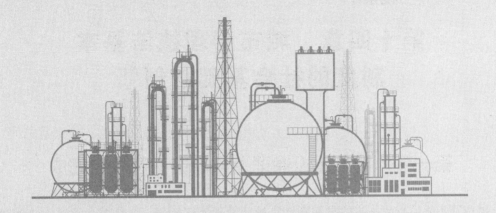

第三编　城市管理执法基本制度

第十四章 城市管理执法基本制度的社会基础与创新

第一节 城市建设管理监察制度的产生与完成

城市管理领域行政执法的早期制度是城建管理监察制度,这是城市管理执法体制改革、开展相对集中行政处罚工作的前提和基础。为深刻认识和了解城市管理执法体制改革产生的前提和基础,有必要回顾一下城建管理监察制度的初创历史。

一、城市建设管理监察制度创制完成

党的十一届三中全会(1978年12月)之后,我国地方各级人民政府将城市工作重心逐步转移到城市规划、建设和管理的轨道上来,城市建设进入了一个新的发展时期,许多城市人民政府建造了大批居民住宅,并对原有的城市基础设施进行了改造,在一定程度上改善了城市居民的生活条件,促进了城市经济的发展,增强了城市功能,使城市在国民经济发展中的地位日益突出。但城市还面临着许多历史遗留问题,对此,广大人民群众十分强烈地要求城市人民政府进行城市市容和环境卫生综合整治。在这样的形势下,为改善城市居民生活环境,20世纪80年代初期,地方各级城市人民政府从当地机关、企事业单位抽调一部分政治素质高的干部、工人相继组建了城市建设管理监察队伍,从事城市建设管理行政执法工作。这支城建管理行政监察队伍与公安等行政执法队伍相比,有其自身的特点:一是自下而上。这支城建管理行政执法队伍首先是由地方各级人民政府自发组建起来的,具有自发性特点。二是具有浓重的地方色彩。这支城建行政执法队伍是地方军,在国家和省、自治区这一级没有行业主管部门。因此,存在执法队伍体制不顺、名称不统一、执法内容不统一、归口管理不统一等问题,呈现出"五花八门、杂乱无章"的执法状态。

为解决城建管理行政执法队伍存在的诸多不统一等问题,经国务院同意,确定由建设部统一领导全国城建监察队伍。为此,建设部在1989年发布了《建设部关于加强城建管理(市容)监察工作的通知》,要求"各省、自治区建委(建设厅)归口管理全省(区)城建管理监察工作"。1990年建设部下发了《建设部关于进一步加强城建管理监察工作的通知》,主要内容如下:

第一，各级城市建设行政主管部门应加强对城建管理监察工作的领导，城建管理监察队伍由城市的建委或管委、市容委统一归口管理；

第二，城建管理监察队伍的工作范围，原则上应当与各地城市人民政府对城市建设行政主管部门及规划、市政、公用、园林、市容环卫等专业行政主管部门规定的职责范围相一致，具体工作范围可由各地的城市建设行政主管部门确定后，报经城市人民政府批准执行。城建管理监察队伍必须严格按照城市人民政府批准的工作范围行使行政执法权；

第三，城建管理监察队伍必须依法行政，其执法的依据是：国家制定的有关城市建设方面的法律、法规、部门规章、地方性法规和地方政府规章。各地城市建设行政主管部门都应对现行的执法依据进行一次全面的清理，对于城建管理监察队伍不符合法律法规规定或没有法律依据的具体行政行为，要及时采取措施，予以禁止和纠正。根据此通知精神，全国各城市建设管理监察队伍统一归口建设部以及各城市的建设行政主管部门管理。1992年建设部颁布了管理全国城建监察队伍的重要部门规章《城建监察规定》（建设部《城建监察规定》最早于1992年6月建设部第十次部常委会议通过，后根据1996年9月建设部发布《关于修改〈城建监察规定〉的决定》修正，于1996年9月以建设部第55号令重新发布），明确规定了全国的城建监察执法主体及其职责范围等项内容，从而实现了全国城建监察行政执法队伍的"六统一"（即全国城建行政执法队伍名称统一、执法主体统一、执法内容统一、执法体制统一、服装标志统一、归口管理统一），形成全国及地方较为完整的各级城建监察执法队伍组织体系。全国的城建监察行政执法队伍也随之发展壮大，从最初的少数几个城市扩展到全国600多个城市和2000多个县，人数也从最初的几百人发展到全国的30多万人，形成了一支城建监察行政执法的"集团军"，它标志着城市管理领域城建管理监察制度初创完成。

二、城市建设管理监察制度发展与问题

城建管理监察制度初创后，全国各城市依据国家城市规划、建设和管理方面的法律、法规和规章，轰轰烈烈地开展了城建监察行政执法工作。这一时期颁布的法律、法规和规章主要有：《城市规划法》《市政工程设施管理条例》《城市道路照明设施管理规定》《城市供水条例》《城市燃气安全管理规定》《城市公共交通车船乘坐规则》《城市市容和环境卫生管理条例》《城市绿化条例》《风景名胜区管理条例》《城市房地产管理法》等。但这些法律、法规和规章在当时的计划经济体制下，难以摆脱条条立法、行业立法的痕迹。因此，依据上述有关城市规划、建设和管理方面的法律、法规和规章，地方各级城市人民政府纷纷组建了城市管理领域内的专业行政执法队伍，特别在地级市分别组建了城市规划、市容环卫、市政公用、园林绿化、房地产、风景名胜区等专业监察大队，这些专业城建监察大队分别隶属于城市规划局、市容环卫局、市政公用局、园林绿化局、房地产管理局、风景名胜区管理局等行政机关，逐渐形成了分散的专业执法格局。由于这些专业城建监察

大队大多是事业单位性质的行政执法组织，不具备行政执法主体资格，因此，这些政府职能局分别委托这些城建监察专业执法大队进行城建监察执法工作。

随着城建监察行政执法工作的深入，这种分散的专业执法、委托执法体制暴露出了许多问题，如：多头执法、野蛮执法和重复处罚等。为解决这些执法扰民等问题，许多地方城市人民政府积极探索城建监察行政执法体制改革的新路子。如哈尔滨市政府当年曾探索运用联合执法的新形式来解决城市管理领域中的分散执法问题，该市所搞的联合执法就是从城市管理、公安、工商等部门分别抽调20名执法人员组成哈尔滨市城市管理联合执法大队，负责清理整顿马路市场、占道经营和无照商贩。但城市管理联合执法大队本身不是行政机关，不具有行政执法主体资格，所以不能以自己名义实施行政处罚，而只能以委托机关的名义分别依据城市管理、公安、工商等部门的法律、法规和规章实施行政处罚。这实质上并没有解决城市管理执法体制中存在的多头执法问题。所以，城市管理执法效率仍然很低。它表明城建管理监察制度的专业执法、委托执法和联合执法等执行形式，都不能解决执法扰民问题。因此，必须要对早期的城建管理监察制度进行改革，在此基础上探索出一条符合"精简、统一、效能"原则的城市管理执法新体制。正是在这样的历史背景下，为城市管理执法体制改革，开展相对集中行政处罚权制度的孕育和诞生创造了前提条件。

第二节 城市管理相对集中行政处罚权制度的试点与推进

针对过去制定一部法律法规，设置一支执法队伍，执法队伍膨胀、职权交叉重复、执法效率低下等现象，经过国务院有关部门调研和论证，中央有关部门决定改革传统行政执法体制，实行相对集中行政处罚权。

相对集中行政处罚权制度，是由1996年10月1日生效的《中华人民共和国行政处罚法》确立的。这部法律第16条规定："国务院或者国务院授权的省、自治区、直辖市人民政府可以决定一个行政机关行使有关行政机关的行政处罚权，但限制人身自由的行政处罚权只能由公安机关行使。"这是我国第一次以法律的形式确认相对集中行政处罚权，为改革我国的行政执法体制提供了法律依据。关于相对集中行政处罚权制度，《国务院关于贯彻实施〈中华人民共和国行政处罚法〉的通知》（国发〔1996〕13号）明确要求："各省、自治区、直辖市人民政府要认真做好相对集中行政处罚权的试点工作，结合本地方实际提出调整行政处罚权的意见，报国务院批准后实行；国务院各部门要认真研究适应社会主义市场经济要求的行政执法体制，支持省、自治区、直辖市人民政府做好相对集中行政处罚权工作。"但当时全国尚无一个试点单位。那么，相对集中行政处罚权制度依法创制后，在哪个领域首先开始试点呢？国务院有关部门考虑到城市管理领域的法律关系比较复杂，涉及面广，专业执法主体较多，多头执法、野蛮执法现象较重，如选择在这一领域开展相对集中行政处罚权试点工作，有利于取得经验推进工作。因此，决定相对集中行政处罚权试点工作首先在城市管理领域进行。

城市管理领域相对集中行政处罚权试点工作，从1997年3月开始到2002年8月试点结束，总计用了6年时间。6年来，全国相对集中行政处罚权试点工作经历了两个阶段，现分述如下：

一、相对集中行政处罚权试点工作初始阶段——城市管理综合执法

从时间上划分，1997年3月—2000年7月为试点工作的初始阶段，即城市管理综合执法阶段。1997年初，北京市人民政府办公厅以京政办函〔1997〕2号文向当时的国务院法制局送交了《关于开展城市管理综合执法试点工作的函》。国务院法制局于1997年3月7日给北京市人民政府办公厅的复函"关于在北京市宣武区开展城市管理综合执法试点工作的复函"，批准在北京市宣武区开展城市管理综合执法试点工作。这个试点复函是一个标志性的批复，实际上是启动了整个相对集中行政处罚权试点工作。1997年5月23日北京市宣武区作为全国第一个城市管理综合执法试点正式开展工作。

不久，国务院下发了《国务院关于全面推进依法行政的决定》（国发〔1999〕23号）（以下简称《决定》）。《决定》指出：要依照《行政处罚法》的规定，实行罚款罚缴分离制度，继续积极推进相对集中行政处罚权的试点工作，并在总结经验的基础上，扩大试点范围。随后全国又有吉林、营口、广州、佳木斯、大连、沈阳、青岛等近10个城市向国务院法制办申报城市管理综合执法试点均获批准。特别值得注意的是，在试点工作初始阶段出现了两个突出的矛盾，影响了试点工作的进展。一是《行政处罚法》、国务院文件与国务院法制局（后改为国务院法制办）的复函之间关于相对集中行政处罚权制度表述上的矛盾，造成了试点理论上的混乱。因为在试点初期国务院下发的有关相对集中行政处罚权工作的国发〔1996〕13号文件和国发〔1999〕23号文件中，从来就没有使用过"城市管理综合执法"这个概念。

国务院法制办在2000年7月以前的试点工作复函中都一直使用"开展城市管理综合执法试点工作的复函"这个概念。相对集中行政处罚权与城市管理综合执法是两个既有联系又有区别的概念，不能等同。所谓城市管理综合执法，主要是指一些地方城市进行的联合执法或者委托执法的实践，这些实践都没有调整原有行政执法部门的行政处罚权，打破原有的多头执法的格局，使分散于各部门的庞大的行政执法队伍没有予以集中和精简。显然，这种"综合执法"是与《行政处罚法》关于相对集中行政处罚权的要求不相符合的。因此，国务院法制办复函中"城市管理综合执法"概念所带来的理论上的困惑和歧义，影响了相对集中行政处罚权试点初期工作的开展。

再者，使用"城市管理综合执法"这个概念缺少法律依据，即城市管理综合执法的法律依据是什么不清楚，造成了执法实践上的困惑。由于上述这两个方面矛盾和问题没有解决，所以，在城市管理领域开展相对集中行政处罚权试点工作初期，收效不大，进展缓

慢。从 1997 年 3 月开始到 2000 年 7 月这三年多的时间里，全国开展城市管理综合执法试点工作的城市（区）仅为 16 个城市（区）。基于试点的这种情况，为了更好地总结试点工作中的经验教训，解决试点工作中的难题，推进试点扩大，国务院法制办于 2000 年 7 月在深圳召开了"全国相对集中行政处罚权试点工作座谈会"。这次会议认真总结了过去试点工作的经验教训，指出在试点工作初期，针对城市管理领域分散执法的情况提出并使用"城市管理综合执法"的概念是可以的，但依据《行政处罚法》的规定，更准确的提法是"相对集中行政处罚权"。因此，会议决定，国务院法制办在今后复函中不再使用"城市管理综合执法"的概念，统一使用"相对集中行政处罚权"的概念并在全国推进试点扩大工作。

二、相对集中行政处罚权试点扩大与推进阶段——相对集中行政处罚权

这个阶段从时间上划分是从 2000 年 9 月 8 日至 2002 年 8 月 22 日。国务院先后发布了关于开展相对集中行政处罚权工作的两个重要文件：《国务院办公厅关于继续做好相对集中行政处罚权试点工作的通知》（国办发〔2000〕63 号），标志着相对集中行政处罚权试点工作在全国扩大的开始；《国务院关于进一步推进相对集中行政处罚权工作的决定》（国发〔2002〕17 号），标志着全国开展相对集中行政处罚权试点工作结束，开始在全国各地推开。

（一）相对集中行政处罚权试点扩大阶段

2000 年 7 月深圳"全国相对集中行政处罚权试点工作座谈会"后，2000 年 9 月 8 日国务院办公厅下发了《国务院办公厅关于继续做好相对集中行政处罚权试点工作的通知》（国办发〔2000〕63 号）（以下简称《通知》）。《通知》的主要内容是：一是进一步提高对实行相对集中行政处罚权制度重大意义的认识；二是继续抓好现有试点城市的试点工作；三是积极稳妥地扩大试点范围，确定试点领域为城市管理领域。

《通知》确定在城市管理领域可以集中行使的行政处罚权，主要包括：（1）市容环境卫生管理、规划管理、城市绿化管理、市政管理、环境保护管理等方面法律、法规、规章规定的全部或者部分行政处罚权；（2）工商行政管理方面法律、法规、规章规定的对无照商贩的行政处罚权；（3）公安交通管理方面对侵占道路行为的行政处罚权；集中行使行政处罚权的行政机关还可以履行法律、法规、规章或者省、自治区、直辖市和城市人民政府规定的其他职责；（4）把试点的经验运用于市、县机构改革，进一步顺市、县行政管理体制。

依据《通知》，全国相对集中行政处罚权试点工作迅速扩大。从 2000 年 9 月到 2002 年 8 月，仅两年时间，国务院法制办就先后批准了 66 个城市开展相对集中行政处罚权工作试点，使试点城市由 16 个增加到 82 个，增长速度超过试点初期前 3 年（1997～2000

年）的 5 倍多。相对集中行政处罚权试点工作，经过六年的实践，从小到大，从探索到发展，已经取得了阶段性成果。实践证明，国务院确定试点工作的阶段性目标已经实现，进一步在全国推进相对集中行政处罚权工作的时机基本成熟。为此，依据全国大面积试点城市的成效和经验，国务院于 2002 年 8 月 22 日下发了《国务院关于进一步推进相对集中行政处罚权工作的决定》（国发〔2002〕17 号），指出依照《行政处罚法》的规定，国务院授权省、自治区、直辖市人民政府可以决定在本行政区域内有计划、有步骤地开展相对集中行政处罚权工作。这个决定的颁布，标志着相对集中行政处罚权试点工作结束。相对集中行政处罚权工作由此进入全国全面推进阶段。

（二）相对集中行政处罚权试点结束，全国推进阶段

国发〔2002〕17 号文件在开展相对集中行政处罚工作的全部过程中，起着承上启下的重要历史作用，是全国全面推进相对集中行政处罚权工作的重要标志，也是当前和今后指导全国各地开展相对集中行政处罚权工作纲领性、指导性的重要文件。这个文件的主要内容是：（1）把开展相对集中行政处罚权工作与继续深入行政管理体制改革有机地结合起来；（2）确定相对集中行政处罚权的范围为城市管理领域；（3）提出了进一步做好相对集中行政处罚权工作的要求；（4）加强行政执法队伍建设，省、自治区、直辖市人民政府不得将某个部门的上级业务主管部门确定为相对集中处罚权的行政机关的上级主管部门；（5）切实加强对相对集中行政处罚权工作的组织领导。

国发〔2002〕17 号文件下发后，全国地方各级人民政府积极落实文件精神，做好推进城市管理领域的相对集中行政处罚权工作，这项工作已在全国全面推开，进入一个新的发展阶段。

第三节　城市管理综合行政执法制度的创立与发展

一、实行综合行政执法

相对集中行政处罚权制度是在一定历史阶段和历史条件下的产物，是在现行法律、法规对政府有关部门职权没有改变的情况下，对行政执法机关行使的行政处罚权给予的调整。随着相对集中行政处罚权工作的全面推开，若无法律的全面规范，则不可避免地带来与现行法律、法规有关规定的矛盾冲突。

为解决相对集中行政处罚权跨行业综合执法带来的矛盾，2002 年 10 月 11 日，国务院办公厅转发中央编办《关于清理整顿行政执法队伍实行综合行政执法试点工作的意见》（国办发〔2002〕56 号），决定在广东省、重庆市开展试点，其他省、自治区、直辖市各选择 1～2 个具备条件的地市、县市进行综合行政执法试点，着重解决多头执法、重复执法、执法扰民和执法队伍膨胀等问题。此举标志着综合行政执法试点工作正式启动，成为深化行政管理体制改革、推动行政执法体制创新的又一新举措。这就给地方政府又带来一个新的疑问，在大力推进相对集中行政处罚权的同时，为什么还要开展综合行政执法试点工作？相对集中行政处罚权与综合行政执法之间是什么关系？

（一）综合执法概念的由来与演变

历史上最早使用"综合执法"概念的是 1997 年初北京市政府向国务院法制局申请的函。后来，在 2000 年 7 月深圳召开的全国相对集中行政处罚权试点工作座谈会后，国务院法制办关于开展城管执法试点的复函中就不再使用这个概念，改为相对集中行政处罚权试点的复函，一直到 2002 年 8 月为止。

如前所述，自 2000 年 9 月国务院法制办在复函中就不再使用城市管理综合执法概念了，但在 2002 年 11 月国务院办公厅下发的国办发〔2002〕56 号文件中，提出了一个新的概念——综合行政执法，要求自 2002 年开始首先在广东、重庆开展"综合行政执法试点"。这就是从"城市管理综合执法"到"综合行政执法"概念的演变。但在开展"综合行政执法"试点工作的文件下发之后，一时间在地方产生了思想上和认识上的模糊：一方面国务院宣布"相对集中行政处罚权"试点结束，全国进一步推进；另一方面国务院办公厅又宣布开展"综合行政执法"试点工作。

（二）"综合行政执法"的基本内容

《关于清理整顿行政执法队伍实行综合行政执法试点工作的意见》（国办发〔2002〕56号）关于"综合行政执法"试点工作的基本内容是：

1. 进一步转变政府部门职能，实现"两个相对分开"。要改变政府部门既管审批又管监督的体制，将制定政策、审查审批等职能与监督检查、实施处罚等职能相对分开。要改变行政执法机构既管查处又管检验的体制，将监督处罚职能与技术检验职能相对分开。将承担技术检测、检验、检疫职能的单位逐步与政府部门脱钩，不再承担行政执法任务，其职责转变为面向全社会，依法独立地为政府部门、行政执法机构和企事业单位提供客观公正的技术检测、检验、检疫服务。

2. 调整合并行政执法机构，实行综合行政执法。要改变多头执法的状况，组建相对独立、集中统一的行政执法机构。要严格控制执法机构膨胀的势头，能够不设的不设，能够合设的合设；一个政府部门下设的多个行政执法机构，原则上归并为一个机构。在此基础上，重点在城市管理、文化市场管理、资源环境管理、农业管理、交通运输管理以及其他适合综合行政执法的领域，合并组建综合行政执法机构。按有关规定，经批准成立的综合行政执法机构，具有行政执法主体资格。

要改变多层执法的状况，按区域设置执法机构并实行属地管理。行政执法机构主要在城市和区、县设置。省、自治区政府各部门不再单独设置行政执法机构；设区的市设置行政执法机构，可根据当地的具体情况和不同行政执法领域，适当选择以市为主或以区为主的模式。

要结合事业单位机构改革，在实施监督处罚与技术检验相对分开的基础上，调整归并技术检测、检验、检疫机构。使用相同或相近技术设备、手段的检测、检验、检疫机构，以及同在一地、任务不饱满的同类检测、检验、检疫机构，要尽量予以合并，以提高设备利用率，集中力量发挥技术优势。

3. 加强机构编制管理，建立并完善监督制约机制。行政执法机构编制实行中央宏观调控下的分级管理。要严格控制行政执法机构的规模，大胆探索其设置的具体形式。设置行政执法机构的审批程序，参照设置行政机构的审批程序办理。专项用于行政执法机构的编制纳入全国编制统计范围，重新核定，中央编办进行宏观管理并对相关工作进行指导。要探索通过经费预算手段控制行政执法机构人员编制的具体途径。

要建立健全行政执法的监督与制约机制，促进行政执法人员依法执法，文明执法；要严格实行行政执法责任制、评议考核制和行政执法过错追究制度；要公开办事制度、执法程序，增加行政执法的透明度。

4. 调整人员结构，加强行政执法机构自身建设。要全面清理行政执法机构现有人员，清退临时人员和借调人员。按照公务员的标准和职业特点，对行政执法人员进行专门的录用考试，严格标准，公平竞争，择优录用，经培训后上岗，并实行轮岗制度，按照公务员的管理方式进行管理。要不断加强对行政执法人员的教育和培训，提高他们的政治素质和业务素质。行政执法严格实行"罚缴分离""收支两条线"制度，罚没收入要全额上缴财政，行政执法经费由财政予以保障。

5. 开拓创新，积极探索。试点地区要因地制宜，在综合行政执法的权限和范围、综合执法机构的设置形式、综合执法机构与政府部门的关系等方面积极进行探索。

（三）相对集中行政处罚权与"综合行政执法"的关系

国发〔2002〕17号文件、国办发〔2002〕56号文件下发后，有地方政府要求中央再发文件说明相对集中行政处罚权与"综合行政执法"的关系，以方便地方开展工作。为此，2003年2月28日，中央编办和国务院法制办联合下发《关于推进相对集中行政处罚权和综合行政执法试点工作有关问题的通知》（中央编办发〔2003〕4号），就综合行政执法和相对集中行政处罚权两项工作的关系和贯彻落实问题作出了详尽安排，具体内容如下：

1. 相对集中行政处罚权和清理整顿行政执法队伍、实行综合行政执法，都是解决多头执法、重复执法、执法扰民和执法队伍膨胀等问题的重要举措，也都是深化行政管理体制改革、推动行政执法体制创新的重要内容。搞好相对集中行政处罚权和综合行政执法试点工作，对于提高行政执法效能，维护社会经济秩序，保障和促进社会生产力的发展都有重要的意义。各级机构编制部门和法制工作机构一定要从贯彻"三个代表"重要思想和落实党的十六大提出的切实解决多重多头执法问题要求的高度，齐心协力抓好这项工作。

2. 相对集中行政处罚权，是根据《行政处罚法》对部分行政处罚权的相对集中；而综合行政执法则是在相对集中行政处罚权基础上对执法工作的改革。综合行政执法不仅将日常管理、监督检查和实施处罚等职能进一步综合起来，而且据此对政府有关部门的职责权限、机构设置、人员编制进行相应调整，从体制上、源头上改革和创新行政执法体系，解决执法工作中存在的许多弊病，进一步深化行政管理体制改革。相对集中行政处罚权工作与综合行政执法试点工作要统一起来，做到统一规划、统一部署、统一组织、统一抓落实。

3. 已经进行了相对集中行政处罚权试点的地方，要注意总结经验，条件成熟时，要按照清理整顿行政执法队伍、实行综合行政执法的原则和要求，进一步完善和规范。准备开展相对集中行政处罚权工作的地方，要把相对集中处罚权工作同综合行政执法试点工作一并考虑，并按照清理整顿行政执法队伍、实行综合行政执法的原则和要求进行安排和部署。已经确定实行综合行政执法试点的地方，不再单独进行相对集中行政处罚权工作。

4. 地方各级机构编制部门和法制工作机构要加强协调、充分沟通、紧密配合，共同抓好综合行政执法试点工作，统一协调有关机构设置、职能调整、人员编制和法律法规事宜，保证综合行政执法试点工作的顺利进行。

由此可见，该文件积极稳妥地对如何理顺相对集中行政处罚权和实行综合行政执法的关系作出了规定。从此，在城市管理、文化市场管理、资源环境管理、农业管理、交通运输管理等领域开展的综合行政执法试点工作在全国范围内逐步展开。

二、推进综合执法

2013年11月，党的十八届三中全会通过的《中共中央关于全面深化改革若干重大问题的决定》（以下简称《决定》）明确提出："推进综合执法，理顺城管执法体制，提高执法和服务水平。"这是第一次在党的决议中对一项具体政府职能作出规定，也是第一次将城市管理问题写入中央重大决策文件，是城管执法体制改革的创新举措！

中央这次提出的"推进综合执法"，绝非以前国务院法制办和中央编办提出的"城市管理综合执法"和"综合行政执法"，而是赋予了"综合执法"新的内涵。推进综合执法，在城市管理领域应当综合以下内容：

（一）执法主体的综合

在许多市县区城市管理、住房和城乡建设系统内还存在着多支专业执法队伍共存的情况，例如，有的县区在住房和城乡建设系统内还有市容环卫、园林绿化、市政公用、房产管理等多支专业执法队伍分别执法的现象，这种多头执法扰民的情况继续存在。因此，按照《决定》精神，要在城市管理、住房和城乡建设系统内整合执法主体，在系统内综合组建一支执法队伍，以解决职能交叉、多头执法问题。

（二）执法内容的综合

这种综合就是在现有国家法律法规没有改变的情况下，将城市管理、住房和城乡建设系统内有关执法的内容交由一支综合执法主体行使。例如，在住房和城乡建设系统可以组建住房和城乡建设综合执法局，将法律法规规定的由住房和城乡建设系统行使的执法内容交给该局统一行使，这就是执法内容的综合。

（三）执法权力的综合

这也可以称之为相对集中执法权。执法是专指国家行政机关及其公职人员依法行使管理职权、履行职责、实施法律的活动。执法权就是行政机关作为执法机关依法行使的管理权力。执法权力的综合，就是在一个行业系统内将若干个执法机构行使的执法权力，集中交给一个综合执法机关行使。

三、理顺城市管理执法体制

2014年10月，党的十八届四中全会通过的《中共中央关于全面推进依法治国若干重大问题的决定》再次提出，理顺城市管理执法体制，加强城市管理综合执法机构建设，提高执法和服务水平。

（一）理顺城市管理执法体制

长期以来，由于我国没有国家层面的城市管理方面的法律及国务院行政法规来统一规范城市管理行政执法，缺少城市管理执法的依据。因此，从全国范围来看，城市管理执法体制一直没有理顺，在各地方出现了很多种类型的执法体制，例如：有大部制、单一制、联合制和从属制等多种体制。这些城市管理体制方面的诸多问题，严重影响了城市管理执法的效率及城管执法队伍的形象，加剧了城管执法者和小摊贩之间的矛盾。为了解决这个问题，党的十八届三中全会在《中共中央关于全面深化改革若干重大问题的决定》中特别提出"理顺城管执法体制，提高执法和服务水平"。而四中全会关于城市管理执法体制的阐述是三中全会的延伸和提升，增加了"加强城市管理综合执法机构建设"的内容。说明城市管理执法体系已经列入党和国家改革进程中的重要事项。

（二）加强城市管理综合执法机构建设

目前全国各市县区有一部分城市管理综合执法局的性质还属于事业单位，有的还属于政府的内设机构，大部分城市管理综合执法局都处于公务员、事业编和协管员共同存在于一体的混岗状态。这种混乱的城市管理综合执法机构，严重影响了城市管理行政执法工作。针对这种情况，要加强城市管理综合执法机构建设，逐步理顺城市管理综合执法机构，使之成为符合法律规范的行政执法主体。

如何加强城市管理综合执法机构建设？首先，要明确城市管理综合执法机构的主体地位，这个机构应当是城市人民政府的组成部门，重点在于把城市管理领域内分散的执法队伍通过整合集中，明确检查权、处罚权的归属。其次，要明确城市管理综合执法的范围及内容，这个城市管理综合执法的范围及内容应当限定在城市管理领域，包括城乡规划、市容环卫、园林绿化、公共事业、市政工程。最后，这个城市管理综合执法机构的名称，应当称之为城市综合管理局。因为这个名称既包含了城市综合管理权，也包括了行政执法检查权、行政处罚权和行政强制执行权。

（三）提高城市管理执法和服务水平

由于城市管理体制的多样化，城市管理执法人员的编制存在很大差异：有的是事业编制，有的无编制或者编制不够，无法管理日益增长的城市人群，在这种情况下，许多城市的城市管理执法局聘用了大量的协管员、临时工参与城市管理与执法。由于这些协管员、临时工缺少城市管理专业知识和法律知识，经常出现不文明执法和野蛮管理的问题，导致了城市管理执法人员与小商贩矛盾冲突不断。因此，十八届四中全会提出了提高城市管理执法人员整体执法水平的顶层设计。要求把好城市管理执法人员的入口关，实行"持证上岗"的规定。指出："严格实行行政执法人员持证上岗和资格管理制度，未经执法资格考试合格，不得授予执法资格，不得从事执法活动。"由此可见，这是有效提高城市管理执法人员整体执法水平的非常重要的前提条件。

在四中全会中，还有一个新的提法就是将提高执法水平和服务水平并列起来，放到同等重要的地位。表明城市管理执法不仅仅是政府行使权力，更多的是要为市民群众服务，通过服务促进执法水平的提升。过去，有的地方政府一味强调行政执法中的行政处罚，重处罚，轻管理导致了"以罚代管"的消极结果，相应出现了暴力执法以及暴力抗法等社会问题。针对这种情况，四中全会强调应当转变执法理念，将管理、执法与服务相结合，建立"服务型、法治型政府"，维护最广大人民根本利益，基于这种理念，将提高执法水平和服务水平并列起来，放到同种重要的地位就十分必要了。

第四节　城市管理执法体制的改革与创新

一、明确全国城市管理执法主管部门

2015年12月24日，中共中央、国务院印发的《关于深入推进城市执法体制改革改进城市管理工作的指导意见》（中发〔2015〕37号）明确提出，国务院住房和城乡建设主管部门负责对全国城市管理工作的指导，研究拟定有关政策，制定基本规范，做好顶层设计，加强对省、自治区、直辖市城市管理工作的指导监督协调，积极推进地方各级政府城市管理事权法律化、规范化。全国城市管理工作主管部门的明确，解决了在国家层面一直没有中央主管部门的问题，结束了分散混乱、群龙无首的局面。

2016年10月，住房和城乡建设部下发《住房城乡建设部关于设立城市管理监督局的通知》，根据中央编办发布的《关于住房城乡建设部设立城市管理监督局有关问题的批复》（中央编办复字〔2016〕146号），设立城市管理监督局，作为住房和城乡建设部内设机构，负责拟订城市管理执法的政策法规，指导全国城市管理执法工作，开展城市管理执法行为监督，组织查处住房和城乡建设领域重大案件等职责。

二、加强城市管理执法规范化建设

自2016年10月，住房和城乡建设部制定和发布了一系列部门规章和行政规范性文件，对全国城市管理执法工作进行指导和规范，城市管理执法体制改革工作稳健起步并取得了积极进展。现列举部分部门规章与行政规范性文件：

2016年10月，《住房城乡建设部关于做好城市管理执法车辆保障工作的通知》（建督〔2016〕233号），指导各地城市管理部门按照中央公务用车改革有关要求，做好城市管理执法车辆保障工作，切实保障城市管理执法工作正常有序开展。

2016年11月，住房和城乡建设部城市管理监督局印发了《关于推行城市管理执法全过程记录工作的通知》（建督综函〔2016〕1号），决定在县级以上城市管理部门推行城市管理执法全过程记录工作，完善城市管理执法程序，强化执法监督。这是住房和城乡建设部城市管理监督局成立以来下发的首个城市管理执法规范性文件。

2017年1月，住房和城乡建设部令第34号《城市管理执法办法》经第32次部常务会议审议通过发布，自2017年5月1日起施行。

2017年2月，住房和城乡建设部、财政部发布《关于印发城市管理执法制式服装和标志标识供应管理办法的通知》（建督〔2017〕31号）。

2017年4月，住房和城乡建设部城市管理监督局发布《关于印发城市管理执法制式服装和标志标识技术指引（试行）的通知》（建督政函〔2017〕12号）。

2018年9月，住房和城乡建设部《关于印发城市管理执法行为规范的通知》（建督〔2018〕77号），《城市管理执法行为规范》自2018年10月1日起实施。

2020年9月，住房和城乡建设部办公厅《关于印发〈城市管理行政执法文书示范文本（试行）〉的通知》（建办督函〔2020〕484号，制定印发了《城市管理行政执法文书示范文本（试行）》。

2020年12月，为加强对城市市容市貌管理工作的指导、监督和评价，提升城市管理精细化水平和治理能力，住房和城乡建设部制定发布了《城市市容市貌干净整洁有序安全标准（试行）》（建督〔2020〕104号）。

2021年12月，住房和城乡建设部发布行业标准《城市户外广告和招牌设施技术标准》CJJ/T 149—2021，自2022年3月1日起实施。

2021年12月，住房和城乡建设部印发《关于全面加快建设城市运行管理服务平台的通知》（建办督〔2021〕54号）。

2021年12月，住房和城乡建设部发布行业标准《城市运行管理服务平台技术标准》CJJ/T 312—2021和《城市运行管理服务平台数据标准》CJ/T 545—2021，自2022年1月1日起实施。

三、推动城市管理执法力量下沉

（一）主要背景

城市管理执法力量下沉，是构建基层社会治理新格局、深化城市管理行政执法体制改革、建设法治政府的迫切需要。

2014年10月23日，党的十八届四中全会通过的《中共中央关于全面推进依法治国若干重大问题的决定》强调，要推进基层治理法治化，发挥基层党组织在全面推进依法治国中的战斗堡垒作用，建立重心下移、力量下沉的法治工作机制。

2019年10月31日，党的十九届四中全会通过的《中共中央关于坚持和完善中国特色社会主义制度 推进国家治理体系和治理能力现代化若干重大问题的决定》明确要求构建基层社会治理新格局。加快推进市域社会治理现代化。推动社会治理和服务重心向基层下移，把更多资源下沉到基层，更好提供精准化、精细化服务。

2019年1月，中共中央办公厅、国务院办公厅印发《关于推进基层整合审批服务执法力量的实施意见》（中办发〔2019〕5号）明确要求积极推进基层综合行政执法改革。推进行政执法权限和力量向基层延伸和下沉，强化乡镇和街道的统一指挥和统筹协调职责。整合现有站所、分局执法力量和资源，组建统一的综合行政执法机构，按照有关法律规定相对集中行使行政处罚权，以乡镇和街道名义开展执法工作，并接受有关县级主管部门的业务指导和监督，逐步实现基层一支队伍管执法。

2021年4月28日，中共中央、国务院印发的《关于加强基层治理体系和治理能力现代化建设的意见》强调要增强乡镇（街道）行政执行能力。根据本地实际情况，依法赋予乡镇（街道）行政执法权，整合现有执法力量和资源。

2021年8月，中共中央、国务院印发《法治政府建设实施纲要（2021—2025年）》，明确提出继续深化综合行政执法体制改革，坚持省（自治区）原则上不设行政执法队伍，设区市与市辖区原则上只设一个行政执法层级，县（市、区、旗）一般实行"局队合一"体制，乡镇（街道）逐步实现"一支队伍管执法"的改革原则和要求。稳步将基层管理迫切需要且能有效承接的行政执法事项下放给基层，坚持依法下放、试点先行，坚持权随事转、编随事转、钱随事转，确保放得下、接得住、管得好、有监督。2024年年底前基本建成省市县乡全覆盖的比较完善的行政执法协调监督工作体系。

（二）主要模式

按照中央有关文件的要求和部署，北京、上海、江苏、浙江、四川等省市积极探索推进城市管理执法力量下沉街道，取得了显著成效。各地在下放执法权限时遵循"成熟一批赋予一批"的原则，逐步将相关事权下放至镇街，组建镇街综合行政执法机构。总体来看，执法力量下沉模式目前主要分为两大类，即属地管理式（街属街管街用）和派驻式（区属街管街用、区属区管街用、市属区管街用、县属县用、委托式、吹哨式），部分地区还存在多种模式并存的情况。

1. 属地管理式（街属街管街用）

街属街管街用模式指执法队伍人员直接下沉至街镇实行属地管理，人事编制关系、党组织关系、工资、职级晋升、调动、考评等都由街镇负责，执法主体为镇人民政府（街道办事处）。该模式下沉得较为彻底，严格遵守人、财、物、编向基层倾斜的要求。该模式又分为两种情况：一种情况是县区局现有执法方面的人员成建制下沉至基层街镇；另一种情况是县区局下沉一部分人员，和街镇自己的执法人员组建基层综合执法队伍。

2. 派驻式

（1）区属街管街用

执法队伍人员的人事编制关系、工资由县区局负责，党组织关系、日常使用、管理、考核等由街道负责，实行双重管理。

（2）区属区管街用

执法队伍人员的人事编制关系、党组织关系、工资、职级晋升、日常管理等仍由县区局负责。县区局将队伍派驻至各街镇，负责街镇范围内的行政执法工作，执法主体仍然为县区局，街镇只负责日常使用。

（3）市属区管街用

执法队伍的人员编制、党组织关系、工资都由市局负责，日常的管理考核由区局负责，街镇负责日常的使用。

（4）县属县用

执法队伍的党组织关系、人事编制关系、工资都由县区局负责，人员的日常使用和管理也为县区局，实行由上至下的垂直管理模式，街镇具有一定的考核权。

（5）委托式

委托式就是将相关领域的县区级行政执法权以委托方式赋权给街镇行使，街镇以县区局的名义进行委托执法。

（6）吹哨式

街道社区在基层治理事务中，需要相关行业执法时，街道统一调度，以吹哨的形式，实施综合行政执法。该模式下，执法队伍的编制、工资、人事关系、日常使用和管理都属于县区局，只有在街镇提出需求时，才会进入街镇开展执法活动。

（三）初步成效

1. 整合条线执法力量，破解了多头执法难题

通过组建镇街综合行政执法机构，将城市管理、应急管理、市场监管、文化管理等条线部门的执法力量整合起来，并赋予执法职能，破解了多头执法、多层执法、执法扰民和基层执法力量不足等问题，从组织上、制度上、人员上真正实现了"一支队伍管执法"。

2. 完善基层治理体系，增强了基层治理能力

执法力量下沉后，实现了镇街审批管理和执法一体化，有效规避之前存在的管理力量和执法力量之间的协同效率低、相互推诿等问题，从而有效增强基层社会治理的能力和手段，让基层治理更加贴近群众，便于及时解决问题，有效解决镇街"看得见、管不着"和综合行政执法部门"管得着、看不见"的问题。

3. 优化执法协同体系，提高了综合执法效能

执法力量下沉后，提升了街道统筹管理、协调指挥能力，强化各类驻镇街机构与属地融合协作，有效破解了条块对接困难、协调联动不畅的难题。

4. 强化街面秩序管理，提升了市民群众满意度

执法力量部署在基层街道后，有效增强了街面市容秩序管理能力，在市容环境秩序、店外经营治理、门前五包等方面有了明显的改善，进一步提升了市民群众的满意度。

随着执法力量下沉工作逐步推进，一些地方也遇到镇街综合行政执法职能体系设计、统一业务标准、提升办案能力和人员素质、建立监督考核机制以及加强业务培训等方面问题。只有理顺综合行政执法体制，健全基层综合行政执法体系，建立统一的执法标准、系统和统筹机制，强化协调监督考核体系，才能妥善解决基层综合行政执法面临的诸多问题，确保改革措施落实到位。

第十五章 行政执法"三项制度"

《中共中央关于全面推进依法治国若干重大问题的决定》和《法治政府建设实施纲要（2015—2020年）》对全面推行行政执法公示制度、执法全过程记录制度、重大执法决定法制审核制度（以下统称"三项制度"）作出了具体部署、提出了明确要求。为落实"三项制度"，国务院办公厅印发了《国务院办公厅关于全面推行行政执法公示制度执法全过程记录制度重大执法决定法制审核制度的指导意见》（国办发〔2018〕118号）。全面推行"三项制度"，对促进严格规范公正文明执法具有基础性、整体性、突破性作用，对切实保障人民群众合法权益，维护政府公信力，营造更加公开透明、规范有序、公平高效的法治环境具有重要意义。

第一节 行政执法公示制度

一、行政执法公示制度的基本内容

行政执法公示制度是保障行政相对人和社会公众知情权、参与权、表达权、监督权的重要措施。行政执法机关要按照"谁执法谁公示"的原则，明确公示内容的采集、传递、审核、发布职责，规范信息公示内容的标准、格式。建立统一的执法信息公示平台，及时通过政府网站及政务新媒体、办事大厅公示栏、服务窗口等平台向社会公开行政执法基本信息、结果信息。涉及国家秘密、商业秘密、个人隐私等不宜公开的信息，依法确需公开的，要作适当处理后公开。发现公开的行政执法信息不准确的，要及时予以更正。

二、强化事前公开

实施行政执法公示制度是公开、公正原则、规范文明执法原则的要求。国务院办公厅文件要求推行行政执法公示制度实行全过程公开，包括：事前公开、事中公示和事后公开。行政执法公示制度实行全过程公开，有利于实现城市管理执法的公开、透明，有利于广大市民群众监督，实现执法公平与正义。

强化事前公开的重点是城市管理执法机关要及时、主动向社会公开有关行政执法信息，强调在执法之前，在门户网站和办事大厅、服务窗口等场所，公开行政执法主体、人员、职责、权限、随机抽查事项清单、依据、程序、监督方式和救济渠道等信息，让广大市民群众知晓执法内容，理解、支持和配合工作。同时，城市管理执法部门要编制并公开执法流程、服务指南，方便群众办事。

"双随机"抽查情况及查处结果要及时向社会公布，接受群众监督。"双随机、一公开"监管是指随机抽取检查对象，随机选派执法检查人员，及时公布检查结果。在城市管理执法过程中，政府监管部门要按照"双随机、一公开"监管的要求，对检查结果要及时公开，不得拖延、隐瞒检查结果。

执法流程是某项执法业务从起始到完成，由多个部门、多个岗位、经多个环节协调及顺序工作共同完成的完整过程，是执法活动的步骤、方式以及相互联系的一组活动。一个完善的流程应该顺序合理、内容全面、方法恰当、标准正确，这四大要素不可或缺。

服务指南是指城市管理执法部门为服务市民群众而编辑的宣传手册，载明有关执法范围、服务事项等内容，免费发放市民群众。

三、规范事中公示

规范事中公示规定城市管理执法人员在执法过程中的身份公开。执法人员从事执法活动，应当佩戴或者出示能够证明执法资格的执法证件。出示执法证件的法律意义是证明执法人员与行政管理相对人之间存在管理与被管理的行政关系，执法人员对违反城市管理法律法规的行为有管理权、检查权和处罚权。同时，服务窗口要明示工作人员岗位工作信息，目的是方便办事群众监督。

四、加强事后公开

行政执法机关要在执法决定作出之日起 20 个工作日内，向社会公布执法机关、执法对象、执法类别、执法结论等信息，接受社会监督，行政许可、行政处罚的执法决定信息要在执法决定作出之日起 7 个工作日内公开，但法律、行政法规另有规定的除外。这里值得注意的是：行政处罚决定不需要全部公开，一般是要求有一定社会影响的行政处罚决定公开。建立健全执法决定信息公开发布、撤销和更新机制。已公开的行政执法决定被依法撤销、确认违法或者要求重新作出的，应当及时从信息公示平台撤下原行政执法决定信息。

第二节 执法全过程记录制度

推行执法全过程记录制度是城市管理依法执法的需要，是城市管理执法监督的需要，同时，也是城市管理部门应对城管执法舆情的需要。因此，设置和推行执法全过程记录制度，对于规范文明执法具有重要的现实意义。

推行执法全过程记录制度的内容和要求是：执法单位应当通过文字、音像等记录方式，对行政执法行为进行记录并归档，实现全过程留痕和可回溯管理。

一、完善文字记录

文字记录是以纸质文件或电子文件形式对行政执法活动进行全过程记录的方式。要研究制定执法规范用语和执法文书制作指引，规范行政执法的重要事项和关键环节，做到文字记录合法规范、客观全面、及时准确。

城市管理行政执法文书是全过程记录的重要形式，执法文书的规范制作也是公正文明执法的要求。

现在，全国各地城市管理行政执法文书还没有实现规范统一。很多执法文书不够规范，表现为：执法文书体系不完整；文书填写内容不完整；执法记录不规范等，这些问题严重影响执法效能，应当给予解决。国务院办公厅文件要求要把行政执法文书作为全过程记录的基本形式，根据执法行为的种类、性质、流程等规范执法文书的制作。这是对全国行政执法机关规范执法文书的要求，同时，也是对规范城市管理执法文书的要求。城市管理行政执法人员根据数字化、数据化的需要，除了填写纸质执法文书外，还要大力推行执法文书电子化，明确执法案卷标准，确保执法文书和案卷完整准确，便于监督管理。

二、规范音像记录

音像记录是通过照相机、录音机、摄像机、执法记录仪、视频监控等记录设备，实时对行政执法过程进行记录的方式。目前，音像记录在所有城市管理执法的证据种类中，是最能直观记录执法全过程的证据，是具有关联性、真实性和合法性的证据。音像视频证据将成为执法主要使用的证据，代表着证据使用的方向。因此，国务院办公厅文件要求：对查封扣押财产、强制拆除等直接涉及人身自由、生命健康、重大财产权益的现场执法活动和执法办案场所，要推行全程音像记录；对现场执法、调查取证、举行听证、留置送达和公告送达等容易引发争议的行政执法过程，要根据实际情况进行音像记录。

三、严格记录归档

要完善执法案卷管理制度，加强对执法台账和法律文书的制作、使用、管理，按照有关法律法规和档案管理规定归档保存执法全过程记录资料，确保所有行政执法行为有据可查。对涉及国家秘密、商业秘密、个人隐私的记录资料，归档时要严格执行国家有关规定。积极探索成本低、效果好、易保存、防删改的信息化记录储存方式，通过技术手段对同一执法对象的文字记录、音像记录进行集中储存。建立健全基于互联网、电子认证、电子签章的行政执法全过程数据化记录工作机制，形成业务流程清晰、数据链条完整、数据安全有保障的数字化记录信息归档管理制度。

四、发挥记录作用

要充分发挥全过程记录信息对案卷评查、执法监督、评议考核、舆情应对、行政决策和健全社会信用体系等工作的积极作用，善于通过统计分析记录资料信息，发现行政执法薄弱环节，改进行政执法工作，依法公正维护执法人员和行政相对人的合法权益。这是对发挥城市管理执法全过程记录信息作用的要求。执法全过程记录信息保存以后，这个信息记录怎么用？干什么用？该文件提出要求：建立健全执法全过程记录信息收集、保存、管理、使用等工作制度，加强数据统计分析，充分发挥全过程记录信息在案卷评查、执法监督、评议考核、舆情应对、行政决策和健全社会信用体系等工作中的作用。

第三节 重大执法决定法制审核制度

重大执法决定法制审核是确保行政执法机关作出的重大执法决定合法有效的关键环节。行政执法机关作出重大执法决定前，要严格进行法制审核，未经法制审核或者审核未通过的，不得作出决定。这是依法治国、城管依法执法的法制要求，是进行法制审核的强制性规定，全国各行政执法部门必须严格遵守。《国务院办公厅关于全面推行行政执法公示制度执法全过程记录制度重大执法决定法制审核制度的指导意见》（国办发〔2018〕118号）要求：执法单位作出重大执法决定之前，必须进行法制审核，未经法制审核或者审核未通过的，不得作出决定。这里强调：一是必须经过法制审核；二是未经法制审核不能作出重大执法决定；三是提交法制审核了，但法制审核未通过的，也不得作出决定。

何为重大执法决定？文件没有具体作出规定。但作者认为，城管执法部门要拆除较大体量的违法建筑，就应认为是重大执法决定，必须经过法制审核。因为这会涉及重大经济利益，同时，也可能引发"暴力抗法"事件的发生。所以，这就应当属于重大执法决定的一种情形。

一、明确审核机构

各级行政执法机关要明确具体负责本单位重大执法决定法制审核的工作机构，确保法制审核工作有机构承担、有专人负责。加强法制审核队伍的正规化、专业化、职业化建设，把政治素质高、业务能力强、具有法律专业背景的人员调整充实到法制审核岗位，配强工作力量，使法制审核人员的配置与形势任务相适应，原则上各级行政执法机关的法制审核人员不少于本单位执法人员总数的 5%。要充分发挥法律顾问、公职律师在法制审核工作中的作用，特别是针对基层存在的法制审核专业人员数量不足、分布不均等问题，探索建立健全本系统内法律顾问、公职律师统筹调用机制，实现法律专业人才资源共享。

二、明确审核范围

凡涉及重大公共利益，可能造成重大社会影响或引发社会风险，直接关系行政相对人或第三人重大权益，经过听证程序作出行政执法决定，以及案件情况疑难复杂、涉及多个法律关系的，都要进行法制审核。各级行政执法机关要结合本机关行政执法行为的类别、执法层级、所属领域、涉案金额等因素，制定重大执法决定法制审核目录清单。上级行政执法机关要对下一级执法机关重大执法决定法制审核目录清单编制工作加强指导，明确重大执法决定事项的标准。

三、明确审核内容

要严格审核行政执法主体是否合法，行政执法人员是否具备执法资格；行政执法程序是否合法；案件事实是否清楚，证据是否合法充分；适用法律、法规、规章是否准确，裁量基准运用是否适当；执法是否超越执法机关法定权限；行政执法文书是否完备、规范；违法行为是否涉嫌犯罪、需要移送司法机关等。法制审核机构完成审核后，要根据不同情形，提出同意或者存在问题的书面审核意见。行政执法承办机构要对法制审核机构提出的存在问题的审核意见进行研究，作出相应处理后再次报送法制审核。

四、明确审核责任

行政执法机关主要负责人是推动落实本机关重大执法决定法制审核制度的第一责任人，对本机关作出的行政执法决定负责。要结合实际，确定法制审核流程，明确送审材料报送要求和审核的方式、时限、责任，建立健全法制审核机构与行政执法承办机构对审核意见不一致时的协调机制。行政执法承办机构对送审材料的真实性、准确性、完整性，以及执法的事实、证据、法律适用、程序的合法性负责。法制审核机构对重大执法决定的法制审核意见负责。因行政执法承办机构的承办人员、负责法制审核的人员和审批行政执法决定的负责人滥用职权、玩忽职守、徇私枉法等，导致行政执法决定错误，要依纪依法追究相关人员责任。

第十六章 城市管理执法规范化制度

第一节 加强城市管理执法规范化制度建设的必要性及意义

一、加强城市管理执法规范化制度建设的必要性

长期以来,各地城市管理执法规范化建设一直是一个薄弱环节,表现为:

1. 城市管理执法机构名称不统一。各地城市管理执法机构的名称五花八门,有的叫城市管理行政执法局,有的叫城市管理综合执法局、有的叫城市管理和综合执法局,有的叫综合执法局等。因为城市管理执法机构起什么名字由地方政府决定,不像是一支全国统一的行政执法队伍。所以,统一全国城管综合执法机构名称,对于城市管理执法规范化制度建设十分必要。

2. 城市管理执法范围、人员配备不统一。《中共中央 国务院关于深入推进城市执法体制改革 改进城市管理工作的指导意见》(中发〔2015〕37号)明确了城管综合执法范围以及对城管执法人员配备与身份编制要求。但各地具体情况不一,执法范围有大有小;有的执法队伍行政编制人员很少,多数是由辅助人员参与管理与执法活动等。因此,统一全国城市管理执法范围和执法人员身份编制,是城市管理执法规范化制度建设的必然要求。

3. 缺少统一的执法过程管理标准。一些地方缺少执法管理标准,导致执法不够规范,不文明执法情况经常发生,并且执法程序也不统一,严重影响了执法效能和公正执法。因此,亟需制定统一的执法过程管理标准,统一规范执法行为和程序,保证公正文明执法。

4. 城市管理执法考核评价标准不规范。各地城市管理执法队伍接受的考核评价活动比较多,但真正能起到规范、促进和提高执法水平的考评标准很少。因此,要制定城市管理执法考核评价标准,促进全国城管行政执法队伍健康发展。

二、加强城市管理执法规范化制度建设的重要意义

加强和推进城市管理执法规范化建设是贯彻落实《中共中央 国务院关于深入推进城市执法体制改革 改进城市管理工作的指导意见》(中发〔2015〕37号)的重要举措,是深入实施《城市管理执法队伍"强基础、转作风、树形象"三年行动》的重要内容,是进一

步规范城市管理执法活动，全面提升城市管理执法规范化水平，实现规范公正文明执法的目标任务。

第二节 城市管理执法规范化建设内容

城市管理执法规范化建设工作，根据我国的实际情况，应当由省级城市管理主管部门主抓，首先在全省、自治区和直辖市内实现执法机构名称统一、执法内容统一等规范化工作。在认真总结各省、自治区、直辖市城市管理行政执法主管部门开展城市管理执法规范化建设工作的基础上，由住房和城乡建设部制定全国统一的城市管理执法规范化建设内容和标准，促进全国的城市管理执法规范化工作。

本节以《江苏省城市管理执法规范化建设标准（试行）》为例，介绍城市管理执法规范化建设的主要内容：

一、执法部门和执法机构建设

执法部门和执法机构建设是城管执法队伍规范化建设的首要任务。因为执法队伍规范化建设的核心内容就是执法主体要合法。只有城管执法主体合法，才能实现依法执法、规范化执法，离开了执法主体合法的前提，就无法谈执法队伍的规范化。所以，执法部门和执法机构建设是关键。具体来说，执法部门和执法机构建设包括执法主体、执法范围、人员配备、执法协作、组织结构、人员管理和内部管理等内容。

二、执法行为过程管理标准化建设

城市管理执法过程是一个调查取证的过程，也是一个适用法律法规处理违法事件的过程，这个执法过程要遵守什么样的制度和程序标准，对于如何做到规范文明执法非常重要。因此，执法行为过程管理标准化建设包括制度规范、执法程序和执法监督等内容。

三、执法服务标准规范建设

城管执法要坚持教育与处罚相结合，执法与服务相结合原则。执法与服务相结合原则强调的是要求城管执法人员要树立服务理念，在执法过程中贯彻服务理念，明确服务内容、服务方式，实现执法服务标准化。因此，执法服务标准化应当包括服务理念、服务内容、服务方式等内容。

四、执法保障规范化建设

城管执法是一项由执法人员参加的执法活动。而城管执法活动必须要有执法保障才能进行。例如，执法车辆、执法装备等，如缺少执法保障，则城管执法活动将无法进行。但各地城管执法保障情况差异化十分明显，甚至出现了有的县、区城管部门租车执法的情况。这种情形必须要改变。因此，加强城管执法保障势在必行。执法保障规范化建设主要包括设备管理、信息管理、财务管理、职业健康管理和执法信息化等内容。

五、执法绩效评价标准规范化

执法绩效评价是监督城管执法活动的重要标准。但实践中各地城管执法评价不够全面和规范，起到的监管作用不大，没有很好地起到指引方向的作用，调动基层执法人员工作积极性不强。因此，要执法绩效评价标准规范化建设，保证执法绩效全国评价标准统一，真正起到监管和导向作用。执法绩效评价包括评价对象、评价方式和评价应用等内容。

第三节 城市管理执法规范化建设标准

本节以《江苏省城市管理执法规范化建设标准（试行）》为例，介绍城市管理执法规范化建设标准的主要内容：

一、执法部门建设标准

城管执法部门建设标准包括执法主体、执法范围、人员配备、执法协作四个方面的建设标准。具体建设标准要求：

（一）执法主体

1. 省级城市管理执法主体为省住房和城乡建设行政主管部门。
2. 市、县（市、区）城市管理执法的执法主体为同级人民政府的城市管理部门。
3. 街道、乡镇执法主体：（1）县（市、区）城市管理部门向所属街道或乡镇派驻执法机构的，城市管理部门为执法主体；（2）经批准乡镇人民政府成立综合行政执法机构的，乡镇人民政府为执法主体。
4. 经济开发区、工业园区等区域执法主体：（1）城市管理部门向经济开发区、工业园区等派驻执法机构的，城市管理部门为执法主体；（2）经批准设立的省级及以上经济开发区、工业园区等独立设置城市管理部门的，经济开发区、工业园区城市管理部门为执法主体。

(二) 执法范围

1. 执法区域。县（市）城市管理部门统一行使本行政区域内的城市管理综合执法职能。

2. 执法职能。（1）行使住房和城乡建设领域法律法规和规章规定的行政处罚权，具体执法范围和内容由同级人民政府确定；（2）行使城市管理综合执法的其他行政处罚权，具体执法范围和内容由同级人民政府确定；（3）行使与上述行政处罚权相关的行政强制权。

(三) 人员配备

1. 配备比例。各地根据省级人民政府批准的城市管理执法人员配备比例配备执法人员。有的省政府规定城市管理执法人员配备比例不低于城市常住人口的万分之五。

2. 配备人员身份性质。依据依法行政要求，城管行政执法人员应当为国家公务员或者参照国家公务员制度管理的人员。

(四) 执法协作

1. 建立执法信息共享、执法协助联动制度。城市管理部门和其他相关部门应当建立信息互通、资源共享、协调联动的工作机制，加强信息沟通，提高城管执法效能。

2. 建立重大事件信息报送制度。发生重大事件应当及时向同级人民政府和上级主管部门报告，并与宣传、公安等部门建立联动机制，正确应对重大事件与突发事件。

二、执法机构建设标准

(一) 组织机构

1. 城市管理行政执法机构组织健全，建制规范，名称统一。

2. 设区的市、县（市、区）城市管理行政执法机构应当设置综合、法制（案件处理）、督察、快速反应等内设机构。

3. 基层行政执法中队的设立、撤销或变更，由本级城市管理部门会同编制部门确定。

(二) 执法人员管理

1. 行政执法人员应当按（参）照国家公务员标准招录，公开招考，择优录取。

2. 建立行政执法人员培训制度。结合当地实际情况和不同岗位特点，每年至少开展1次业务培训，年度培训时间累计不少于15天，不断提高行政执法人员的法律素质和业务素质。

3. 完善基层行政执法人员工资政策，建立符合城管执法工作特点的工资和岗位津贴制度。

4. 实行行政执法人员资格管理制度，严格持证上岗。行政执法人员经培训考核合格后，方可申领行政执法证。禁止无行政执法证、持过期执法证的人员从事执法工作。

5. 建立行政执法人员正常的职务晋升机制。

6. 建立行政执法人员执法档案管理制度。

（三）协管人员管理

1. 制定协管人员行为规范和管理规定。

2. 协管人员数量应当随城市管理行政执法体制改革逐步减少。

3. 实行协管人员聘用制度。按照公开、平等、竞争、择优的原则，通过公布招聘条件，公开报名、考试、体检、审查、聘用等程序进行，择优聘用，并签订劳动合同，接受社会监督。对解除劳动合同的协管人员，应当发布解除劳动关系的公告或声明。

4. 建立协管人员考核及奖惩制度。

5. 协管人员的上岗培训时间不少于15个工作日。年度培训时间至少5天，受训率必须达到100%。

6. 协管人员主要承担行政执法辅助性事务，不得从事行政许可、行政强制、行政处罚等行政执法工作，也不得单独从事涉法的调查取证工作。协管人员执法辅助性事务所产生的法律后果，由其所在本级城市管理部门承担。按照谁聘用谁管理的原则，明确聘用主体责任。

7. 协管人员工作期间必须按照规定统一着装，持证上岗。

8. 协管人员的工资由基本工资、工龄工资、岗位补助、绩效工资等组成，其中基本工资不得低于当地最低工资标准的1.5倍发放。各地可根据当地实际情况制定实施细则。同时用人单位应当按照法律规定为协管人员办理社会保险和住房公积金。

（四）内部管理

1. 规划目标。（1）队伍建设有长远规划、近期目标；（2）年度工作有计划、有落实、有检查、有考核。

2. 队伍建设。（1）城管支（总）队、大队应当配备政治主官，负责党建、意识形态和思想政治工作；（2）按照有关规定，建立健全党、团、工、群组织。党、团、工、群工作制度化。各项制度健全，经常组织活动。注重发挥党员先锋模范作用。加强城管文化建设，积极开展健康有益、丰富多彩的文体活动；（3）城市管理行政执法机构应当按照岗位职责要求和各层级的特点，开展教育培训，以政治理论、政策法规、业务知识、文化素养、技能训练等为基本内容；（4）城市管理行政执法机构应当制定教育培训年度工作计划，落实培训经费，采取业务竞赛、委托办学、案例教学等多种形式开展教育培训，提高业务技能。教育培训考试合格率不低于90%，考试成绩与年终绩效考核挂钩，并存入人事档案。

三、执法行为建设标准

（一）制度规范

1. 三项制度。建立健全执法公示制度、执法全过程记录制度和重大执法决定法制审核制度。

2. 行为规范。建立覆盖执法过程、适应执法内容的窗口执法、执法检查、调查取证、行政处罚、行政强制、文书制作、执法装备、仪容仪表、巡查执勤等执法行为的规范。

3. 执法文书。(1) 使用全省统一的行政执法文书示范文本；(2) 填写文书应当语言规范、精练、准确，书写清晰、工整，制作、装订规范；(3) 重大、复杂、疑难案件，应当使用说理式文书。

4. 自由裁量权制度。(1) 建立并公开行政处罚自由裁量基准制度；(2) 实施行政处罚，必须以事实为依据，充分考虑违法行为的性质、情节以及社会危害程度等情况，合理自由裁量，做到过罚相当；(3) 对于减轻、从轻、从重处罚的，在送达《行政处罚事先告知书》或者《听证告知书》时，一并告知拟作出减轻、从轻、从重处罚的事实、理由、依据；(4) 对行政管理相对人减轻或者免予处罚的，应当经城市管理部门法制机构审核，报城市管理部门负责人审批。

5. 执法监督。(1) 建立健全法制审核制度；(2) 建立健全行政执法评议考核机制；(3) 建立健全行政执法责任追究制度。

6. 信息公开。(1) 建立执法信息公开制度，公示执法主体、执法人员、执法依据、执法程序、处罚标准、监督方式等信息；(2) 建立信息公开的考核和评议制度，并将结果纳入部门绩效考评体系；(3) 建立信息公开责任追究制度。

（二）执法程序

1. 案件登记

对于投诉、举报、其他机关移送、上级机关交办的材料，应当予以登记。

2. 受理和立案

(1) 对于收到的登记材料应当在7个工作日内予以核查，并决定是否立案；特殊情况下，可延长至15个工作日，并告知举报人、投诉人。对于不予立案的投诉、举报，应当书面告知行政管理相对人，并备案；

(2) 立案应当填写《立案审批表》，同时附上相关材料。对需要移送其他部门处理的案件，应当填写《案件移送审批表》以及《案件移送书》。

3. 调查取证

（1）调查取证中涉及专业性问题需要鉴定的，应当委托或者聘请有专业知识和技术能力并具有鉴定资格的机构和人员进行鉴定，并出具鉴定结论，签名和加盖鉴定机构印章。

（2）实施证据登记保存应当制作证据先行登记保存通知书，并应当在7日内作出处理决定。不得登记保存与案件无关的物品或者超过法定期限登记保存证据物品。

（3）执法人员不得以偷拍、偷录、窃听等手段获取侵害他人合法权益的证据；不得以利诱、欺诈、胁迫、暴力等不正当手段调查收集证据。

（4）案件调查终结后，行政执法人员应对获得的证据材料进行整理、分类和采用，并制作《行政违法案件调查终结报告》，报行政执法机构负责人审核。

（5）调查取证时，执法人员不得少于2人；并应主动向行政管理相对人和有关人员出示执法证件，表明执法身份。

（6）行政执法人员收集的证据应当是原件，也可以是由证据提供人标明"经核对与原件无异"并注明原件出处，出证日期、并签名或者盖章确认的复制件、影印件或者抄录本。

（7）行政执法人员询问行政管理相对人和证人，应当个别进行，告知其相应的权利义务并制作询问笔录。被询问人要对询问整体内容做出属实认证。被询问人对调查询问笔录逐页签名、注明日期，行政执法人员要对询问笔录签名。被询问人拒绝签名的，行政执法人员应在询问笔录中注明情况。

（8）行政执法人员对与案件有关的物品或者现场进行勘验检查取证的，应当通知行政管理相对人到场，制作现场检查笔录。行政管理相对人拒绝签名、盖章或者不在现场的，应当由无利害关系的见证人签名或者盖章；无见证人或者见证人不愿意签名的，行政执法人员应当注明情况。

（9）行政执法人员对有关证据需要抽样调查取证的，应当制作抽样取证通知书。

4. 案件审理

（1）调查取证终结后，应当及时填写《案件处理审批表》，按规定由城市管理部门法制机构审核后报城市管理部门负责人审批；对情节复杂或者重大违法行为给予较重的行政处罚，应当由城市管理部门集体讨论决定。

（2）城市管理部门应当加强法制机构建设，配备一定比例符合条件的法制审核人员，对重大执法决定在执法主体、管辖权限、执法程序、事实认定、法律适用等方面进行法制审核。

5. 决定

（1）适用一般程序处罚的案件应当自立案之日起的90日内作出行政决定。案情特别复杂的，经城市管理部门主要负责人批准，可延长一次30日。

（2）实行行政处罚查处分离管理制度。

6. 送达

(1) 行政处罚决定书应当在 7 日内直接送达行政管理相对人，行政管理相对人拒绝接受或者无法直接送达行政管理相对人的，应当依照《中华人民共和国民事诉讼法》的有关规定送达。

(2) 行政管理相对人提供送达地址或者同意电子送达的，可以按照其提供的地址或者传真、电子邮件送达。采取直接、留置、邮寄、委托、转交等方式无法送达的，可以通过报纸、门户网站等方式公告送达。城市管理部门作出的行政决定生效后，行政管理相对人不履行的，应当申请人民法院执行，法律有规定由行政机关执行的除外。

7. 结案与案卷管理

(1) 案件执行完毕后，全过程文书档案信息齐全，一案一档。

(2) 城市管理部门执法督察机构应当定期对执法记录的案卷、声像资料进行检查，并建立检查台账。

8. 结果公开

对涉及公共利益、公众普遍关注、需要社会知晓的执法信息，应当主动向社会公开；对不宜向社会公开，但涉及特定对象权利义务、需要特定对象知悉的，应当告知特定对象，或者为特定对象提供查询服务。

(三) 执法监督

1. 监督机构设置。

2. 执法监督内容。设区的市、县（县、区）城市管理部门应当明确监督机构，负责城市管理行政执法监督工作。

3. 执法监督实施。对行政处罚案卷、执法人员行为规范等进行检查。

(1) 行政执法监督实行层级管理制度。市城市管理部门负责对所辖县（市、区）城市管理行政执法工作监督、检查和指导。

(2) 组织督察暗访，必须经过授权或请示批准后由 2 人以上方可进行，严格按照批准的工作方案实施，未经批准不得随意改变工作方案。督察暗访结束后，应及时形成书面督察暗访报告。

(3) 专项督察由监督机构负责人审核批准。对事关全局重大事项的督察必须经城市管理部门批准，由监督机构负责人组织实施。

(4) 城市管理主管部门在监督检查时发现重大问题，应当制发《行政执法监督决定书》，通知相关市、县（市、区）城市管理部门在规定时间内落实整改，并反馈整改结果。

(5) 监督机构对群众实名投诉举报案件，从受理之日起 7 个工作日内查结并向投诉举报人反馈；期限内无法办结的，应由执法监督机构告知投诉举报人进展情况。对匿名投诉举报的重大问题或有价值线索问题应及时开展调查。

(6) 在规定时间内处理投诉、举报、来信、来访，办结率应当在 95% 以上。

（7）应当使用规范性文书，统一编号，指定专人保管。

（8）设区的市、县（市、区）城市管理部门应当在15日内将重大行政处罚决定按规定备案。

4. 执法过错责任追究。

（1）错案责任由城市管理部门或者报请同级政府纪检监察机关依法追究。

（2）城市管理部门监督机构，应当及时受理对执法人员过错行为的举报或投诉，并答复处理结果。

（3）城市管理部门受理案件后，应当及时组成调查组展开调查。

（4）根据调查结果，认定性质、责任后，经城市管理部门领导集体讨论，按照干部管理权限，及时作出处理决定。

5. 举报投诉办理（内部管理）。

（1）群众对于行政执法机构及其执法人员在执法过程中的不当行为的投诉和举报，城市管理部门须明确专门机构负责办理群众投诉、举报案件，并做好案件办理权属确认、退单审核、联合办案以及督办、考核工作。

（2）建立承办单位责任人制度。明确监督部门和责任人负责接单和派单。

（3）建立案件受理、交办登记制度。所有案件从受理到结案应当登记造册，信息记录完整。

（4）建立承办人责任制度。每个案件由2人或2人以上共同办理。

（5）建立案件督办与案卷考核制度。

四、执法服务建设标准

（一）执法服务内容

1. 劝诫疏导。行政执法人员对轻微违法行为应当采取教育、劝诫、疏导等方式予以纠正。

2. 专项服务。（1）结合城市管理行政执法机构工作职能，为广大市民提供城管法律法规、城市秩序规范等咨询服务；（2）积极创建城市管理行政执法队伍服务品牌，不断推进社会综治工作。

3. 应急保障。（1）建立城市管理应急保障机制和应急保障队伍；（2）配置相应的应急保障装备和服务工具。

4. 志愿者服务。（1）建立城市管理行政执法志愿者服务队伍，定期开展志愿者服务活动；（2）落实专门的志愿者服务队伍活动经费。

（二）执法服务方式

1. 行政指导。（1）建立行政指导制度，完善行政指导程序和规范行政指导文书；

（2）充分运用门户网站、城管宣传栏等多种形式，宣传城市管理方面的法律法规，引导广大市民自觉遵纪守法。

2. 行政调解。建立行政调解制度，完善行政调解程序和规范行政调解行为。

3. 服务专线。设区的市、县（市、区）城市管理部门应当建立完备的12319专线，推进群众举报、投诉的便捷化。

五、执法保障建设标准

（一）组织管理与经费

1. 城市管理行政执法机构负责执法装备的规范化管理。
2. 城市管理行政执法装备由同级财政部门统一拨付，并按照相关规定采购。

（二）制式服装和标志标识管理

1. 城市管理部门应当严格按照规定配发制式服装和标志、标识。
2. 行政执法人员应当严格按照规定穿着制式服装，佩戴标志、标识。严禁非城管行政执法人员穿着制式服装，佩戴标志、标识。
3. 制式服装及标志、标识，不得擅自赠送、转借或出售他人。
4. 调离的行政执法人员，应当交回制式服装和标志标识。
5. 城市管理部门应当加强对制式服装和标志标识配发工作的监督检查，对违反规定配发制式服装和标志标识或擅自更改标志标识的予以责令纠正或收缴。

（三）执法车辆管理

1. 城市管理行政执法机构应当按照执法工作需要，配备人均不少于1座的执法车辆。
2. 执法车辆应当按照全国统一的标志、标识进行喷涂。
3. 执法机构应当按照一车一档案的要求建立行政执法车辆档案。
4. 建立执法车辆维护、保养等管理制度。
5. 严禁执法车辆外借、转借他人使用，严禁公车私用。

（四）通信设备管理

1. 每个执法中队应当配备1套信息传输系统（含车载台）。
2. 每2名执法人员至少配备1台对讲机。

（五）勘查取证设备管理

1. 每名执法人员应当配备1部执法记录仪和1部执法通。

2. 每个执法大队应当配备1套专业摄像设备。

（六）警戒防护设备管理

1. 市管理行政执法机构应当配备一定数量的防护装备（多功能腰带、防刺背心、防割手套、钢盔、水壶、防护眼镜设备管理、手电筒等）。
2. 专业行政执法队伍在执法过程中，应当配备与执法种类相关的特种执法设备。
3. 每个执法大队应当配备不少于2套的大容量移动存储设备。

（七）办公设备管理

1. 配备电脑、电话、传真机、复（打）印机、扫描仪等办公设备。
2. 有固定的办公场所，包括办公室、会议室、案件处理室、值班室、物品存储室、停车场等；并有阅览室、活动室等文体活动场所。城市管理部门还应当有行政执法案卷（档案）室、行政处罚（行政复议）听证室。有城市管理巡回法庭的，应当有固定的审理场所。

（八）证件、印章管理规定

1. 行政执法人员在执行公务时应随身携带执法证件，依法使用，严禁转借、涂改，尽量避免遗失和损坏。
2. 行政执法证件应当妥善保管。遗失证件，应在3日内报告，经审查批准后报填发机关补发；行政执法人员调离或退休时，应将行政执法证件上缴城市管理部门法制机构。
3. 印章由专人保管，管理人员应严格按规定保管和使用印章。

（九）执法信息报送制度

1. 实行信息定期报送制度。
2. 指定专人为执法信息员。信息资料实行专人管理。
3. 信息的编发实行层级审查。

（十）信息保密制度

1. 保密的管理和利用、密级的变更和解密，必须按照《保密法》及其实施办法的规定办理。
2. 严格防止通过互联网泄密，涉密计算机不得接通网络。
3. 对外活动（包括出国进修、讲学、考察、访问和接待外宾及技术交流）中，严守国家机密，做好保密工作。

（十一）财务管理制度

1. 实行财务统一管理制度。

2. 罚没上缴国库,坚持财务收支两条线。

3. 按国家和上级规定的项目和标准进行,使用省财政部门统一印制的罚款票据,并按规定办理票据缴销手续。

(十二) 执法信息化

1. 信息系统建设积极推进案源信息受理系统、案件处理系统、执法信息统计系统建设,促进执法效率的提升。

2. 案件网上办理案件全流程网上运行,实现PC端、移动端案件办理。

3. 应急通信覆盖实现执法辖区内应急通信网全覆盖,执法干部按标准配备手持对讲终端。

4. 建立统一的指挥调度平台。

六、执法评价建设标准

(一) 评价对象

城市管理部门及执法机构,对其行政执法工作效能和水平实施综合评价。

(二) 评价方式

1. 行业评价。通过城市治理委员会成员单位对行业形象进行评价,并获得认可。

2. 社会评价。定期组织市民代表、基层社区、行业协会、志愿者组织、新闻媒体等评价城市管理执法工作,总体满意度达85%以上。政府12345服务热线和城市管理服务热线投诉举报案件及时办结。

(三) 评价应用

1. 作为领导决策、政策制定的重要参考依据。

2. 作为城市管理行政执法机构和行政执法人员日常管理及绩效考核的重要内容。

第十七章　城市管理执法信用监管制度体系

根据《关于加快推进社会信用体系建设构建以信用为基础的新型监管机制的指导意见》(国办发〔2019〕35号)、《国务院办公厅关于进一步完善失信约束制度构建诚信建设长效机制的指导意见》(国办发〔2020〕49号)等文件精神及相关法律法规,构建城市管理执法信用监管体系,是有效惩戒失信行为,提高监管能力和执法效能,实现源头治理的重要举措。

第一节　城市管理执法信用监管制度概述

一、总体要求

坚持依法依规、审慎适度、过惩相当、协同联动的原则,遵循"谁提供,谁负责"的要求,对失信主体实施联合惩戒,对信用信息分类监管,提升城市管理执法领域信用监管水平,加快构建以信用为基础的新型监管机制,不断提高城市治理体系和治理能力现代化水平。

二、联合惩戒失信信息范围

失信信息是指城市管理执法部门依法适用普通程序或听证程序作出的行政处罚、强制执行、责令限期拆除但当事人逾期不拆除的信息,以及当事人通过提供虚假材料、隐瞒真实情况等方式不当取得行政许可或核准被查实的信息。

对纳入公共信用信息实施联合惩戒的失信信息实行目录制管理,由所在地城市管理行政执法局制定并向社会公开。

三、失信信息的归集与公开

城市管理执法部门负责认定和归集本辖区内城市管理执法领域失信信息,按规定向同级信用管理部门报送。

一般失信信息在城市管理执法部门相关网站进行公开,严重失信信息进入市公共信用信息系统黑名单,并向社会公开。

一般失信信息记录管理期为 3 个月至 1 年；严重失信行为信息管理期为 6 个月至 3 年。管理期自公布之日起计算。

四、失信主体

自然人实施失信行为的，失信主体为自然人本人；法人实施失信行为的，失信主体为该法人、法定代表人、对其失信行为直接负责的主管人员和其他直接责任人员；非法人组织实施失信行为的，失信主体为该非法人组织、主要负责人、对其失信行为直接负责的主管人员和其他直接责任人员；个体工商户实施失信行为的，失信主体为营业执照上登记的字号和经营者，无字号的，失信主体为营业执照上登记的经营者。

五、失信主体认定程序

属地城市管理执法部门是一般失信主体、严重失信主体的认定部门，失信认定应在失信信息形成后三个工作日内进行。

在作出失信行为认定决定前，应当告知当事人作出决定的事由、依据和当事人依法享有的权利；当事人有异议的应在三日内提出，认定部门应当在两个工作日内予以核实并向当事人反馈核实结果。

失信认定决定由认定部门制作，应载明失信主体的基本信息、认定事由、依据、失信惩戒措施提示、移出条件和程序、权利救济方式等内容，决定文书可单独制作或依托相应的行政决定文书制作。

经过司法程序被认定为失信被执行人的，按有关规定执行。

六、信用信息异议处理

信用主体认为信用信息存在错误、遗漏或者侵犯其商业秘密、个人隐私等合法权益的，有权向失信认定部门提出书面异议申请，认定部门应当自收到异议申请之日起五个工作日内予以核查处理，并将处理结果告知异议申请人。

行政处罚决定或责令限期拆除等决定经行政复议、行政诉讼、行政执法监督或者自我纠错程序被变更或者撤销的，失信认定部门应将对应的失信信息及时变更或者撤销。

第二节　城市管理执法失信行为及分类

失信行为是指城市管理执法部门依据职责和权限，在依法实施行政管理的过程中，发现和处理的各种违反城市管理法律、法规、规章的严重违法行为（以下统称"违法行为")。失信行为分为一般失信行为和严重失信行为。

一、严重失信行为包括以下情形：

1. 一年内发生两次及以上一般失信行为的。
2. 责令限期拆除违法建设但逾期不拆除的。
3. 擅自拆除纳入保护名录的历史建筑的。
4. 未经规划部门会同同级文物部门批准，对历史建筑进行外部修缮装饰、添加设施以及改变历史建筑的结构或使用性质的。
5. 违法处置、倾倒建筑垃圾，污染环境情节严重的。
6. 在物业管理区域内损坏或擅自变动房屋承重结构情节严重的。
7. 擅自迁移、砍伐城市绿地内古树名木，损害古树名木致死的。
8. 以暴力、威胁等方式拒绝、妨碍、阻挠执法人员依法执行公务被治安管理处罚。
9. 无正当理由逾期不履行城市管理部门行政处罚或行政处理决定的。
10. 因城市管理违法行为构成犯罪的。
11. 违反法律、法规、国务院决定或命令的其他违法情形。

二、一般失信行为

1. 因违反城市管理领域相关法律、法规规定按照简易程序被处以行政处罚的。
2. 将餐厨垃圾、废弃食用油脂等生活垃圾交给未经许可的单位或个人收运的。
3. 在市容环卫、城镇燃气等领域的日常监督检查中被认定不合格且不在规定期限内整改的。
4. 违反告知义务或信用承诺的。
5. 无正当理由欠缴燃气费、生活垃圾处理费或环境卫生服务费，经催告后超过六个月仍未缴纳的。
6. 法律、法规、规章规定的其他轻微失信信息。

第三节 失信行为惩戒措施、信用修复与监督管理

一、失信行为惩戒措施

（一）一般失信行为的惩戒措施

1. 进行信用提醒或警示约谈，督促其停止失信行为并进行整改。

2. 信息公示，除在城市管理执法部门网上公示外，涉及企业的失信信息按照《企业信息公示暂行条例》规定在企业信用信息公示系统公示。

3. 列入城市管理执法部门重点执法监管对象，提高行政检查的比例和频次。

4. 失信主体为党员、干部的，取消评先评优资格，暂缓提拔任用，并作为个人年度绩效考评的依据。

5. 对城市管理领域行政许可和核准审慎审批和甄别，不适用告知承诺制。

6. 法律、法规、国务院决定或命令规定的其他惩戒措施。

（二）严重失信行为的联合惩戒措施

1. 作为城市管理执法部门重点执法监管对象，提高检查比例和频次。

2. 作为城市管理领域市场和行业进入、不予延续行政许可或限制扩大经营范围的审慎性参考。

3. 依法限制成为政府购买服务的供应商、限制参与政府投资公共工程建设的招标投标活动、限制取得基础设施和公用事业特许经营。

4. 限制参与政府组织的各类评先评优活动。

5. 不给予政府优惠政策或者财政资金补贴，停止执行投资等领域优惠政策，核减、停止拨付政策性资金支持。

6. 向社会公开失信信息，撤销相关荣誉称号，撤销或者降低相关资质等级，禁止参与评优评先。

7. 限制上市融资、发行企业债券等。

8. 严格限制新增项目审批、核准以及用地审批、矿业权审批等。

9. 不予批准设立信用担保等金融类业务。

10. 纳入公共信用信息系统和联合奖惩系统，记入企业信用信息查询报告。通过"信用中国"等网站进行发布和联合惩戒；机关事业单位、国有企业出现违法失信行为的，通报至其上级主管单位。

11. 支持行业协会按照行业标准、行规、行约等，视情节轻重对失信会员实行警告、通报批评、公开谴责、不予接纳、劝退等惩戒措施。

12. 对个体的失信人员向社会公开失信信息，撤销相关荣誉称号，禁止参与评优评先。

13. 取消相关社会福利、补贴和政府资金扶持；限制参加政府主导的各项招标，限制贷款。

14. 对于个体的失信人员缓评相关职称，暂停失信行为相关的职业资格。

15. 对违法建设失信主体（法人和自然人），房地产登记机构应当对附有违法建筑的房屋在房地产登记簿上予以记载，并不予办理房地产转让、抵押、变更等登记；市场监管部门发现市场主体经营场所与实际不符的，依法列入经营异常名录；对用于生产经营的违法建筑，供水、供电、供气等单位应当停止供水、供电、供气服务，食药监部门应当不予办理食品生产、流通、餐饮等相关许可。

16. 纳入公共信用信息系统，记入自然人信用信息查询报告，在评先评优、公职人员招录等领域进行限制，通过"信用中国"等网站进行发布；机关事业单位、国有企业工作人员出现违法失信行为的，通报至其所在单位。

17. 法律、法规或者党中央、国务院政策文件规定的其他惩戒方式。

二、信用修复

（一）失信主体符合下列条件的，可以向失信认定部门申请信用修复：

1. 失信信息公示已满公示期限的一半。
2. 已对失信行为进行纠正，消除不利影响。
3. 自失信行为认定之日起未再发生城市管理领域失信行为。
4. 信用主体承诺依法进行生产经营活动，重信守诺，自愿参加志愿服务和公益活动，积极承担社会责任。

失信主体因见义勇为等践行社会主义核心价值观的行为而被县（市）级以上人民政府表彰或奖励的，不受上述条件的限制。

符合信用修复条件的严重失信行为，其失信等级降为一般失信。

（二）有下列情形之一的，不得申请信用修复：

1. 一年内有三次以上一般失信行为或两次以上严重失信行为的。
2. 距离上一次信用修复不到一年的。
3. 失信情节严重，失信认定决定明确不得信用修复的。
4. 其他部门依照法律法规认定存在不能实施失信记录修复的其他失信行为。

三、监督管理

行政机关、行使公共管理职能的机构及其工作人员，有下列情形之一的，对负责人和直接责任人予以行政、纪律处分，构成犯罪的依法追究刑事责任。

1. 未按规定报送城市管理失信信息或者提供虚假失信信息的。
2. 未按规定提供查询服务或者违反规定披露城市管理失信信息的。
3. 未按规定出具信用核查报告或者出具虚假信用核查报告的。
4. 擅自修改、删除信用记录的。
5. 未按规定处理异议信息的。

6. 未按规定执行联动奖惩措施的。
7. 未按规定修复城市管理失信记录的。
8. 其他滥用职权、徇私舞弊、玩忽职守的行为。

第十八章　城市管理执法协作配合机制

城市管理执法改革就是探索政府部门行政处罚权与管理权的分离，而改革成果就是新组建的城市管理执法部门相对集中了与相关业务部门的行政处罚权，原来的政府管理部门还保留相应的管理权。这样，城市管理执法部门就与原政府相关业务部门不可避免发生工作联系。但在实践中，相关业务部门与城市管理执法部门的不配合或者配合不好的情况时有发生，严重影响了执法效能。因此，各地城市管理执法部门与相关业务部门建立执法协作配合机制就非常必要。一般来说是由市城市管理执法部门起草城市管理执法联动协助机制实施方案，经市领导审核同意后，提交市政府常务会议审议通过，以市政府名义下发正式文件实施。

第一节　相关业务部门与城市管理执法相关的管理权和处罚权边界

一、相关业务部门与城市管理执法相关的管理权清单

（一）自然资源和规划部门相关职能清单

1. 负责城乡规划实施管理。负责城市规划区内土地利用和建设活动的实施管理，核发《建设项目选址意见书》《建设用地规划许可证》《建设工程规划许可证》和《乡村建设规划许可证》。负责临时用地和临时建设许可。负责城市规划区内建设项目的规划核实，牵头组织建设工程的限时联合验收。负责权限内城乡规划设计资质管理。

2. 根据市委授权，对市以下各级政府及相关部门落实市委、市政府关于自然资源和国土空间规划的重大决策部署及法律法规执行情况进行监督检查。查处自然资源开发利用和国土空间规划及测绘重大违法案件，指导有关行政执法工作。根据市政府授权，承担相关控违拆违考核任务。

（二）生态环境部门相关职能清单

负责环境污染防治的监督管理。组织拟订大气、水、土壤、噪声、光、恶臭、固体废物、化学品、机动车等的污染防治管理制度并监督实施。会同有关部门监督管理饮用水水

源地生态环境保护工作，组织指导城乡生态环境综合整治工作，监督指导农业面源污染治理工作。监督指导全市大气环境保护工作，建立各区县（市）大气污染联防联控协作机制并组织实施。

（三）市场监督管理部门相关职能清单

1. 负责组织和指导市场监管综合执法工作。指导全市市场监管综合执法队伍整合和建设，推动实行统一的市场监管。组织查处跨区域及其他重大违法案件。规范市场监管行政执法行为。

2. 负责监督管理市场秩序。依法监督管理市场交易、网络商品交易及有关服务的行为。组织指导查处价格收费违法违规、不正当竞争、违法直销、传销、侵犯商标专利知识产权和制售假冒伪劣行为。指导广告业发展，监督管理广告活动。指导查处无照生产经营和相关无证生产经营行为。

（四）住房和城乡建设部门相关职能清单

1. 贯彻执行国家、省有关住房和城乡建设工作的法律法规和方针政策；拟订全市住房和城乡建设相关行业发展战略、中长期规划和年度计划并组织实施；组织开展行业诚信体系建设；负责对区县（市）住房和城乡建设有关部门进行业务指导。

2. 承担城市基础设施建设管理责任。负责城市道路、市政公用设施及城市桥梁的维护管理，负责城市道路临时占用、挖掘修复审批和监督管理，负责地下管网建设及运行等工作；负责城市燃气热力、节约用水、给水排水、污水处理及其附属设施的规划建设管理工作。

3. 负责房屋建筑和市政基础设施工程、保障性安居工程、海绵城市建设、房地产市场的行政执法工作。

4. 负责本部门行政执法监督工作；市城管执法支队明确相应执法大队专门负责住房和城乡建设方面综合行政执法工作，业务上以市住房和城乡建设部门管理为主。

二、城市管理执法部门行使行政处罚权清单

1. 负责贯彻执行国家、省有关城市管理方面的法律、法规和政策；负责拟订有关城市管理领域政策及规范性文件，并组织实施；负责市城市管理委员会办公室的日常工作。

2. 承担城市市容环境卫生监管责任。按权限负责城区市容市貌、环境卫生、户外广告设置、经营性占道、公益占道、建筑垃圾、生活垃圾、公共自行车交通系统的管理；负责行使市城区户外广告、经营占道、公益活动占道和餐厨垃圾的行政处罚权。

3. 按权限负责行使城市绿化、市政管理方面法律、法规、规章规定的行政处罚权。

4. 按权限负责行使下列环境保护管理方面法律、法规、规章规定的行政处罚权；对

社会生活噪声污染、建筑施工噪声污染的行政处罚权；对饮食服务业油烟污染的行政处罚权；对向大气排放粉尘、恶臭气体或者其他含有有毒物质气体的行政处罚权；对在人口集中地区焚烧产生有毒有害烟尘和恶臭气体的物质的行政处罚权；对未采取密闭措施或者其他防护措施运输、装卸、贮存能够散发有毒有害气体或者粉尘的物质的行政处罚权；对城区河道、水面倾倒工业废渣、城市垃圾和其他废弃物的行政处罚权。

5. 按权限负责行使市场监督管理方面法律、法规、规章规定的对无照商贩的行政处罚权。

6. 负责数字化城市管理平台的规划、建设和管理。

7. 负责市城区灯饰、照明的统一规划、管理和监督。

8. 负责全市城市管理工作的考核、协调；负责城市管理行政执法队伍建设；负责区县市城市管理和行政执法工作的业务指导。

第二节　相关业务部门与城市管理行政处罚衔接工作流程

一、城市管理执法部门行政处罚权与相关业务部门日常监管衔接工作流程

1. 市城市管理执法部门应当加强城市管理执法检查，发现违法行为属于有关业务部门管辖的，应当对违法行为进行劝阻，并将相关证据资料按照市、区（市、县）分级监管原则及时移交有关业务部门加强监管。例如，发现擅自改变建筑主体或承重结构的行为；或者违反环境保护有关规定的行为，应当将此类案件移送至市自然资源部门或者生态环境部门实施行政处罚。属于城管行政执法范围内的事项，需要实施行政处罚的，由城市管理执法部门依法查处。

2. 相关业务部门与城市管理执法部门对因工作职责发生争议时，由先发现违法行为的部门进行证据固定，并按照统一效能、权责一致的原则协商处置；协商不成的，提请同级人民政府或者城市管理委员会决定。

3. 城市管理执法部门依法查处重大、复杂、疑难、争议较大或者专业性较强的违法行为时，可以通知相关业务部门到场协助、参与对违法行为的现场检查、勘验，相关业务部门应当主动协助、参与现场检查、勘验等活动。

4. 城市管理执法部门在实施行政处罚过程中，发现有重大隐患、违法行为多发领域和环节的，应及时抄告有关业务部门；有关业务部门应当及时分析、研究，采取有效措施切实加强日常监管。

二、城市管理执法部门与相关业务部门受理举报投诉信访案件衔接工作流程

按照首问责任原则，由率先接到举报投诉信访案件的部门作为第一责任人先予以受

理。城市管理执法部门作为第一责任人受理案件，经核实未发现违法行为的，直接答复举报人、投诉人或者信访人；经核实需要实施行政处罚的，应当及时立案调查处理；案件涉及行业管理问题的，由城市管理执法部门形成相关书面资料移交业务部门处理。相关业务部门作为第一责任人受理案件，经核实未发现违法行为的，直接答复举报人、投诉人或者信访人；经核实需要实施行政处罚的，形成书面材料移交城市管理执法部门依法处理。

三、城市管理执法部门与相关业务部门执法、管理信息衔接共享范围与流程

纳入共享信息范围主要有：

1. 涉及划转行政处罚事项的法律法规规章和技术规范、行业标准、自由裁量权标准以及有关的规范性文件。

2. 相关业务部门作出与城市管理执法部门履行行政处罚权密切相关的行政决定，包括行政许可、行政备案、行政确认等。

3、城市管理执法部门作出的与相关业务部门执法密切相关的行政处罚、行政强制决定及执行情况。

4. 相关业务部门和城市管理执法部门依职权设置的监控摄像设施及数据信息。

5. 城市管理执法部门作出的行政处罚决定或者行政强制决定，应当自作出决定之日起 10 个工作日内通报相关业务部门。相关业务部门发现城市管理执法部门作出的行政处罚或者行政强制不当的，应当自收到情况通报之日起 5 个工作日内反馈城市管理执法部门。城市管理执法部门应当核实，确有不当的，及时纠正，确有不当但未纠正的，相关业务部门可以提请同级人民政府监督纠正。

6. 其他需要共享的执法信息资源。

第三节　城市管理执法协作机制监管主体、组织和责任追究

一、运行监管主体和运行监管组织

1. 运行监管主体。城市管理执法与相关业务部门执法联动协助衔接机制监管主体是所在地城市人民政府。

2. 运行监管组织。所在地城市人民政府委托市城市管理委员会对城市管理执法与相关业务部门执法联动协助衔接机制进行监管。

市城市管理委员会办公室主任（办公室一般设在城市管理执法部门，主任由城市管理执法部门主要负责人兼任）负责召集市城市管理委员会成员单位举行城市管理工作联席会议。

联席会议重点研究解决以下事项：按照市委、市政府的有关精神，讨论和研究完善城市管理执法体制机制方面的重大问题和措施；综合协调城市管理执法资源，组织全市性重大执法行动；研究分析行政执法工作形势，交流情况，总结经验，提出意见；研究决定联席会议各成员单位在城市管理执法工作中的分工协作及配合等有关事宜。

市城市管理执法部门与相关业务部门之间的工作衔接由城市管理执法与相关业务部门执法联动秘书处进行协调联动。

秘书处组成人员：城市管理执法部门、相关业务部门各选派一名联络员到秘书处工作。城市管理执法部门选派的联络员为秘书处协调组组长，负责与相关业务部门（住房和城乡建设、自然资源、生态环境、市场监管等）联络员就管理权与行政处罚权衔接；举报投诉信访；管理与城市管理执法信息共享等各项工作进行对接、沟通和联系，促进执法联动机制顺利运行。

二、城市管理执法与相关业务部门执法联动协助衔接机制责任追究

1. 对不按职责分工履行职责、失职、渎职的单位、单位主要负责人和直接责任人实行问责制度，根据不按职责分工履行职责、失职、渎职行为的情节、后果和不良影响，对单位主要负责人和直接责任人进行诫勉谈话、给予行政警告、记过等处分，并扣罚绩效奖金。

2. 对拒不履行给予城市管理执法技术支撑的单位、主要负责人和直接责任人，依据不配合给予技术支撑行为造成的后果和不良影响，视情节轻重对单位主要负责人和直接责任人进行诫勉谈话，给予行政警告处分，并扣罚绩效奖金。

3. 对不履行信息共享制度要求的单位、主要负责人和直接责任人进行诫勉谈话，并扣罚绩效奖金。

4. 对不履行或者消极履行执法协助的单位及主要负责人，进行诫勉谈话，并扣罚绩效奖金。

第十九章　行政执法责任制

第一节　基本概念及意义

一、基本概念

行政执法责任制是指各级行政机关依据其职能和法律、法规的规定，将本机关对外承担的行政职权以责任形式设定，将各项执法的职责和任务进行分解，明确相关执法机构、执法岗位和执法人员的执法责任，以监督考核为手段，从而形成的行政主体自律、补救和防范等各项制度的总和。

行政执法责任制是规范和监督行政执法行为，确保依法行政，确保法律、法规和规章得到全面、正确实施的重要制度，也是上级机关依照组织权限追究下级机关或工作人员责任的一项内部制度。行政执法责任制本身包含了多种相关制度，行政执法规范、行政执法评议考核和行政执法责任追究是行政执法责任制的三大有机组成部分，各个部分又可以由多个配套制度构成。

二、推行行政执法责任制的意义

（一）推行行政执法责任制是贯彻落实《法治政府建设实施纲要（2021—2025年）》的需要

近年来，从中央到地方都非常重视推行行政执法责任制工作。党的十五大、十六大和十六届三中、四中全会对推行行政执法责任制提出了明确的要求。国务院《法治政府建设实施纲要（2021—2025年）》明确指出："全面落实行政执法责任，严格按照权责事项清单分解执法职权、确定执法责任。加强和完善行政执法案卷管理和评查、行政执法机关处理投诉举报、行政执法考核评议等制度建设。"《国务院办公厅关于推行行政执法责任制的若干意见》（国办发〔2005〕37号）对推行行政执法责任制工作提出了具体要求。从2006年起，行政执法责任制的推行工作已纳入了各级政府的目标管理体系，与经济发展、人民生活和社会保障等方面的目标进行同步部署、同步检查、同步考评，推行行政执法责任制工作取得了快速发展。

（二）推行行政执法责任制是规范和监督行政执法活动，提高行政执法质量和水平，全面推进依法行政的需要。

行政执法是行政机关大量的经常性的活动，直接面向社会和公众，行政执法质量和水平的高低直接关系到政府的形象。推行行政执法责任制，就是要明确执法程序和执法标准，加大行政机关内部监督管理及执法人员的自我约束力度，强化执法责任，进一步规范和监督行政执法活动，形成权责统一、行为规范、运转协调、公正透明、廉洁高效的行政执法新体制，以提高行政机关及其工作人员的执法水平，切实维护社会公共利益和行政相对人的合法权益，促进行政程序建设，促进依法行政，进而推进法治政府建设进程。

（三）推行行政执法责任制是总结经验，解决行政执法中存在的突出问题的迫切需要。

行政执法责任制是行政执法体制的重大发展，是一种将行政执法与行政执法监督有机结合起来的新体制。多年来，执法部门在行政执法活动和落实行政执法责任制的过程中，积累了很多有益的经验，但同时也存在一些问题，比如部分行政执法人员对执法程序不熟悉，制作的执法文书不规范，从而损害了行政执法活动的严肃性和权威性；对执法中存在过错的人员，执法单位内部也缺乏强有力的追究机制，客观上造成了权多责少或有权无责的状况。为了解决这些问题，迫切需要在总结实践经验的基础上依法界定执法职责、建立健全行政执法评议考核机制，进一步建立和落实行政执法责任制，用制度来约束执法权力。

第二节　制度建设

为落实行政执法责任制，首先要做到行政执法过程规范。这要求行政主体依法履行职责，遵循法定程序，坚持"法有授权必须为，法无授权不可为"。因此，应当建立健全行政执法主体资格、程序正当、执法公开、行政处罚自由裁量权、案卷评查、行政执法过错责任追究等一系列制度。

一、主体资格制度

符合法律法规规定和"三定方案"确认的执法主体由本级政府公告；执法人员持证上岗制度、岗前培训制度；委托执法的，报直接主管该行政执法主体的人民政府备案。

《法治政府建设实施纲要（2021—2025年）》指出"统一行政执法人员资格管理，除中央垂直管理部门外由省级政府统筹本地区行政执法人员资格考试、证件制发、在岗轮训等工作,国务院有关业务主管部门加强对本系统执法人员的专业培训,完善相关规范标准。"据统计,全国有28个省、自治区和直辖市和至少5个国务院部门制定了《行政执法人员资格管理办法》。这些规定解决了行政执法人员资格条件、资格确认的程序、执法证件管理和对行政执法人员的监督管理等方面的问题。建立行政执法人员资格管理制度,对于提高行政执法人员素质,规范和监督行政执法活动发挥了重要作用。

二、程序正当制度

国务院《全面推进依法行政实施纲要》所提出的依法行政的六项基本要求其中之一就是:程序正当。主要是要求行政机关按照正当的法律程序,行政执法不仅要公正,而且要以看得见的方式来实现公正(如告知、听取申辩、说明理由、回避等)。

(一)程序正当的定义

程序正当,是指行政机关实施行政管理,除涉及国家秘密和依法受到保护的商业秘密、个人隐私外,应当公开,并注意听取公民、法人和其他组织的意见;要严格遵循法定程序,依法保障行政管理相对人、利害关系人的知情权、参与权和救济权。行政机关工作人员履行职责,与行政管理相对人存在利害关系时,应当回避。

(二)程序正当在我国行政管理中的现状

由于历史原因,我国历来有重实体、轻程序的传统,在行政管理领域表现尤为突出。行政机关与相对人之间更多的是一种命令与服从的关系,相对人在行政管理中处于受支配的地位。实践中,有的行政机关及其工作人员动辄以保密为由拒绝向相对人提供依法应当提供的相关信息,没有信息公开的理念;有的行政机关及其工作人员关起门来拍脑袋作出行政决定,没有听取相对人的意见和申辩的观念;有的行政机关及其工作人员千方百计参与处理与自己有利害关系的行政事务,没有回避的意识。事实上,程序公正是实体公正的前提,实体公正的实现有赖于程序公正来保障。没有程序的公正,就不可能有实体的公正。现代行政管理领域纷繁复杂,没有相对人的参与和配合,行政机关很难实施有效的行政管理,行政机关与行政管理相对人应当是一种互动合作的关系。因此,行政机关应当尽可能地增强行政行为的透明度、保证相对人的参与。这也正是世界上许多国家在行政程序法中将程序正当规定为基本原则的根本原因。国务院《全面推进依法行政纲要》将程序正当明确规定为行政机关及其工作人员在实施行政管理时应当遵守的原则。这样,一方面可以保证行政行为的科学性、合理性,取得相对人对行政行为的理解、配合和认同,顺利实现行政目的,提高行政效率,节约行政成本;另一方面可以提高行政管理的透明度,加强对行政机关及其工作人员的监督,防止暗箱操作,减少职务腐败,树立廉洁高效的政府形象。

（三）程序正当在行政管理中的要求

1. 行政机关实施行政管理，除涉及国家秘密和依法受到保护的商业秘密、个人隐私外，应当做到程序公开。

程序公开是指行政机关在实施行政管理时，除涉及国家秘密、依法受保护的商业秘密和个人隐私外，应当将规范行政权的程序向相对人和公众公开。在行政管理关系中，行政机关在信息方面占绝对优势，与相对人处于不对等的地位。而行政机关的权力是人民通过法定程序授予的，对于行政机关如何行使权力，人民理所当然地享有知情权。因此，行政机关在实施行政管理时，一要公开行政机关行使职权的依据。行政机关应当在实施行政行为或者作出行政决定前，以法律规定的方式或者社会公众易于了解的方式向社会公开其行使行政权的依据。公开有利于行政相对人预测行政机关行政权的运作，合理地安排自己的活动。二要公开有关行政信息。相对人只有了解和掌握相关的行政信息，才能参与行政程序，维护自身的合法权益。没有行政信息公开，程序正当很难实现。除了涉及国家秘密、依法受到保护的商业秘密、个人隐私的信息外，行政机关应当尽可能公开相关的行政信息。三要公开行政决定。行政机关在作出影响相对人合法权益的行政决定后，应当及时将行政决定的内容以法定的形式向行政相对人公开，以便行政相对人及时了解行政决定的内容，从而自觉履行行政决定设定的义务，或者在不服行政决定时，有针对性的提起行政复议或者行政诉讼。对于一些重大的、涉及社会公共利益的事项还应当采取多种形式向社会公布。应当向相对人公开的行政决定没有公开的，该行政决定不能生效，不具有法律效力。

2. 行政机关实施行政管理，要严格遵守法定程序，为相对人、利害关系人参与行政程序创造条件，确保其知情权、参与权、救济权的实现。

程序公开有利于相对人、利害关系人知情，其终极目的是让相对人、利害关系人参与行政管理。行政机关在作出行政行为的过程中，除法律有特别规定外，应当尽可能为相对人、利害关系人参与行政管理创造条件，确保相对人、利害关系人能通过行政程序维护自己的合法权益，同时也使行政机关作出的行政行为更加符合社会公共利益。行政机关要保障相对人、利害关系人参与行政管理，必须做到：一是在相对人、利害关系人符合参与行政的条件时，要主动通知。行政机关通知的内容既包括实体法上的权利和义务（如相对人有申请听证的权利，相对人、利害关系人不服行政决定有申请复议、提起诉讼的权利）、又包括程序法上的权利和义务（如参与的时间、地点）。为了确保行政管理人和利害关系人能够及时参与，行政机关应当在行政程序正式启动前的合理期限内通知相对人和利害关系人，以便其做好相应的准备工作。二是听取相对人和利害关系人的陈述。行政机关在实施行政管理时，实施影响公民、法人和其他组织权利义务的行政行为，应当听取公民、法人和其他组织的意见。不听取意见就作出行政决定就如同司法上不经过法定审理程序就判决，显然有失公正。相对人和利害关系人是行政案件的当事人，亲身经历了发生、发展的过程，听取其陈述有利于行政机关全面了解情况。相对人和利害关系人的陈述可以是书面的，也可以是口头的；可以是肯定性的，也可以是否定性的。行政机关不能因为相对人和利害关系人进行有利于自己的陈述就剥夺其陈述权，更不能因此加重其负担。《法治政府建设实施纲要（2021—2025年）》指出"全面严格落实告知制度，依法保障行政相对人陈述、申辩、提出听证申请等权利。"我国有的现行法律对此也作了明文规定，如《行政处罚法》第45条规定："当事人有权进行陈述和申辩。"行政机关必须充分听取当事人的意见，对当事人提出的事实、理由和证据，应当进行复核；当事人提出的事实、理由或者证据成立的，行政机关应当采纳。行政机关不得因当事人陈述、申辩而给予更重的处罚。三是听取相对人和利害关系人的申辩。行政机关在作出对相对人、利害关系人不利的行政决定前，应当允许其提出异议和反驳。听取相对人和利害关系人的陈述和申辩，既可以保证行政决定的正确性，避免错误的发生，又可以保护相对人的合法权益。行政机关听取相对人和利害关系人的陈述和申辩一般应当记录在案，以作为行政复议和司法审查的证据。四是行政机关应当依法保障相对人和利害关系人享有的救济权。相对人不服行政机关作出的行政决定，有权依法申请行政复议或提起行政诉讼；相对人和利害关系人的合法权益因为行政机关的违法行政行为受到损害的，有权依法要求赔偿；相对人和利害关系人的合法权益因为行政机关的合法行政行为受到损害的，有权依法要求补偿等。

3. 行政机关工作人员履行职责，与处理的事务存在利害关系时，应当回避。

回避作为一项法律制度具有悠久的历史。无论在专制还是民主的法律制度中，都存在着回避制度。英国普通法中自然公正原则所派生出一条重要的规则就是："任何人都不得在与自己有关的案件中担任法官。"如果法律程序的主持人与程序结果有利害关系，则人们不会以公正的心态去认同该法律程序的结果。因此，确立回避这一法律制度与人们对法律公正的期待有关。回避裁决与自己有关利害关系的争议是程序公正的基本要求。通过将存在利害关系的行政机关工作人员排除在行政程序外，可以消除相对人对程序结果不公正的怀疑，提高其对行政决定的认同。

行政机关工作人员在实施行政管理时，与行政管理相对人存在利害关系的，应当主动向本机关负责人提出回避的申请。相对人认为行政机关工作人员与案件有利害关系的，在行政程序结束前可以依法向有权行政机关提出要求该行政机关工作人员回避的申请，有关行政机关应当依法及时答复。对于行政相对人和利害关系人的回避请求，行政机关如果驳回，应当说明理由。

三、行政处罚自由裁量权制度

行政处罚自由裁量权是行政机关及其工作人员在行政执法活动中依照法律、法规、规章规定的条件、种类、时限和幅度等，结合具体情形进行审查、判断并作出处理的权力。

有权必有责，用权受监督，制定和执行城市管理执法行政处罚裁量权基准，是"把权力关进制度的笼子里"的有力武器。要依法细化和量化本单位行政处罚、行政强制、行政征收等标准，明确适用条件和决定程序；向社会公告；行使自由裁量权要向行政相对人说明理由。

《法治政府建设实施纲要（2021—2025年）》指出"全面落实行政裁量权基准制度，细化量化本地区各行政执法行为的裁量范围、种类、幅度等并对外公布。"与此同时，在经历了十余年的地方实践探索和积累之后，新修订的《行政处罚法》第34条将行政处罚裁量基准纳入法治轨道，以法律形式对裁量基准的设定义务和公开义务作出明确规定，及时回应了理论与实务界的诸多争议，具有重大的理论与实践意义。

对城市管理执法工作而言，规范自由裁量权运用是提高执法人员的综合素质、法治意识和道德意识十分有效的途径。合法、合理地行使自由裁量权，对公平公正执法、进行人性化执法，构建和谐社会的法治目标，显示出了极大的现实性和必要性意义。建立和规范行政处罚裁量权基准制度的社会作用不可低估，能进一步防止权力滥用。一方面，从执法或处罚对象的角度来看，明确的处罚标准规范避免了争议，使其心态容易平衡，接受处罚的过程不会引发新的纠纷；另一方面，从行政执法机构及工作人员的角度来看，罚款的变量即自由裁量权"私权领地"变窄，避免和减少执法人员高兴就轻罚、不高兴就重罚的现象，执法公平性异议将减少，公众将更加配合执法机构和执法人员的工作，依法处罚的工作效率也会得到提高。而且，细化行政处罚自由裁量权，也提高了执法的透明度，极大提高了法律的权威和政府公信力。

示例：

南京市城市管理部门用了两年时间，分三步走，完成了南京城市管理行政处罚自由裁量权基准制定工作。

第一步：对现有100余部和城市管理执法有关的法律法规进行全面、系统地梳理，形成《南京市城市管理队伍法律法规汇编》。

第二步：在全市城市管理执法队伍中挑选部分执法骨干人员组成工作小组，对照法规汇编，逐条整理，完成城市管理执法队伍权力事项梳理。

第三步：根据权力事项，组织法制、执法一线人员，集中讨论制订并及时调整行政处罚自由裁量权基准。

1. 制定原则

（1）违法情形适用简易程序的，列明适用的具体情形；依法应当适用一般（普通）程序的，不得适用简易程序；

（2）同一种违法行为可以选择处罚种类的，列明选择处罚种类的具体情形；

（3）同一种违法行为有处罚幅度的，根据违法行为的事实、性质、情节以及社会危害程度划分若干裁量阶次，并列明每一阶次处罚的具体基准；

（4）依法可以单处也可以并处的，列明单处或者并处的具体情形和适用条件，依法应当并处的，除减轻、不予处罚的情形外，不得适用单处；

（5）法律、法规、规章对从重、从轻、减轻、不予处罚的情形有量化规定的，从其规定；仅有原则性规定的，列明具体情形和基准。

2. 制定过程

南京市城市管理部门对照梳理过的权力事项，结合日常工作情况，根据违法者的主观状态、违法性质、社会危害程度、违法次数、恢复成本、是否有暴力抗法情形和案值大小，并考虑其他从轻、从重情节，将相关涉及自由裁量权的处罚幅度按照统一格式，划分等级和档次，完成了《南京市城市管理行政处罚自由裁量基准》，并结合法律法规的变化和实际执法情况定期进行调整。

3. 运用及成效

南京城市管理部门将"自由裁量权基准"发至各区城市管理执法队伍，要求执法人员在办案时，严格按照基准规定的处罚幅度执行。同时推出全市统一的网上办案系统，软件全面纳入"自由裁量权基准"，并将全市城市管理执法队伍运用"裁量权基准"情况纳入市对区考核中，保证了该基准在系统内得到有效运行。

南京市城市管理部门通过制定基准、规范行使和考核评价，建立起裁量权基准修订工作长效机制，为南京市城市管理执法队伍行政处罚提供了制度保障。全市执法队伍都统一执行并严格遵守"自由裁量权基准"，做到了"相同情况相同处理，不同情况不同处理"，保证了城市管理执法的公开、公平、公正，避免了执法廉政风险；提高了执法公信力；维护了公民、法人和其他组织的合法权益；推进了城市管理执法系统依法行政工作。

四、行政执法"三项制度"

三项制度包括行政执法公示制度、执法全过程记录制度、重大执法决定法制审核制度，本教材另有介绍，本节不再赘述。

五、案卷评查制度

加强和完善行政执法案卷管理和评查，行政处罚、行政许可、行政检查等执法文书、监督检查记录、证据材料要及时立卷归档。各级政府应当定期组织开展行政执法案卷评查，加强监督。各地有条件的应结合信息化建设，推行网上办案，统一案件案由，重构案件办理流程，实现案卷文字电子化记录，案件信息网上流转，案件签批网上运行，确保案件办理全程有记录可追溯，让权力在阳光下运行。

六、行政执法过错责任追究制度

行政执法过错责任追究制是指行政执法部门对执法人员和受行政机关委托依法执行公务的人员在行政执法中出现的执法过错行为以致造成行政相对人的权益受到损害，依照法律、法规和政纪规定，追究其相应责任的一种制度。

示例：

某区城市管理综合行政执法大队行政执法过错责任追究制度

一、总则

第一条 为了贯彻行政执法责任制，促进和监督行政执法人员依法行政，保护公民、法人或者其他组织的合法权益，根据《中华人民共和国行政处罚法》《中华人民共和国国家赔偿法》《中华人民共和国行政监察法》《南京市人民政府关于印发〈南京市行政过错责任追究暂行办法〉的通知》和其他相关法律、法规、规章的有关规定，结合本大队工作实际制定本制度。

第二条 执法人员在执法过程中因故意、重大过失或者违法行使职权对公民、法人或者其他组织造成损害的，依照本制度对责任人进行查处和追究。

第三条 行政执法过错责任的追究，坚持实事求是、有错必纠、教育与惩处相结合的原则。

第四条 大队行政执法责任制工作领导小组负责本区内发生的行政执法过错责任的调查、认定、处理。

二、受理范围

第五条 执法人员在行政执法活动中，有下列情形之一的，属于行政执法过错责任追究的范围：

（一）未依法履行行政执法职责的；

（二）对公民、法人和其他组织的投诉、举报未履行职责的；

（三）实施行政行为、行政处罚错误，对公民、法人和其他组织造成损害的；

（四）其他应当承担行政执法过错责任的行为。

第六条 执法人员在行政执法活动中，有下列行为的，应当予以受理立案：

（一）在监督、检查中发现的有过错的具体行政行为；

（二）行政复议案件，经行政复议机关认定，作出撤销或变更决定的具体行政行为；

（三）行政诉讼案件被法院终审判决撤销或变更的具体行政行为；

（四）有侵权行为，公民、法人和其他组织请求行政赔偿的具体行政行为；

（五）公民、法人和其他组织控告、申诉的具体行政行为；

（六）群众举报或被新闻单位曝光的具体行政行为；

（七）上级党政机关或者人大代表、政协委员提议审查的具体行政行为；

（八）应予受理立案的其他具体行政行为。

三、行政执法过错责任

第七条 执法人员在行政执法活动中，有下列情形之一的，应当认定为行政执法过错行为，予以追究责任：

（一）未出示有效证件执法的；

（二）违法事实认定不清的；

（三）不按法定程序执法的；

（四）对投诉、举报未进行查处、答复或者查处、答复造成公民、法人和其他组织合法权益损害的；

（五）无法定依据对公民、法人和其他组织实施停止违法行为、限期改正、核查等行政行为的；

（六）无法定的处罚依据，给予公民、法人和其他组织警告、罚款、没收财物等行政处罚的；

（七）违反法定程序实施行政处罚的；

（八）擅自改变行政处罚种类、幅度的；

（九）未正确适用行政处罚自由裁量标准实施处罚的；

（十）证据不充分或者适用法律错误实施行政处罚的；

（十一）实施行政处罚、行政强制不使用法定文书、票据的；

（十二）违法或者不当实施行政强制措施，对公民、法人和其他组织造成损害的；

（十三）未告知公民、法人和其他组织申请陈述、申辩救济途径的；

（十四）未告知公民、法人和其他组织申请行政复议或提起行政诉讼救济途径的；

（十五）违反法律、法规、规章的规定，自行收缴罚款或者将罚款、先行登记保存或者扣押的财物截留、私分或者变相私分的；

（十六）擅自处置、使用、调换及损毁扣押物品的；

（十七）玩忽职守、徇私枉法、弄虚作假、制作伪证、故意包庇当事人违法（章）行为的；

（十八）作出行政处罚决定后，因未履行法定职责，致使行政处罚超过法定时效，造成处罚决定无法执行或者无法申请人民法院执行的；

（十九）在行政复议或行政诉讼中，被上级机关或人民法院撤销、变更具体行政行为的；

（二十）故意拖延、拒不执行发生法律效力的行政复议决定或者人民法院的判决、裁定的；

（二十一）公民、法人和其他组织，依法要求保护其合法权益而不予以保护或者不予以答复，对公民、法人和其他组织造成损害的；

（二十二）应当移送其他行政执法机关处理的案件，未依法移送的；

（二十三）有其他行政执法过错行为的。

第八条　行政执法行为，对公民、法人和其他组织造成损害，视情节轻重、损害后果以及造成的社会影响程度，由责任人承担相应的责任。

第九条　行政执法过错责任，分为直接责任、直接领导责任和间接领导责任。

第十条　在行政执法办案中，承办人应当对公民、法人和其他组织的违法行为，依据法律、法规和规章的执法程序进行调查取证，分别填写案件受理、立案审批表，提出具体处理意见，中队法制员应认真检查调查取证材料，以及适用法律依据是否正确，处罚决定的自由裁量是否恰当，符合法律程序要求的，由中队主要负责人审核，签署具体处理意见，大队、行政执法局领导审核批准后，签署处理决定。

承办人未按照法定程序，未经审核人审核、批准人批准，直接作出具体行政行为，导致行政执法过错发生的，承办人负直接责任。

第十一条　承办人提出的方案或者意见有错误，审核人、批准人应当发现而没有发现，或者发现后未及时纠正，导致行政执法过错发生的，承办人负直接责任，审核人负直接领导责任，批准人负间接领导责任。

审核人不采纳或者改变承办人正确意见，经批准人批准导致行政执法过错发生的，审核人负直接责任，批准人负直接领导责任。

批准人不采纳或者改变承办人、审核人正确意见，导致行政执法过错发生的，批准人负直接责任。

第十二条　行政执法人员办理的行政案件，遇到公民、法人和其他组织申请行政复议或者提起行政诉讼，违处科应主动与行政复议机关、人民法院及办案中队、承办人进行沟通，了解、分析诉讼案件情况，认真做好各项应诉准备工作。

违处科应积极协助、指导中队应诉，中队主要负责人、承办人按照行政复议和行政诉讼的要求，提供案件证据材料，随律师准时出庭应诉。对未及时准备材料或未按时应诉的，承办人负直接责任，中队主要负责人负直接领导责任。

第十三条　行政机关及其工作人员行使行政职权侵犯公民、法人和其他组织的合法权益造成损害的，该行政机关为赔偿义务机关。

受行政机关委托的组织或者个人在行使受委托的行政权力时侵犯公民、法人和其他组织的合法权益，造成损害的，委托的行政机关为赔偿义务机关。

第十四条　赔偿义务机关赔偿损失后，应当责令有故意或者重大过失的工作人员或者受委托的组织或者个人承担部分或者全部赔偿费用。

对有故意或者重大过失的责任人员，行政执法机关应当依法给予行政处分；构成犯罪的，应当依法追究刑事责任。

四、问责处理

第十五条　行政执法过错追究的方式为：

（一）责令作出书面检查；

（二）通报批评；

（三）取消当年评优评先资格；

（四）待岗学习；

（五）给予行政处分；

（六）法律、法规规定的其他方式。

以上追究方式可以单独适用或者合并适用。

严重行政执法过错，责任人还应赔偿由此对国家造成的损失。

第十六条 行政执法过错责任人有下列情形之一的，应当从轻、减轻或免予追究：

（一）主动承认错误并积极配合纠正行政执法过错行为，挽回损失的；

（二）情节轻微，后果较轻，及时采取补救措施的；

（三）因过失导致行政执法行为过错，尚未造成损害的。

（四）其他依据法律、法规、规章应当从轻、减轻或免予追究责任的。

第十七条 行政执法过错责任人有下列情形之一的，应当从重追究：

（一）不履行法定职责的；

（二）滥用职权、滥施处罚的；

（三）因徇私枉法、收受贿赂、接受吃请而故意办错案的；

（四）具体行政行为严重侵犯公民、法人和其他组织合法权益的；

（五）对控告、检举、申请行政复议及提起行政诉讼的公民、法人或者其他组织打击报复的；

（六）错案发生后，采取故意隐瞒案件事实真相，隐匿、涂改、销毁证据，或用其他手段阻碍行政执法监督的；

（七）拒不执行纠正错案决定的。

（八）其他依据法律、法规、规章应当从重追究责任的。

五、行政执法过错责任追究程序

第十八条 公民、法人和其他组织可以依法对行政机关及其工作人员的行政执法过错行为进行投诉、检举、控告。行政机关应当自收到投诉、检举、控告之日起七个工作日内决定是否受理。有事实依据的，应当受理；没有事实依据的，不予受理。有明确投诉人、检举人、控告人的，在作出不予受理决定的同时告知不予受理的理由。

第十九条 调查处理行政执法过错行为实行回避制度。有关工作人员与行政执法过错行为或者行政执法过错责任人有利害关系，可能影响案件公正处理的，应当回避。

第二十条 有关部门在作出行政执法过错责任追究处理决定前，应当听取行政执法过错责任人的陈述和申辩，对行政执法过错责任人提出的事实、理由和证据，应当进行复核；行政执法过错责任人提出的事实、理由和证据成立的，有关部门应当采纳。

有关部门不得因行政执法过错责任人申辩而加重处罚。

第二十一条　行政执法过错责任人对行政执法过错责任追究处理决定有异议的，可以自该决定作出之日起 15 日内向行政机关的纪检监察部门申请复核。

行政执法机关纪检监察部门，应当在收到申请复核之日起 10 日内予以答复。

复核期间，不影响处理决定的执行。复核中发现处理错误，应当及时纠正。

第三节　评议考核

制度建立起来，是否落实到位，要通过开展行政执法评议考核来检查。这是评价行政执法工作情况、检验行政执法部门和行政执法人员是否正确行使执法职权和全面履行法定职责的重要机制，是推行行政执法责任制的必要途径。

一、评议考核的主体

地方各级人民政府负责对所属部门的行政执法工作进行评议考核，同时要加强对下级人民政府行政执法评议考核工作的监督和指导。各行政执法部门对所属行政执法机构和行政执法人员的行政执法工作进行评议考核。

二、评议考核的内容

评议考核的主要内容是行政执法部门和行政执法人员行使行政执法职权和履行法定义务的情况。对执法主体的考核内容包括：行政执法的主体资格是否符合规定，行政执法行为是否符合执法权限，适用执法依据是否规范，行政执法程序是否合法，行政执法决定的内容是否合法、适当，行政执法决定的行政复议和行政诉讼结果，案卷质量情况等；对执法人员的考核内容包括：执法资格，履行岗位职责情况，依法执法情况，行政执法主体确定的其他内容。

三、评议考核的方式

行政执法评议考核可以采取组织考评、个人自我考评、互查互评相结合的方法，做到日常评议考核与年度评议考核的有机衔接。要将行政执法部门内部评议与外部评议相结合。对行政执法部门或者行政执法人员进行评议，必须认真听取相关行政管理相对人的意见。外部评议情况要作为最终考核意见的重要根据。外部评议可以通过召开座谈会、发放执法评议卡、设立公众意见箱、开通执法评议专线电话、聘请监督评议员、举行民意测验等方式进行。行政执法评议考核原则上采取百分制的形式，考核的分值要在本级人民政府依法行政情况考核中占有适当比重。

第四节 责任追究

据统计，全国 31 个省、自治区和直辖市和 32 个国务院部门相继公布了行政执法监督条例或者规定。其中，制定地方性法规的有山西、内蒙古、吉林、黑龙江、浙江、安徽、江西、四川、广东、河南、宁夏、云南、湖南、湖北 14 个省、自治区和直辖市；制定政府规章的有北京、天津、辽宁、广西、新疆、江苏、海南、福建、西藏、甘肃、山东、贵州 12 个省（区、市）；以省人大常委会或者以省级政府规范性文件规定的有上海、重庆、河北、陕西、青海 5 个省（市）；既有地方性法规，又有政府规章的有吉林、安徽、河南、湖北、宁夏等省（区）。这些条例、规定突出了对行政执法主体、行政执法活动的规范、监督，对于加强行政执法和监督工作，保障法律、法规和规章的正确实施，建立"权责明确、行为规范，监督有效，保障有力"的行政执法体制发挥了重要作用。

一、行政执法责任的概念

行政执法责任是指行政执法部门、法律法规授权具有行政执法职能的组织、受行政执法部门委托执法的组织及其行政执法人员作出违法、不当的行政执法行为或者不履行法定职责而应当承担的责任。县级以上地方人民政府负责对本级政府所属行政执法部门（包括街镇）行政执法责任的追究工作；县级以上地方人民政府所属行政执法部门负责对本部门的行政执法机构及其行政执法人员的行政执法责任追究工作。

二、行政执法责任追究的原则

行政执法责任追究，应当坚持实事求是、违法必究、错责相当、惩罚与教育相结合的原则，做到事实清楚、证据确凿、客观公正。行政执法责任追究是推行行政执法责任制关键措施。

三、行政执法责任追究的范围

（一）应当追究行政执法责任的情形

无法定依据、法定职权的；超越、滥用法定职权的；违反法定程序的；主要事实认定不清、证据不足的；适用依据错误的；行政执法行为明显不当的；不履行法定职责的；其他违法或者不当行使行政执法职权的。

（二）"不履行法定职责"的情形

在法定职责、法定期限内应当作为而不作为的；拒绝、拖延执行上级行政机关依法作出的行政决定的；对公民、法人或者其他组织依法提出的申请、请求，不依法履行法定义务的；对公民、法人或者其他组织的投诉、举报、申诉、控告、检举，不依法处理的；法律、法规、规章规定的其他不履行法定职责的情形。

（三）免责情形

因行政管理相对人弄虚作假，致使行政执法部门及其执法人员无法作出正确判断的；因不可抗力原因导致行政执法行为被撤销或者变更的；法律、法规、规章规定的其他不承担行政执法责任的情形。

四、行政执法责任追究方式和承担主体

（一）责任追究方式

对行政执法部门执法责任的追究方式主要有责令作出书面审查、限期整改、通报批评、取消评比先进资格等；对行政执法人员执法责任的追究方式主要有责令书面检查、限期整改、通报批评、离岗培训、取消年度评比先进资格、调离执法岗位、取消行政执法资格、依法追偿部分或者全部行政赔偿费用、行政（政务）处分等。

（二）责任承担主体

行政首长承担领导责任；内设工作机构的主管领导以及内设工作机构负责人是行政执法主管责任人，对所管理的工作机构的行政执法行为承担主管责任；直接实施行政执法行为的行政执法人员是行政执法直接责任人，对本人的行政执法行为承担直接责任。

五、行政执法责任追究程序

行政执法责任追究机关对应当追究行政执法责任的情形立案调查，并依法作出处理决定。涉嫌犯罪的，移送司法机关，依法追究刑事责任。行政机关在作出责任追究决定前，应当充分听取被追究责任的行政执法部门或者行政执法人员的意见，保障其陈述和申辩的权利。对行政执法责任追究机关作出的处理决定不服的，可以自收到决定书之日后，以书面形式向责任追究机关申请复核，或者向法律、法规规定的机关提出申诉。复核、申诉期间，责任追究决定不停止执行。

第五节　推行措施

一、提高立法质量，完善执法依据

努力克服立法中的部门垄断主义、地方保护主义，消除引起执法责任不清、扯皮打架的"隐患"。通过立法明确行政执法责任主体，核心是解决"谁有权执法，谁承担责任"的问题。法律规范的进一步完善，解决了"有法可依"的问题，对城市管理和行政执法责任制的落实必然起到良好的促进作用。在法律规范无明文规定的前提下，行政机关内部应当建立一些有效的规范措施，比如建立本部门的行政强制措施规范、罚没物资管理规范、申请法院强制执行制度等，使本部门的执法行为有规范可依。同时，在现行法律规范的体系下，行政机关亦应当全面理清与本部门行政执法活动有关的法律、法规、规章及其他规范性文件，弄清执法依据，明确职责、权限、做好依法行政的基础工作。

二、建立配套保障制度，推行执法公示制

行政执法机关建立执法责任制的配套措施，比如通过建立健全执法监督制度，加强对法律法规规章执行情况的检查。对此，执法机关的法制部门应当挑起重担，具体要对行政执法的各个方面进行检查，如抽象行政行为、行政处罚行为、行政许可行为、行政收费行为、行政强制措施、行政不作为等，及时发现并纠正违法行政行为；通过行政执法建议书制度，对出现问题的执法部门和执法人员进行建议和提醒，对构成执法过错的，通过违法行政过错责任追究制度追究违法行政的机构和人员的责任，使行政执法责任制落到实处。同时增加行政机关工作的透明度，扩大民众参与管理国家事务的渠道，发挥社会力量和政府内部制约两个因素的积极性，共同推进行政执法责任制工作深入开展和不断完善。

三、加强执法队伍建设，提高人员素质

行政机关要有层次、有重点地对行政执法人员进行培训，培训、考试制度化，增强行政执法为人民服务、为经济建设服务的意识，不断提高行政执法人员的整体素质和执法水平，要使执法人员尤其是基层执法人员了解和掌握本部门、本岗位贯彻实施的法律、法规和规章，熟知自己的法定职责、权限和执法责任，执法人员必须通过岗位资格认证，实行持证上岗，加强执法人员考核、任用、评议、奖惩制度建设等。实现注重依靠行政手段管理向注重运用法律手段管理的转变，不断提高依法决策、依法行政、依法管理、依法办事

能力，做到行政行为程序化、规范化、法制化。

深化和落实行政执法责任制，进一步促进依法行政，行政执法机关必须按照法定的职权和程序行使行政效力，积极履行职责，认真落实各项执法监督制度，规范执法行为，转变机关作风，努力树立行政执法机关的良好形象。

第二十章　城市管理执法办法

2015年12月24日，中共中央、国务院印发《关于深入推进城市执法体制改革改进城市管理工作的指导意见》（中发〔2015〕37号）（以下简称《指导意见》）对城市管理立法工作提出明确要求，"加强城市管理和执法方面的立法工作，完善配套法规和规章，实现深化改革与法治保障有机统一，发挥立法对改革的引领和规范作用"。

按照《指导意见》要求，为全面推进依法行政，规范城市管理执法活动，为城市管理立法工作积累经验，住房和城乡建设部2016年2月组建《城市管理执法办法》（以下简称《办法》）起草组，在半年内完成了征求意见稿并向社会公开征求意见，2016年12月形成草案提请住房和城乡建设部常务会议审议，2017年1月24日以住房和城乡建设部令第34号公布，2017年5月1日起施行。

《办法》共8章42条，从执法范围、执法主体、执法保障、执法规范、协作与配合以及执法监督等六方面，全方位地对城市管理执法活动进行了规范，标志着全国城市管理执法进入了依法执法的阶段。这是我国第一部有关城市管理执法的部门规章。

第一节　《城市管理执法办法》概述

《办法》制定目的是规范城市管理执法工作，提高执法和服务水平，维护城市管理秩序，保护公民、法人和其他组织的合法权益。

《办法》第2条对城市管理执法范围进行了明确的限定，城市管理执法是指城市管理执法主管部门在城市管理领域根据法律法规规章规定履行行政处罚、行政强制等行政执法职责的行为。

《办法》第4条中首次明确了由国务院住房和城乡建设主管部门负责全国城市管理执法的指导监督协调工作。各省、自治区人民政府住房和城乡建设主管部门和城市、县人民政府住房和城乡建设主管部门负责指导、监督、考核、协调本行政区域内城市管理执法。

第二节　执法范围与执法主体

《办法》规定，依照法律法规和国务院有关规定确定，城市管理执法的处罚权范围包括住房和城乡建设领域法律法规规章规定的行政处罚权，以及环境保护管理、工商管理、交通管理、水务管理、食品药品监管方面与城市管理相关部门的行政处罚权。

《办法》第9条明确了集中行使城市管理执法事项须同时满足以下四个条件：与城市管理密切相关的；与群众生产生活密切相关、多头执法扰民问题突出的；执法频率高、专业技术要求适宜的和确实需要集中行使的，方可实施行政强制措施。

《办法》第12条提出城市管理执法主管部门集中行使原由其他部门行使的行政处罚权的，应当与其他部门明确职责权限和工作机制，做好执法衔接问题的同时，城市管理部门在实施相对集中行政处罚权时也是行政强制措施的实施主体。

按照《行政处罚法》和行政执法"三项制度"中的执法公示要求，城市管理执法事项范围确定后，应当向社会公开。

《办法》首次明确城市管理执法可推行市级执法即一级执法模式，区级执法即二级执法模式，规定了城市管理执法的地域管辖规则。直辖市、设区的市的城市管理执法事项，市辖区人民政府城市管理执法主管部门能承担的，可以实行区级执法，将执法事项职能设定在区一级，避免多层、多头执法，将问题解决在基层，推动实现执法重心的下沉。跨区域和重大复杂违法案件的查处可以由直辖市、设区的市人民政府城市管理执法主管部门承担。同时，为推动执法事项属地化管理，明确了城市管理执法主管部门派出机构的设定和职责，直辖市、设区的市人民政府城市管理执法主管部门可以向市辖区或者街道派出执法机构，派出机构仍以设立该派出机构的城市管理执法主管部门的名义，逐步实现城市管理执法工作全覆盖，并向乡镇延伸，推进城乡一体化发展。

《办法》规定，城市管理执法主管部门按照权责清晰、事权统一、精简效能的原则设置执法队伍。执法人员应当持证上岗，由城市管理执法主管部门依据国家相关标准提出执法人员数量的合理意见，根据地方人口及执法事项科学确定执法人员配备比例标准。

各地根据实际工作需要，在严格招录程序、资格条件下，可配置城市管理执法协管人员从事执法辅助事务并建立退出机制。协管人员不得从事行政执法工作，如协管人员从事执法辅助事务产生的法律后果，由本级城市管理执法主管部门承担。同时明确城市管理执法人员在开展执法活动和协管人员依法开展执法辅助事务是受相关法律保护的，这不仅是对执法队伍（人员）的一种保护，也是在执法过程中不得实施侵害行为的一种约束。

第三节 执法保障与执法规范

为了树立和改善城市管理执法队伍的形象，有利于城市管理执法队伍增强职业认同感和归属感，《办法》中明确要求统一执法制式服装和标志标识，加强财政保障和执法装备配备。2017年2月，住房和城乡建设部和财政部联合印发了《城市管理执法制式服装和标志标识供应管理办法》，统一规范城市管理执法制式服装和标志标识。2017年4月，住房和城乡建设部城市管理监督局制定了《城市管理执法制式服装和标志标识技术指引（试行）》，发布全国统一制式服装样式，地方各级城市管理部门从事一线城市管理执法工作的在编在职人员应当在执行公务时穿着统一制式服装和标志标识。

《办法》提出对工作经费保障应按规定列入同级财政预算，同时不得以罚没收入作为经费来源，也不得将罚款和没收违法所得设定任务和目标。款项应当按照规定全额上缴，实现政府资产与预算管理有机结合，防止政府资产流失。

《办法》第5章用10条具体规定对城市管理执法活动进行了详细规范，第27条要求城市管理执法人员要严格按照法定权限和程序开展执法活动，具体措施如以勘验、拍照、录音、摄像等方式进行现场取证；在现场设置警示标志；询问案件当事人、证人等；查阅、调取、复制有关文件资料等及法律、法规规定等。全面、客观收集相关证据，开展执法活动，使用统一格式的执法文书，依照民事诉讼法等法律法规进行行政执法文书的送达，规范建立城市管理执法档案并完整保存。

《办法》第25条要求城市管理执法主管部门应保障当事人依法享有的陈述、申辩、听证等权利，允许当事人完整表达不同的意见和主张，对当事人提出的意见、事实、理由和证据，应当依法记录、复核，对成立的部分应当采纳，让执法程序具有合法性。在开展执法活动时，对违法行为轻微的，可以采取教育、劝诫、疏导等方式予以纠正，也是近期倡导的包容审慎执法，引导当事人自觉遵守法律法规，及时化解矛盾纷争，促进社会和谐稳定。

《办法》在全面推行行政执法"三项制度"方面作了具体要求：

1. "执法全过程记录制度"：城市管理执法人员在开展执法活动时，通过现场取证、询问案件当事人证人、查阅调取复制有关文件资料等措施，按照《住房城乡建设部城市管理监督局关于推行城市管理执法全过程记录工作的通知》（建督综函〔2016〕1号）要求，将取证信息规范建立城市管理执法档案并完整保存，做到执法全过程留痕和可回溯管理；

2. "重大执法决定法制审核制度"：城市管理执法主管部门应当确定法制审核机构，配备法制审核人员，行政执法机关作出重大执法决定前，要严格进行法制审核；

3. "行政执法公示制度"：城市管理执法主管部门按照"谁执法谁公示"的原则，做好"事前、事中、事后"公示公开，及时通过政府网站及政务新媒体、办事大厅公示栏、服务窗口等平台向社会公开行政执法基本信息、结果信息。

《办法》对城市管理执法主管部门也提出了约束，如不得擅自处置查封、扣押的非法物品，应当移送有关部门处理，并按照规定全额上缴罚款、没收违法所得的款项等。确保行使执法权的公正性，落实"收支两线"政策。

第四节 协作配合与执法监督

《办法》第35和第37条中要求严格建立健全城市管理部门与公安机关、检察机关、审判机关等部门的协调机制、信息互通共享机制和案件移送制度，避免"放责不放权""放权不交枪""管理缺位"等问题。由城市管理执法主管部门推动建立城市管理协调机制，加强对城市管理工作的组织协调、监督检查和考核奖惩。建立健全市、县相关部门之间信息互通、资源共享、协调联动的工作机制，形成管理和执法工作合力，提高执法效能。

《办法》第 36 条提出城市管理执法工作应推进网格化管理，建立健全市、区（县）、街道（乡镇）、社区管理网络，科学划分网格单元，将城市管理、社会管理和公共服务事项纳入网格化管理，准确掌握人口、房屋、证件、车辆、场所等情况，及时发现和快速处置问题，有效实现政府对社会单元的公共管理和服务。

《办法》提出要严格建立投诉、举报等制度，严格法律责任，加强社会监督，明确层级监督。城市管理执法主管部门应当向社会公布投诉、举报电话及其他监督方式。城市管理执法主管部门应当为投诉人、举报人保密。

城市管理执法制服禁止非城市管理执法人员穿着，由城市管理执法主管部门担任管理监督责任，擅自制造、出售、穿着城市管理执法制式服装的将承担相应法律责任。

第二十一章 城市管理执法行为规范

第一节 《城市管理执法行为规范》出台的背景和意义

一、背景

城市管理执法队伍自 20 世纪 80 年代末诞生以来，为维护城市运行秩序，监督市容环境等相关法律法规的执行发挥了积极作用。但是，由于体制机制不顺等因素，城市管理执法行为也存在一些不规范的现象。主要表现为：

1. 执法不严格。主要表现为对执行规定打折扣，发现问题不处理，受理投诉不及时，办理案件超时效，执法监督不严。

2. 执法不公正。主要是违反法律规定重复执法、选择性执法，滥用自由裁量权，执法不透明，执法简单、粗暴等。

3. 执法不规范。主要包括执法不按法定权限，不遵守法定程序，适用法律不准确，文书制作不规范，自由裁量不合理等。

4. 执法不廉洁。主要包括不给好处不办事、给了好处乱办事，给违规当事人通风报信，吃拿卡要，收受或索取财物，领导干部违规或插手案件办理等。

5. 执法不文明。主要包括设置障碍、刁难群众；对待群众态度恶劣，工作简单粗暴等问题。

6. 执法威慑力不足，手段落后。对出店经营、流动水果车等反复出现的违法行为，教育和警告不起作用，罚款和暂扣容易激化矛盾，引发冲突。

2015 年 12 月 24 日，中共中央、国务院印发《关于深入推进城市执法体制改革改进城市管理工作的指导意见》（中发〔2015〕37 号）。从严格队伍管理、规范执法制度、改进执法方式、完善监督机制等方面对规范城市管理执法行为提出了一系列要求。明确要求：严格队伍管理。建立符合职业特点的城市管理执法人员管理制度，根据执法工作需要，统一制式服装和标志标识，制定执法执勤用车、装备配备标准，到 2017 年年底，实现执法制式服装和标志标识统一。严格执法人员素质要求，加强思想道德和素质教育，着力提升执法人员业务能力，打造政治坚定、作风优良、纪律严明、廉洁务实的执法队伍。

住房和城乡建设部深入贯彻落实中发〔2015〕37 号文的要求，在加强城市管理执法行为规范建设方面采取了一系列措施。

2016年11月，住房和城乡建设部城市管理监督局发出《关于推行城市管理执法全过程记录工作的通知》（建督综函〔2016〕1号），决定在县级以上城市管理部门推行城市管理执法全过程记录工作。

2016年11月，住房和城乡建设部发布《关于印发全国城市管理执法队伍"强基础、转作风、树形象"专项行动方案的通知》（建督〔2016〕244号），要求城市管理执法人员执法过程中要坚持"四个做到"：一是做到依照规定穿着制式服装和佩戴标志标识；二是做到从事执法工作时主动出示执法证件；三是做到执法过程中坚持语言文明和举止规范；四是做到执法活动实行全过程记录。

2017年2月，国务院办公厅发布《国务院办公厅关于印发推行行政执法公示制度执法全过程记录制度重大执法决定法制审核制度试点工作方案的通知》（国办发〔2017〕14号），明确住房和城乡建设部作为全过程记录试点单位，在全国住房和城乡建设领域尤其是城市管理执法领域推广执法全过程记录制度。

2017年5月1日施行的《城市管理执法办法》第五章执法规范用十个条款对执法程序、行政处罚、执法措施、证据收集、查封扣押、罚没所得、法制审核、执法文书、执法公开方面作了规定。住房和城乡建设部城市管理监督局委托全国市长研修学院（住房和城乡建设部干部学院）等单位开展了"城市管理执法规范化建设研究"，研究起草了"城管禁令建议稿"，对《城市管理执法行为规范》制定进行了前期研究。

2018年2月，住房和城乡建设部发布《关于严格规范城市管理执法行为严肃执法纪律的通知》（建督〔2018〕23号），明确要严格规范城市管理执法行为，严肃城市管理执法纪律。严禁无证从事执法工作；严禁故意损毁，非法查封、扣押、处置相对人物品和乱罚款；严禁吃、拿、卡、要；严禁私用执法车辆；严禁威胁、辱骂、殴打相对人；严禁包庇、纵容违法违规行为。协管人员不得从事具体行政执法工作，只能配合从事宣传教育、巡查、信息收集、违法行为劝阻等辅助事务。建立执法纪律监督制度，发现违法违纪行为，要依法依纪追究直接责任人员和负有领导责任人员的责任。

同时，部分省、自治区、直辖市以及市、县（区）也进行了城市管理执法行为规范的探索。北京、上海、福建、河南等10余个省、自治区、直辖市出台了城市管理行政执法人员行为规范，同时70余个地级市出台了城市管理行政执法人员"禁令"或者几个"不准"。上海市城管执法局开展示范中队创建活动，按照《上海市城管执法系统示范中队验收考核评分细则》对创建中队进行考核验收，通过考核的，市城管执法局授予示范中队荣誉称号，并在全系统进行通报表扬。南京市城市管理执法总队2014年以来持续开展城市管理执法队伍规范化建设，形成了队伍建设、科技信息、教育培训、自由裁量、宣传工作、心理干预"六大规范"标准体系。

上述一系列举措和地方实践探索为住房和城乡建设部出台《城市管理执法行为规范》奠定了基础。

2018年8月，为贯彻落实习近平总书记重要指示精神，落实中发〔2015〕37号文件要求，规范城市管理执法行为，推进严格规范公正文明执法，住房和城乡建设部印发通知，正式公布《城市管理执法行为规范》，自2018年10月1日起实施。

二、意义

《城市管理执法行为规范》是第一个全国性的城市管理执法人员行为准则，为规范城市管理执法行为，推动城市管理执法队伍作风建设，促进严格规范公正文明执法提供了遵循。

1. 规范城市管理行政执法行为。行政执法的规范性是指行政执法活动应当严格按照法定的规则和标准实施，是依法行政的重要体现。党的十六大报告指出，一些行政机关工作人员依法行政的观念还比较淡薄，依法行政的能力和水平有待进一步提高。解决这些问题，必须全面推进依法行政，建设法治政府。不以规矩不能成方圆，加强行政执法的规范性是提升各级政府及其职能部门依法行政能力的重要抓手，事关人民群众的利益、政府的形象，以及经济社会的全面发展。

2. 推进严格规范公正文明执法。《中共中央关于全面推进依法治国若干重大问题的决定》指出，坚持严格规范公正文明执法。依法惩处各类违法行为，加大关系群众切身利益的重点领域执法力度。完善执法程序，建立执法全过程记录制度。明确具体操作流程，重点规范行政许可、行政处罚、行政强制、行政征收、行政收费、行政检查等执法行为。严格执行重大执法决定法制审核制度。党的十九大报告中提到，"推进科学立法、民主立法、依法立法，以良法促进发展、保障善治。建设法治政府，推进依法行政，严格规范公正文明执法"。严格规范公正文明执法是依法行政的基本要求。其中，严格是执法基本要求，规范是执法行为准则，公正是执法价值取向，文明是执法职业素养。严格，就是以事实为依据，以法律为准绳，在执法工作中，必须做到"有法可依，有法必依，执法必严，违法必究"。规范，是指规范执法的制度和程序，必须按照法律规定的程序执法，做到实体与程序并重。公正，就是公平正义，对执法者来说就是实现法律面前人人平等，防止选择性执法和滥用自由裁量权。文明，是指执法者文明的形象，是对人的一种态度，是执法对象最直接的感受，文明执法要树立以人民为中心的执法理念，在执法过程中，有礼有节、春风化雨、以文化人、以理服人、以礼待人。城市管理执法工作与市民日常生活最为密切，城市管理执法人员一定要将严格规范公正文明执法的要求贯穿执法工作全过程。

第二节 《城市管理执法行为规范》的主要内容

本规范共8章31条，对执法纪律、办案规范、装备使用规范、着装规范、仪容举止和语言规范等作出了原则性规定。

一、总则

总则部分说明了制定的依据、适用对象、指导思想和基本原则，以及城市管理执法人员的政治思想和职业道德要求，明确指出，城市管理执法应当以习近平新时代中国特色社会主义思想为行动指南，遵循以人民为中心的发展思想，践行社会主义核心价值观，坚持严格规范公正文明执法，坚持处罚与教育相结合，坚持执法效果与社会效果相统一，自觉接受监督。

二、执法纪律

在执法纪律方面，城市管理执法人员应当坚定执行党的政治路线，严格遵守政治纪律和政治规矩；严格遵守廉洁纪律，坚持公私分明、崇廉拒腐、干净做事，维护群众利益，不得从事违反廉洁纪律的活动；依据法定权限、范围、程序、时限履行职责，不得有"选择性执法；威胁、辱骂、殴打行政相对人；工作期间饮酒、酒后执勤、值班；为行政相对人通风报信、隐瞒证据、开脱责任；打击报复行政相对人"等行为。同时，城市管理执法人员与行政相对人有直接利害关系或可能影响公正执法的关系时，应当回避。

三、办案规范

在办案规范方面，城市管理执法人员应当采取文字、音像等方式对城市管理执法全过程进行记录，实现可回溯管理，并依法、全面、客观、公正调查取证，依法实施证据先行登记保存或查封场所设施、扣押财物。调查取证时，城市管理执法人员不得少于两人。对先行登记保存或扣押的财物，城市管理执法人员应当妥善保管，不得使用、截留、损毁或者擅自处置。同时，在实施执法时，应当出示行政执法证件，告知行政相对人权利和义务。

四、装备使用规范

在装备使用规范方面，城市管理执法人员使用执法车辆，应当遵守道路交通安全法律法规，保持车辆完好、整洁。禁止公车私用。非工作需要，不得将执法车辆停放在公共娱乐场所、餐馆酒楼等区域。在实施执法时，应当按照规范使用通信设备，保持工作联络畅通，不得超出工作范围使用通信设备，并开启音像设备，不间断记录执法过程，及时完整存储执法音像资料，不得删改、外传原始记录。

五、着装规范

在着装规范方面，城市管理执法人员在实施执法时，应当穿着统一的制式服装，佩戴统一的标志标识，并按规定佩戴帽徽、肩章、领花、臂章、胸徽、胸号等标志标识，不得佩戴与执法身份不符的其他标志标识或饰品。城市管理制式服装应当成套规范穿着，保持整洁完好，不得与便服混穿，不得披衣、敞怀、挽袖、卷裤腿。

六、仪容举止和语言规范

在仪容举止和语言规范方面，城市管理执法人员应当保持头发整洁，不得染彩发——男性城市管理执法人员不得留长发、烫卷发、剃光头和蓄胡须；女性城市管理执法人员实施执法时应当束发，发垂不得过肩，并应当礼貌待人，语言文明规范，不得对行政相对人使用粗俗、歧视、训斥、侮辱以及威胁性语言。在实施执法时，应当举止端庄、姿态良好、行为得体，不得边走边吃东西、扇扇子；不得在公共场所或者其他禁止吸烟的场所吸烟；不得背手、袖手、插兜、搭肩、挽臂、揽腰；不得嬉笑打闹、高声喧哗，并应当先向行政相对人敬举手礼，一般使用普通话，也可以根据行政相对人情况，使用容易沟通的语言。

七、实施和监督

规范明确，市县人民政府城市管理执法部门应当组织辖区内城市管理执法人员学习、训练，在实施执法时严格执行本规范，并加强城市管理执法人员执行规范情况的监督检查，纠正违反本规范的行为，视情节轻重对违反规范的有关人员进行处理。

省级人民政府城市管理执法部门应当加强市县城市管理执法部门组织实施规范情况的监督，定期开展监督检查和考核评价。对组织实施不力的，视情况给予通报批评或实施约谈。国务院城市管理主管部门负责监督全国城市管理执法部门落实本规范工作情况。

市县人民政府城市管理执法部门应当采取设立举报电话、信箱等方式，畅通群众投诉举报城市管理执法行为的渠道。城市管理执法人员有违反本规范情形的，由市县人民政府城市管理执法部门责令改正，给予批评教育。其中，违反执法纪律、办案规范、装备使用规范应予处分的，由处分决定机关根据情节轻重，给予处分；构成犯罪的，依法追究刑事责任。

规范专门规定，对执行本规范表现突出的单位和个人，应当给予表扬，同等条件下优先推荐评选先进集体、青年文明号、文明单位或先进工作者、劳动模范等。评选国家园林城市、中国人居环境奖，同等条件下优先考虑执行本规范表现突出的城市。近两年发生违反本规范行为并造成恶劣社会影响的城市，不纳入评选范围。

国务院城市管理主管部门在参与评选文明城市工作中，应当综合考虑参选城市执行本规范情况，对近两年发生违反本规范行为并造成恶劣社会影响的城市，应当提出否定意见。

八、附则

附则条款分三条：一是规定本规范由住房和城乡建设部解释；二是规定城市管理执法协管人员参照执行；三是明确了实施时间。

第三节 落实《城市管理执法行为规范》的注意事项

《城市管理执法行为规范》是在《行政处罚法》修订之前出台的。贯彻落实《城市管理执法行为规范》应结合2021年新修订的《行政处罚法》，进一步加强执法行为规范的相关制度建设、队伍培训建设和监督机制建设。

一、围绕落实行政执法"三项制度"，加强行为规范建设

没有程序正义，就没有实体正义。《行政处罚法》对行政处罚程序作了系统的规定。为贯彻落实《国务院办公厅关于全面推行行政执法公示制度执法全过程记录制度重大执法决定法制审核制度的指导意见》（国办发〔2018〕118号），新法将行政执法"三项制度"纳入行政处罚法中。在城市管理领域全面推行"三项制度"是促进严格规范公正文明执法的重点。

《行政处罚法》新增加了行政执法公示的要求：规定行政处罚的实施机关、立案依据、实施程序和救济渠道等信息应当公示；具有一定社会影响的行政处罚决定应当依法公开；电子技术监控设备设置地点应当公布。第39条规定："行政处罚的实施机关、立案依据、实施程序和救济渠道等信息应当公示。"第48条规定："具有一定社会影响的行政处罚决定应当依法公开。公开的行政处罚决定被依法变更、撤销、确认违法或者确认无效的，行政机关应当在三日内撤回行政处罚决定信息并公开说明理由。"第41条第1款规定："行政机关依照法律、行政法规规定利用电子技术监控设备收集、固定违法事实的，应当经过法制和技术审核，确保电子技术监控设备符合标准、设置合理、标志明显，设置地点应当向社会公布。"

地方主管部门应当制定城管执法行政处罚案件信息主动公开实施细则，对一般程序行政处罚案件信息公开的原则、内容、时限等作出具体规定。

《行政处罚法》第 47 条规定，行政机关应当依法以文字、音像等形式，对行政处罚的启动、调查取证、审核、决定、送达、执行等进行全过程记录，归档保存。行政执法全过程记录是行政执法活动合法有效的重要保证。行政执法机关要通过文字、音像等记录形式，对行政执法的启动、调查取证、审核决定、送达执行等全部过程进行记录，并全面系统归档保存，做到执法全过程留痕和可回溯管理。上海市城市管理行政执法局制定了《上海市城管执法全过程记录规定》《上海市城管执法全过程记录信息化装备技术参数与配置标准》《上海市城管执法视音频记录工作规范》，这些标准规范对全过程记录的原则、主体、保存形式和期限，一般音像记录的 7 种情形、全程音像记录的 6 种情形，视音频记录的要求等均作了明确规定。同时，执法记录仪和数据管理终端的技术参数和配置标准也有了统一的标准。

《行政处罚法》第 58 条规定，有下列情形之一，在行政机关负责人作出行政处罚的决定之前，应当由从事行政处罚决定法制审核的人员进行法制审核；未经法制审核或者审核未通过的，不得作出决定：

(1) 涉及重大公共利益的；

(2) 直接关系当事人或者第三人重大权益，经过听证程序的；

(3) 案件情况疑难复杂、涉及多个法律关系的；

(4) 法律、法规规定应当进行法制审核的其他情形。

地方城管部门应该制定城管执法系统重大行政执法决定法制审核办法，对审核机构、审核范围、审核内容、审核流程、审核结果、审核时限、人员要求、审核责任等作出具体规定。

二、加强执法行为规范的培训和训练，提高规范执法能力

1. 健全行政执法人员岗位培训制度，定期组织开展行政执法人员通用法律知识、专门法律知识培训和新法专题培训，使广大执法人员熟练掌握执法依据、执法流程，不断提升执法素养和文明执法水平。

2. 细化具体场景的执法行为规范，特别是容易出现冲突和意外的现场执法规范，并加强现场执法技能的训练。加强新型执法方式培训，如非现场执法（非接触性执法）方法和规程的培训，提高队员使用新技术设备和新型执法方式的能力和水平。

3. 加强城市管理执法辅助人员的规范管理。理顺管理体制、明确岗位职责、完善管理制度、健全职业保障、改善队伍形象、提升能力水平，实现城市管理辅助人员管理制度化、规范化、法制化，为提升城市管理水平提供有力的人力资源保障。对协管人员群体，既要强化其职业素养培训，也要落实各项管理规定。在目前全国尚未统一协管人员管理规范的情况下，各地应结合实际制定具体的协管人员管理规范。

三、建立执法行为监督机制，确保执法行为合法规范

1. 依照新行政处罚法尽快修订完善本地执法行为规范制度，规范执法行为。进一步严明政治纪律、执法纪律、财经纪律、廉政纪律和群众纪律，对不服从上级决议和命令，玩忽职守、贻误工作，或者滥用职权，侵犯群众利益，损害政府和人民群众关系的人和事，要坚决严肃处理，并用制度的形式进行规范，努力形成用制度规范执法行为、靠制度管人、按制度办事的工作机制。

2. 建立权力制衡机制，强化集体决策。进一步规范各项执法工作程序，完善操作流程，推行网上办案，建立健全案件审批权限、查处分离、会审、备案等制度，提高办案透明度，规范自由裁量权，分解和制约执法人员的手中权力。

3. 建立监督检查机制，确保监督到位。要建立完善执法督察制度，强化对队伍日常执法活动和履行职责、队容风纪、礼节礼貌、遵章守纪等日常行为的监督检查，防止权力失控和行为失范。要建立完善执法检查考核制度，做到每月有检查、季度有考核、年中有考评、年度有评比；综合运用各种监督手段，采取提前介入、跟踪参与、明察暗访等方法，加大监督检查频率，提高监督检查覆盖面。要建立完善谈话制度，采取谈话、诫勉、打招呼、亮黄牌等方式，勉励和警诫执法人员保持清醒头脑，自觉做到勤政廉洁。

4. 建立并完善行政执法人员的考核评价机制。明确考核标准和奖惩办法，将执法行为规范同执法人员的考核、奖惩以及提拔任用结合起来，调动和激发执法人员争先创优的热情。建立奖励机制，完善各项奖励规定，对认真负责、依法行政、执法成绩突出的单位和个人，给予表彰和奖励，并作为评先评优、提拔使用的重要依据。

5. 建立并完善党风廉政建设责任制。建立健全党风廉政建设责任制领导小组，加强廉政监督，坚决纠正以权谋私、吃拿卡要等不正之风，严肃查处违纪违法行为。督促各级领导转变工作作风，主动发现和纠正下属在执法活动中存在的违法违纪问题。又要明确一般队员的执法监督责任，认真抓好责任分解、责任考核、责任追究三个关键环节，督促队员依法办事、公正执法。同时，充分发挥政府监察部门的监督作用，通过监察部门的有效监督，及时纠正和严肃查处不良行为。

第二十二章　住房和城乡建设行政处罚程序规定

2022年3月10日，住房和城乡建设部令第55号公布《住房和城乡建设行政处罚程序规定》（以下简称《程序规定》），自2022年5月1日起施行，《建设行政处罚程序暂行规定》同时废止。《程序规定》是规范住房和城乡建设领域住房行为、实施行政处罚的一部重要规章，它的颁布施行是住房和城乡建设部贯彻落实新《行政处罚法》的具体行动，也是推进住房和城乡建设系统法治政府建设的重要举措。

第一节　住房和城乡建设行政处罚程序规定概述

一、制定背景

《建设行政处罚程序暂行规定》于1999年2月3日发布，自发布之日起施行。20多年来，《建设行政处罚程序暂行规定》对于规范行政处罚行为、提高行政处罚办案质量，促进依法行政，保护公民、法人或者其他组织的合法权益，发挥了重要的指导和推动作用，积累了宝贵经验。在此期间，我国社会发生了巨大变化。法制建设长足进步，法治进程不断推进，国家提出新的目标和要求，建设法治国家、法治政府。对以前的《行政处罚法》进行了修订，出台了《行政许可法》《行政强制法》，两次修正《行政诉讼法》，深入推进行政执法体制改革，开展相对集中行政处罚权工作，实施综合执法，推行行政执法"三项制度"，出台了《法治政府建设实施纲要（2015—2020年）》《法治政府建设实施纲要（2021—2025年）》和《法治中国建设规划（2020—2025年）》，法治政府建设走深走实。党中央、国务院对行政执法提出了新的更高的要求：严格公正文明执法。住房和城乡建设领域执法实践出现了一些新问题，行政处罚行为需要进一步规范。因此，实施了23年多的《建设行政处罚程序暂行规定》已经不适应当下住房和城乡建设领域的行政处罚工作，对其修改势在必行。在此背景下《程序规定》的出台恰逢其时，非常必要。

二、总体说明

《程序规定》根据《行政处罚法》等上位法，立足住房和城乡建设行政处罚工作实际，进行立法设计，注重可操作性、实用性，在管辖、调查取证、办案时限、送达等方面做了一定突破，不乏亮点。正文部分6980字，分为六章，共46条，分别是：第一章总则，第二章行政处罚的管辖，第三章行政处罚的决定，第四章送达与执行，第五章监督管理，第六章附则。《程序规定》的内容更丰富、更全面，从章节名称和具体内容上看，《程序规定》对案件的初始阶段（案件线索核查）到最终阶段（执行）全过程作了具体规定。《程序规定》的内容更科学，不管是章节的名称，还是节的设置、顺序，更加合理。另外，《程序规定》的表述用语更加规范准确。如，"行政处罚决定生效后，任何人不得擅自变更或解除"，改为"行政处罚决定生效后，任何人不得擅自变更或者撤销"。

三、指导思想

一是严格依法处罚。

在定位上，《程序规定》属于程序法范畴，主要从程序方面规范住房和城乡建设行政执法机关（以下简称执法机关）行使已经具有的行政处罚权。至于执法机关具有哪些行政处罚权，取决于实体法的规定。《程序规定》第2条规定，执法机关依法实施行政处罚。第41条规定，执法机关及其执法人员应当在法定职权范围内依照法定程序从事行政处罚活动。行政处罚没有依据或者实施主体不具有行政主体资格的，行政处罚无效。违反法定程序构成重大且明显违法的，行政处罚无效。

二是强化执法监督。

《程序规定》不仅设立专章（第五章监督管理），而且执法监督的内容贯穿全文。《程序规定》在行政复议和行政诉讼等外部监督之外，设计了一些内部监督机制。如，落实行政执法"三项制度"，作了6条规定；不管是简易程序案件，还是普通程序案件，行政处罚应当由两名以上具有行政执法资格的执法人员实施；建立行政处罚决定前审查制度，重大执法决定还要进行法制审核。特别是，第42条规定，上级执法机关或者有关机关发现下级执法机关违法违规实施行政处罚的，应当依法责令改正，对直接负责的主管人员和有关执法人员给予处分。

三是注重保护行政相对人。

《程序规定》规定，提取物证、检查物品或者场所，应当通知当事人到场；行政相对人违法行为轻微，依法可以不予行政处罚的，或者违法事实不能成立的，不予行政处罚；不管是简易程序案件，还是普通程序案件，都注意保护当事人的陈述申辩权；对于证据先行登记保存行政措施，由于执法人员经常使用，为防止执法扰民、执法不当，规定须经行政机关负责人批准。先行登记保存期间，有关人员不得销毁或者转移证据。对于先行登记保存的证据，应当在七日内作出处理决定。逾期未作出处理决定的，先行登记保存措施自动解除。

第二节 行政处罚的实施主体、种类和管辖

一、行政处罚的实施主体

《程序规定》第 2 条将住房和城乡建设行政处罚的实施主体表述为"住房和城乡建设行政执法机关",除了包括住房和城乡建设部、省(自治区、直辖市)住房和城乡建设厅(委)以及市(自治州)、县(自治县、市、区)住房和城乡建设局(委)、城乡建设局、房管局、公积金中心等,还包括各级城市管理综合执法机关。不能片面理解为住房和城乡建设部(厅、委、局)。关于执法主体的表述,在起草过程中时有争论不断,主要原因一是住房和城乡建设领域的行政体制问题。因为中央、省、市、县四级体制在中央、省两级基本相同,而在市、县两级各地相差较大;二是法律、法规和上级政策文件关于住房和城乡建设领域的执法主体表述不太统一,有的包含城市管理综合执法机关,有的分开表述。总之,《程序规定》的执法主体包含各级城市管理综合执法机关。问题是行政执法机关是否包括行使住建、城管部分行政处罚权的镇人民政府、街道办事处?笔者认为,行使住建、城管部分行政处罚权的镇人民政府、街道办事处可以参照适用《程序规定》。

二、行政处罚的种类

《程序规定》第 3 条规定,住房和城乡建设领域的行政处罚种类包括:(1)警告、通报批评;(2)罚款、没收违法所得、没收非法财物;(3)暂扣许可证件、降低资质等级、吊销许可证件;(4)限制开展生产经营活动、责令停业整顿、责令停止执业、限制从业;(5)法律、行政法规规定的其他行政处罚。根据《行政处罚法》,增加了通报批评、暂扣许可证件、限制从业。把"没收违法建筑物、构筑物和其他设施"改为"没收非法财物",把"吊销资质证书、吊销执业资格证书和其他许可证、执照"改为"吊销许可证件",扩大了吊销行为的客体范围。

"降低资质等级、责令停业整顿、责令停止执业"是《建筑法》等法律、法规规定的行政处罚种类;其中的"责令停业整顿",和《行政处罚法》中的"责令停产停业"表述略有不同,它是《建筑法》《建设工程安全生产管理条例》规定的一种行政处罚。

三、行政处罚的管辖

《程序规定》第 5 条规定了地域管辖、级别管辖、职能管辖,第 6 条规定了移送管辖以及管辖权争议的解决方式。

第6条第2款对管辖权争议的解决方式进行了规定，对《行政处罚法》第25条第2款进行了一定程度的细化，一是规定了协商解决管辖权争议和指定管辖的具体时间（七个工作日），二是规定协商解决管辖权争议时要制作保存协商记录。管辖权争议应当协商解决，协商不成报请共同的上一级行政机关指定管辖的，上一级执法机关应当指定案件的管辖机关。第七条是"两法衔接"（指行政执法与刑事司法衔接）制度的要求，执法机关发现违法行为涉嫌犯罪的，应当依法将案件移送司法机关。

第三节　行政处罚的决定程序

"第三章行政处罚的决定"是《程序规定》主干部分，共27条，占了总条数的近60%。内容有了较大的改动。一方面增加了不少内容，如：行政执法"三项制度"有关内容，行政执法人员的资格要求、执法活动要求等。另一方面相关内容进行修改调整，如简易程序、普通程序和听证程序方面的内容。体例也有较大的变化，体例和《行政处罚法》总体上保持一致。

一、基本规定

1. 公示制度和全过程记录制度。第8条就执法公示制度进行规定，和《行政处罚法》第39条所不同的是，要求执法机关公示行政处罚事项，即通常所说的"权力清单"。第九条就执法全过程记录制度进行规定，和《行政处罚法》第47条要求一致。第十条对《行政处罚法》第48条进行了补充，一是规定需要公开的行政处罚决定，执法机关应当自作出决定之日起七日内依法公开，不得泄露国家秘密。涉及商业秘密和个人隐私的，应当依法处理。第23~25条就重大执法决定法制审核制度进行规定，规定了法制审核的八个方面内容、审核时间（十个工作日）、四种审核意见等，对《行政处罚法》进行了有效补充。

2. 两人执法、执法资格、亮证和着装。第11条首先规定，行政处罚应当由两名以上具有行政执法资格的执法人员实施，不管是简易程序，还是普通程序，消除了以前关于简易程序能不能一人执法的争论。其次，强化了行政执法资格制度，规定执法人员应当依照有关规定参加执法培训和考核，取得执法证件。否则，不能执法。还规定执法人员对外执法时，应当主动出示执法证件，按照规定着装或者佩戴执法标志标识。

二、简易程序

第12条把适用简易程序对公民的罚款上限由50元提高至200元，对单位由1000元提高至3000元。第13条规定当事人拒绝签收的，执法人员在行政处罚决定书上注明，增加了简易程序的可操作性；第13条还规定，当事人提出陈述、申辩的，执法人员应当听取当事人的意见，并复核事实、理由和证据，旨在保护当事人的陈述申辩权利，强化正当程序意识。第 14 条除了规定当场行政处罚决定书应当载明的内容之外，还规定执法人员当场作出的行政处罚决定，应当在三日内报所属执法机关备案，对《行政处罚法》第 52 条第 3 款从时间上（三日内）加以细化。

三、普通程序

1. 第 15 条规定了案件来源和立案的条件、程序。

第 1 款规定违法行为线索的发现和核查，案件线索来自执法机关依职权监督检查和投诉举报等途径。规定核查时间一般是十五日内，情况复杂确实无法按期完成的，经本机关负责人批准，可以延长十日。

第 2 款规定，案件线索经核查，符合下列条件的，应当予以立案：（1）有初步证据证明存在违法行为；（2）违法行为属于本机关管辖；（3）违法行为未超过行政处罚时效。需要说明的是，《程序规定》规定的立案条件和其他条线规定的立案条件有所不同，只要满足上述三个条件就应当立案，即使没有明确的相对人、可能不予行政处罚。

第 3 款规定，立案应当填写立案审批表，附上相关材料，报本机关负责人批准。明确立案批准人是本机关负责人，而以前规定的"主管领导"比较模糊，不便执行。

第 4 款规定，立案前核查或者监督检查过程中依法取得的证据材料可以作为案件的证据使用，有利于执法工作。因为不少案件的证据材料是立案前取得的，如果不能使用，执法人员办理普通程序案件难度会大大增加。这是住建领域首次立法肯定"初查"的法律效力。

2. 第 16～19 条是关于调查取证的规定。调查取证是行政处罚普通程序案件的基础和关键。以前关于调查取证的规定比较原则、简单，实用性不强。《程序规定》对此予以补充、细化、完善，有利于执法人员操作。

（1）第 16 条是关于询问的规定，要求执法人员询问当事人及有关人员，应当个别进行并制作笔录，笔录经被询问人核对、修改差错、补充遗漏后，由被询问人逐页签名或者盖章。

（2）第 17 条是关于收集、调取书证、物证和检查涉嫌违法物品、场所的要求。

第 1 款规定，执法人员调取原件、原物有困难的，可以提取复制件、影印件或者抄录件，也可以拍摄或者制作足以反映原件、原物外形或者内容的照片、录像。复制件、影印件、抄录件和照片、录像应当标明经核对与原件或者原物一致，并由证据提供人、执法人员签名或者盖章。这样的规定好操作，也规范。复制件、影印件或者抄录件不仅要证据提供人签名或者盖章，还要执法人员签名或者盖章。

第 2 款在规定提取物证一般要求的同时，针对无法找到当事人，或者当事人在场确有困难、拒绝到场、拒绝签字的执法难题，给出了解决办法：执法人员可以邀请有关基层组织的代表或者无利害关系的其他人到场见证，也可以用录像等方式进行记录。

第3款在规定检查违法嫌疑物品或者场所一般要求的同时，就无法找到当事人，或者当事人在场确有困难、拒绝到场、拒绝签字的执法难题，作出了针对性规定：用录像等方式记录检查过程并在现场笔录中注明。

（3）第18条是新内容。第1款增加了执法人员调查取证的手段：检测、检验、鉴定，规定执法机关应当依法委托具备相应条件的机构进行。检测、检验、鉴定结果应当告知当事人。第2款的根据是《行政处罚法》第26条，是把执法协助的经验用法条加以固化。

（4）第19条对证据先行登记保存进行了细化规定。

第1款规定了适用的情形（证据可能灭失或者以后难以取得的）和批准的程序（经本机关负责人批准）。

第2款规定了实施的具体要求和方法：当场清点，开具清单，标注物品的名称、数量、规格、型号、保存地点等信息，清单由执法人员和当事人签名或者盖章，各执一份。当事人拒绝签字的，执法人员在执法文书中注明，并通过录像等方式保留相应证据。先行登记保存期间，当事人或者有关人员不得销毁或者转移证据。

第3款是《程序规定》的一个亮点，除了要求七日内作出处理决定，对处理决定予以具体化：(1) 根据情况及时采取记录、复制、拍照、录像等证据保全措施；(2) 需要检测、检验、鉴定的，送交检测、检验、鉴定；(3) 依据有关法律、法规规定应当采取查封、扣押等行政强制措施的，决定采取行政强制措施；(4) 违法事实成立，依法应当予以没收的，依照法定程序处理；(5) 违法事实不成立，或者违法事实成立但依法不应当予以查封、扣押或者没收的，决定解除先行登记保存措施。

第4款规定了逾期未作出处理决定的法律后果，即先行登记保存措施自动解除。

（5）第30条对中止案件调查作出具体规定，是《程序规定》的又一亮点，《行政处罚法》没有关于中止案件调查的规定。

适用中止案件调查的情形包括：(1) 行政处罚决定须以相关案件的裁判结果或者其他行政决定为依据，而相关案件尚未审结或者其他行政决定尚未作出的；(2) 涉及法律适用等问题，需要报请有权机关作出解释或者确认的；(3) 因不可抗力致使案件暂时无法调查的；(4) 因当事人下落不明致使案件暂时无法调查的；(5) 其他应当中止调查的情形。具有以上情形之一的，经执法机关负责人批准，可以中止案件调查。但是，中止调查情形消失，执法机关应当及时恢复调查程序。中止调查的时间不计入案件办理期限。需要说明的是，虽然《程序规定》没有规定，但是按照程序正当性原则的要求，中止案件调查宜告知当事人。

（6）第20条主要是规定案件调查终结报告，包括五个方面：当事人的基本情况、案件来源及调查经过、调查认定的事实及主要证据、行政处罚意见及依据、裁量基准的运用及理由等。涉及生产安全事故的案件，执法人员应当依据经批复的事故调查报告认定有关情况。

（7）第21条、第22条规定行政处罚决定事先告知程序，这个程序至关重要。如果不履行这个程序，构成程序重大且明显违法，一旦被提起诉讼或者申请复议，执法机关必然败诉。《程序规定》一是要求执法机关应当制作行政处罚意见告知文书，告知当事人拟作出的行政处罚内容及事实、理由、依据以及当事人依法享有的陈述权、申辩权。拟作出的行政处罚属于听证范围的，还应当告知当事人有要求听证的权利。二是要求制作书面复核意见，执法机关必须充分听取当事人的意见，对当事人提出的事实、理由和证据进行复核；当事人提出的事实、理由或者证据成立的，执法机关应当予以采纳。不得因当事人陈述、申辩而给予更重的处罚。三是首次规定陈述申辩的时间。当事人自行政处罚意见告知文书送达之日起五日内，未行使陈述权、申辩权，视为放弃此权利。

3. 第23~25条是关于重大执法决定法制审核的规定。重大执法决定法制审核制度是行政执法"三项制度"重要制度之一。未经法制审核或者审核未通过的，不得作出重大执法决定。

第23条补充规定了负责法制审核工作的机构。

第24条补充规定了法制审核机构应当登记，从以下八个方面进行审核：(1) 行政处罚主体是否合法，行政执法人员是否具备执法资格；(2) 行政处罚程序是否合法；(3) 当事人基本情况、案件事实是否清楚，证据是否合法充分；(4) 适用法律、法规、规章是否准确，裁量基准运用是否适当；(5) 是否超越执法机关法定权限；(6) 行政处罚文书是否完备、规范；(7) 违法行为是否涉嫌犯罪、需要移送司法机关；(8) 法律、法规规定应当审核的其他内容。

第25条补充规定了法制审核的时间（应当自收到审核材料之日起十日内完成审核）和书面审核意见的种类：(1) 对事实清楚、证据合法充分、适用依据准确、处罚适当、程序合法的案件，同意处罚意见；(2) 对事实不清、证据不足的案件，建议补充调查；(3) 对适用依据不准确、处罚不当、程序不合法的案件，建议改正；(4) 对超出法定权限的案件，建议按有关规定移送。

4. 第26~29条是关于行政处罚决定的规定。

第26条和《行政处罚法》的对应条款内容基本一致，执法机关负责人应当对案件调查结果进行审查，根据不同情况，分别作出如下决定：(1) 确有应受行政处罚的违法行为的，根据情节轻重及具体情况，作出行政处罚决定；(2) 违法行为轻微，依法可以不予行政处罚的，不予行政处罚；(3) 违法事实不能成立的，不予行政处罚；(4) 违法行为涉嫌犯罪的，移送司法机关。对情节复杂或者重大违法行为给予行政处罚，执法机关负责人应当集体讨论决定。

第27条对行政处罚决定书应当载明的事项和印章作出了具体规定。行政处罚决定书应当载明以下事项并盖有作出行政处罚决定的执法机关的印章：(1) 当事人的姓名或者名称、地址；(2) 违反法律、法规、规章的事实和证据；(3) 行政处罚的种类和依据；

(4) 行政处罚的履行方式和期限；(5) 申请行政复议、提起行政诉讼的途径和期限；(6) 作出行政处罚决定的执法机关名称和作出决定的日期。

第 28 条规定，行政处罚决定生效后，任何人不得擅自变更或者撤销。确需变更或者撤销的，应当由作出行政处罚决定的执法机关依法办理。这一条没有说明撤销的情形和程序，根据程序正当性原则的要求，执法机关撤销本机关作出的生效行政处罚决定书，应当履行必要的程序。这一条说明了变更的情形和要求。行政处罚决定存在未载明决定作出日期等遗漏，对公民、法人或者其他组织的合法权益没有实际影响等情形的，应当予以补正；行政处罚决定存在文字表述错误或者计算错误等情形，应当予以更正。执法机关作出补正或者更正的，应当制作补正或者更正文书。

第 29 条规定了办案期限，对《行政处罚法》的有关法条进行了细化和补充。《行政处罚法》首次规定了行政执法的办案期限：行政机关应当自行政处罚立案之日起九十日内作出行政处罚决定，也是国家法律层面第一次对行政机关办案期限作出规定，但是，法律、法规、规章另有规定的，从其规定。由于《程序规定》属于规章，因此是可以对执法机关的办案期限作出另外规定。第 29 条规定，执法机关应当自立案之日起九十日内作出行政处罚决定。因案情复杂或者其他原因，不能在规定期限内作出行政处罚决定的，经本机关负责人批准，可以延长三十日。案情特别复杂或者有其他特殊情况，经延期仍不能作出行政处罚决定的，应当由本机关负责人集体讨论决定是否再次延期，决定再次延期的，再次延长的期限不得超过六十日。案件处理过程中，听证、检测、检验、鉴定等时间不计入前款规定的期限。

四、听证程序

《程序规定》把听证程序作为单独一节表述。从法理上考究，听证程序是普通程序中对当事人处罚较重情形下的听取当事人意见的特殊方式，并不是独立于普通程序之外的一个程序。《程序规定》对《行政处罚法》中有关于听证程序的内容予以细化补充。

第 32 条规定了执法机关应当告知当事人有要求听证的权利的行政处罚种类：较大数额罚款、没收较大数额违法所得、没收较大价值非法财物、降低资质等级、吊销许可证件、责令停业整顿、责令停止执业、限制从业等，其中"责令停业整顿"是住房和城乡建设系统特有的行政处罚种类。

第 33 条规定了当事人要求听证的时间和方式，自行政处罚意见告知文书送达之日起五日内，以书面或者口头方式。

第 34 条规定了执法机关举行听证的程序等要求。强调听证应当制作笔录，全面、准确记录调查人员和当事人陈述内容、出示证据和质证等情况。执法机关应当根据听证笔录，依法作出决定。

第四节　执法文书的送达和行政处罚决定的执行

一、执法文书的送达

"送达难"是困扰执法机关的一个老大难问题。《程序规定》在第四章用了较大的篇幅,对执法文书送达作出了规定。比较务实、灵活,相对于《行政处罚法》适当扩大送达范围,但是又适度集中,聚焦于最主要的两个执法文书(行政处罚意见告知文书和行政处罚决定书),对其他执法文书的送达没有作硬性规定。这样既规范了送达行为,又提高了送达效率,一定程度上破解了"送达难"。

第 35 条规定,执法机关应当依照《行政处罚法》《民事诉讼法》的有关规定送达行政处罚意见告知文书和行政处罚决定书。执法机关送达这两个文书,应当首先采用直接送达方式。受送达人拒绝接收的,可以采用留置送达方式。可以邀请有关基层组织或者所在单位的代表到场见证,在送达回证上注明拒收事由和日期,由送达人、见证人签名或者盖章,把文书留在受送达人的住所;也可以将文书留在受送达人的住所,并采取拍照、录像等方式记录送达过程。

第 36 条规定,直接送达有困难的,可以采用委托方式、邮寄送达、公告送达等方式送达。《程序规定》强调邮寄送达要交由邮政企业邮寄,否则无法获得送达的法律效力,以前执法实践有这方面的教训。挂号回执上注明的收件日期或者通过中国邮政网站等查询到的收件日期为送达日期。在受送达人下落不明,或者采用其他方式无法送达的,执法机关可以采用公告送达方式。《程序规定》对送达载体作出了比较弹性的规定,可以通过本机关或者本级人民政府网站公告送达,也可以在当地主要新闻媒体公告或者在受送达人住所地、经营场所公告送达。

第 37 条对电子方式送达作出专门规定。电子方式是一种新的送达方式,适应信息技术的发展,有利于提高执法效率。采用电子送达方式,以当事人同意、签订确认书为前提,当事人须准确提供用于接收文书的传真号码、电子邮箱地址或者即时通信账号,并提供特定系统发生故障时的备用联系方式。联系方式发生变更的,应当在五日内书面告知执法机关。执法机关可以采取相应电子方式送达,并通过拍照、截屏、录音、录像等方式予以记录,传真、电子邮件、即时通信信息等到达受送达人特定系统的日期为送达日期。

二、行政处罚决定的执行

《程序规定》第 38、39 条对行政处罚决定的执行作出规定,是《行政处罚法》《行政强制法》有关法条的浓缩和概述。

第五节　行政处罚案件的结案和行政处罚的期间

一、行政处罚案件的结案

《程序规定》第 31 条对结案的条件和手续作出明确规定，具有下列情形之一，可以结案：1. 行政处罚决定执行完毕的；2. 依法终结执行的；3. 因不能认定违法事实或者违法行为已过行政处罚时效等情形，案件终止调查的；4. 依法作出不予行政处罚决定的；5. 其他应予结案的情形。结案的手续：执法人员应当在十五日内填写结案审批表，经本机关负责人批准后，予以结案。

二、行政处罚的期间

关于行政处罚期间的计算，以前没有这方面的规定，增加了执法的难度。《程序规定》首次对行政处罚的期间予以明确，便于执法人员执行把握。第 45 条规定，有关期间以日计算的，期间开始的日不计算在内。期间不包括行政处罚文书送达在途时间。期间届满的最后一日为法定节假日的，以法定节假日后的第一日为期间届满的日期。"三日""五日""七日""十日""十五日"的规定，是指工作日，不含法定节假日。

第六节　监督管理

第五章监督管理一方面对《行政处罚法》等上位法的原则、规定予以重申（第 41 条、第 42 条、第 43 条），另一方面规定了行政处罚案件评查、统计年报制度。

第 40 条规定，结案后，执法人员应当将案件材料依照档案管理的有关规定立卷归档。案卷归档应当一案一卷、材料齐全、规范有序。案卷材料按照下列类别归档，每一类别按照归档材料形成的时间先后顺序排列：（1）案源材料、立案审批表；（2）案件调查终结报告、行政处罚意见告知文书、行政处罚决定书等行政处罚文书及送达回证；（3）证据材料；（4）当事人陈述、申辩材料；（5）听证笔录；（6）书面复核意见、法制审核意见、集体讨论记录；（7）执行情况记录、财物处理单据；（8）其他有关材料。

执法机关应当依照有关规定对本机关和下级执法机关的行政处罚案卷进行评查。

第 44 条规定，执法机关应当对本行政区域内行政处罚案件进行统计。省、自治区、直辖市人民政府执法机关应当在每年 3 月底前，向国务院住房和城乡建设主管部门报送上一年度行政处罚案件统计数据。此外，还对行政处罚案件材料立卷归档作出具体规定。

参考文献

[1] 刘国光. 中外城市知识词典 [M]. 北京：中国城市出版社，1991.

[2] 上海绿化管理局. 城市园林绿化工作手册 [M]. 北京：中国建筑工业出版社，2009.

[3] 王德起，谭善勇. 城市管理学 [M]. 北京：中国建筑工业出版社，2009.

[4] 邵益升，石楠. 中国城市发展问题观察 [M]. 北京：中国建筑工业出版社，2006.

[5] （美）戴维·摩根. 城市管理学：美国视角（第六版）[M]. 北京：中国人民大学出版社，2011.

[6] 张文显. 法哲学范畴研究 [M]. 北京：中国政法大学出版社，2001.

[7] 陈一新. 习近平法治思想是马克思主义中国化最新成果 [N]. 人民日报，2020-12-30（10）.

[8] 舒国滢. 法理学导论（第二版）[M]. 北京：北京大学出版社，2012.

[9] 杨磊，吴斌. 法理学 [M]. 杭州：浙江大学出版社，2007.

[10] 周旺生. 法理学 [M]. 北京：北京大学出版社，2006.

[11] 郑成良. 现代法理学 [M]. 长春：吉林大学出版社，1999.

[12] 姚建宗. 法理学：一般法法律科学 [M]. 北京：中国政法大学出版社，2006.

[13] 孙国华，朱静文. 法理学（第三版）[M]. 北京：中国人民大学出版社，2010.

[14] 鲁宽民，杨胜. 法律基础理论与实务 [M]. 西安：陕西人民出版社，2001.

[15] 张文显. 法理学（第五版）[M]. 北京：高等教育出版社，2018.

[16] 本书编写组. 法理学 [M]. 北京：人民出版社 高等教育出版社，2010.

[17] 张功. 法学规范研究方法 [M]. 武汉：湖北人民出版社，2016.

[18] 杨利敏. 论我国行政处罚中的责任原则 [J]. 华东政法大学学报，2020（2）：113-129.

[19] 熊樟林. 行政处罚上的"法盲"及其规范化 [J]. 华东政法大学学报，2020（1）：123-135.

[20] 陈光. 立法学原理 [M]. 武汉：武汉大学出版社，2018.

[21] 刘星. 法理学导论 [M]. 北京：法律出版社，2005.

[22] 袁雪石.《中华人民共和国行政处罚法》释义 [M]. 北京：中国法制出版社，2021.

[23] 苗金春. 法学导论 [M]. 北京：中国人民公安大学出版社，2009.

[24] 陈兴良. 正当化事由研究 [J]. 法商研究，2000（3）：24-34.

[25] 杨春然. 正当化事由与免责事由—兼论行为规范与裁判规范的解构 [J]. 中国刑事法杂志，2015（2）：23-39.

[26] 应松年. 从依法行政到建设法治政府 [M]. 北京：中国政法大学出版社，2017.

[27] 时显群. 法理学 [M]. 北京：中国政法大学出版社，2013.

[28] 魏哲哲. 推进合宪性审查维护宪法权威（对话）——访全国人大常委会法工委法规备案审查室主任梁鹰 [N]. 人民日报，2018-5-16（17）.

[29] 尹培培. 论新《行政处罚法》中的"主观过错"条款 [J]. 经贸法律评论，2021（3）：50-62.

[30] 黄和新. 民法学 [M]. 厦门：厦门大学出版社，2013.

[31] 于鲁原，张光宇，伍玉功. 法学基础教程 [M]. 北京：中国人民公安大学出版社，2005.

[32] 江必新，梁凤云. 行政诉讼法理论与实务 [M]. 北京：法律出版社，2016.

［33］应松年. 中国行政程序法立法展望［J］. 中国法学，2010（2）：5-26.

［34］张彦俊. 行政法学原理与实务研究［M］. 北京：九州出版社，2020：20.

［35］杨海坤. 跨入21世纪的中国行政法学［M］. 北京：中国人事出版社，2000.

［36］章志远. 行政法学总论［J］. 北京：北京大学出版社，2014：107-108.

［37］高家伟. 行政行为合法性审查类型化研究［M］. 北京：中国政法大学出版社，2019.

［38］余凌云. 行政法讲义［M］. 北京：清华大学出版社，2019：260.

［39］陈海萍. 行政许可法新论［M］. 北京：中国政法大学出版社，2007.

［40］江必新. 行政许可法理论与实务［M］. 北京：中国青年出版社，2004.

［41］许安标，武增，刘松山，童卫东.《中华人民共和国行政许可法》释义及实用指南［M］. 北京：中国民主法制出版社，2013.

［42］张世诚. 哪些主体可以设定行政许可行为——《行政许可法》解释之四［J］. 中国行政管理，2004（4）：52-53.

［43］姜明安. 行政许可法条文精释与案例解析［M］. 北京：人民法院出版社，2003.

［44］曾哲. 行政许可执法制度研究［M］. 北京：知识产权出版社，2016.

［45］应松年. 行政许可法教程［M］. 北京：法律出版社，2012.

［46］湛中乐. 公务员行政许可法读本［M］. 北京：中央文献出版社，2004.

［47］苗正达. 行政法学新编［M］. 哈尔滨：东北林业大学出版社，2007.

［48］徐向华. 立法学教程［M］. 上海：上海交通大学出版社，2011.

［49］吴庚，盛子龙. 行政法之理论与实用（增订十五版）［M］. 台湾：三民书局，2018.

［50］周佑勇. 行政许可法理论与实务［M］. 武汉：武汉大学出版社，2004.

［51］王名扬. 美国行政法［M］. 北京：中国法制出版社，1995.

［52］方世荣. 行政法与行政诉讼法学［M］. 北京：中国政法大学出版社，2007：204.

［53］马怀德. 行政法与行政诉讼法学案例教程［M］. 北京：知识产权出版社，2014.

［54］张朝霞. 行政处罚法学与行政许可法学［M］. 甘肃：甘肃人民出版社，2006.

［55］江必新. 行政处罚法条文精释与实例精解［M］. 北京：人民法院出版社，2021.

［56］王维达，刘杰. 中国行政法学教程［M］. 上海：同济大学出版社，2006.

［57］信春鹰. 关于中华人民共和国行政强制法（草案）的说明［M］. 第十届全国人大常委会第十九次会议，2005.

［58］胡建淼. 行政强制法论——基于《中华人民共和国行政强制法》［M］. 北京：法律出版社，2014.

［59］应松年，刘莘. 中华人民共和国行政强制法条文释义与案例适用［M］. 北京：中国市场出版社，2011.

［60］王菲. 行政强制法律适用研究［M］. 北京：知识产权出版社，2016.

［61］肖金明. 行政强制释论［M］. 济南：山东大学出版社，2012.

［62］姜明安.《行政强制法》的基本原则和行政强制设定权研究［J］. 法学杂志，2011（11）：6-11，114.

［63］胡建淼. 行政诉讼法学［M］. 北京：法律出版社，2019.

［64］江必新. 新行政诉讼法专题讲座［M］. 北京：中国法制出版社，2015.

［65］吕立秋. 行政诉讼举证责任［M］. 北京：中国政法大学出版社，2001.

［66］刘善春．诉讼证据规则研究［M］．北京：中国法制出版社，2001．

［67］编写组．马克思主义理论研究和建设工程重点教材：行政法与行政诉讼法学（第二版）［M］．北京：高等教育出版社，2018．

［68］全国人大常委会法制工作委员会行政法室．中华人民共和国行政诉讼法解读［M］．北京：中国法制出版社，2014．

［69］王利明．民法（第八版）（下册）［M］．北京：中国人民大学出版社，2020．

［70］胡建淼．行政法学（第四版）［M］．北京：法律出版社，2015．

［71］杨登峰．行政法总论：原理、制度与实案［M］．北京：北京大学出版社，2019．

［72］江必新．《中华人民共和国国家赔偿法》条文理解与适用［M］．北京：人民法院出版社，2010．

［73］皮纯协．国家赔偿法释论［M］．北京：中国法制出版社，1994．

［74］姜明安．行政法与行政诉讼法学（第六版）［M］．北京：北京大学出版社、高等教育出版社，2015．

［75］本书编写组．相对集中行政处罚权工作读本［M］．北京：中国法制出版社，2003．

［76］张红樱，张诗雨．国外城市治理经验［M］．北京：中国言实出版社，2012．

［77］杨立勋．世界先进城市管理研究［M］．北京：中国社会科学出版社，2009．

［78］王从虎．城市管理法［M］．北京：中国人民大学出版社，2011．

［79］范志伟．城市管理概论［J］．上海城市管理，2011年增刊．

［80］王国平．城市论［M］．北京：人民出版社，2009．

［81］王国平．城市学总论［M］．北京：人民出版社，2013．

［82］余池明、朱海春、王明珠．城市管理执法行为规范理解与应用［M］．北京：中国城市出版社，2021．6．

［83］储国强．推进规范化建设 城市管理走向现代化［J］．党风，2021（7）：40-41．

［84］王敬波．城市管理执法办法理解与适用［M］．北京：中国法制出版社，2017．

［85］中共中央宣传部．习近平新时代中国特色社会主义思想学习纲要［M］．北京：学习出版社、人民出版社，2019．

［86］王毅，何福平．城管综合执法实务操作与典型案例［M］．南京：江苏人民出版社，2019．